Der Mann von nebenan

Emerson Hough

Writat

Diese Ausgabe erschien im Jahr 2023

ISBN: 9789359254661

Herausgegeben von
Writat
E-Mail: info@writat.com

Inhalt

Ich – Wie kommt es, dass wir umziehen?

Bonnie Bell war ihr richtiger Name – Bonnie Bell Wright. Es klingt wie ein Rennpferd oder eine Yacht, aber sie war ein Mädchen. Als Mädchen passt dieser Name zwar nicht gerade zu dir, aber zu ihrem Vater, Old Man Wright, passte er. Ich weiß nicht, ob sie jemals auf diesen Namen getauft wurde oder vielleicht überhaupt getauft wurde, denn Wasser war in Wyoming knapp; Aber es wäre nie gesund gewesen, sich vor Old Man Wright oder mir, Curly, über diesen Namen zu beschweren. Soweit das geht, hatte sie auch andere Namen. Ihre Mutter nannte sie Mary Isabel Wright; Aber eines Tages, als sie noch klein war, nannte ihr Vater sie Bonnie Bell, und das blieb dabei, besonders nach dem Tod ihrer Mutter.

Damals war Bonnie Bell erst vier Jahre alt, als ihre Mutter starb, und ihr Tod machte auf der Ranch einen großen Unterschied. Ich schätze, der alte Wright hat Bonnie Bells Mutter wahrscheinlich irgendwo in den USA gestohlen, als er ein junger Mann war. Sie muss ihn irgendwie geliebt haben, sonst wäre sie nicht mit ihm nach Wyoming gekommen. Sie war groß und hübscher als jedes Bild in Farbe – und Wild! Ihr ganzes Leben lang versuchte sie zu zeigen, dass ihr das Sortiment gefiel, aber sie war nie dafür geschaffen.

Nun zu sehen, wie sie diesen Bluff an den Tag legte und damit mit Old Man Wright durchkam – und mit niemandem sonst, vor allem mir – und zu sehen, wie Old Man Wright sich Sorgen machte, versuchte herauszufinden, was los war, und es nicht schaffte – das war das Das Schwierigste, was jeder von uns jemals versucht hat. Die Art und Weise, wie er daran arbeitete, die Mutter von Bonnie Bell glücklich zu machen, war für jeden offensichtlich. Er stand da und blickte auf die Stelle, an der er sie zuletzt vorbeikommen sah, und vergaß, dass er ein Seil in der Hand hatte und sein Pferd auf ihn wartete.

Nachdem sie gestorben war, mussten wir uns alle drei an den Tisch setzen – er, das Kind und ich – und niemand am Ende des Tisches, an dem sie immer saß – sie trug immer Kleidung, die nicht so war wie unsere. Ich konnte es kaum ertragen. Aber so war Old Man Wright eben.

Er war nicht wirklich alt. Wie damals, als er jünger war, war er groß und gerade, hatte sandfarbenes Haar und blaue Augen und wog etwa hundertachtzig Pfund, schlank. Jeder auf dem Schießstand kannte Old Man Wright schon immer. Mit zwanzig Jahren war er Kapitän der Razzia und Präsident der Viehzuchtvereinigung, sobald diese begann. Ich weiß nicht, ob es in Wyoming jemals einen besseren Kuhhirten gab. Er ist damit aufgewachsen.

Auch Bonnie Bell ist damit aufgewachsen. Sie gefiel ihrem Vater sehr, denn sie saß sozusagen wie eine Ente im Sattel. Als sie fünfzehn war, konnte sie jedes der Pferde reiten, die wir hatten, und wenn ein Bronc beim Loslassen ausfiel, dachte sie, das sei in Ordnung; Sie dachte, das sei einfach eine Art Pferdewesen und etwas, das sie ertragen müssten und das nicht viel ausmache. Sie wusste es nicht besser. Sie hätte nie gedacht, dass irgendetwas oder irgendjemand auf der Welt es auf sie abgesehen hätte, auf keinen Fall. Sie glaubte von Natur aus, dass alles und jeder sie mochte, denn so fühlte sie sich und so gestaltete sich das Leben dort auf dem Schießplatz. Es gab keine Hand vor Ort, die es zugelassen hätte, dass irgendetwas Bonnie Bell in irgendeiner Weise, Form oder Art in die Quere kam.

Sie wuchs groß auf wie ihr Vater und schlank und rundlich wie ihre Mutter. Sie hatte auch bräunliches oder gelbliches Haar, das von der Sonne verbrannt war, denn sie trug nie eine Haube; Aber ihre Augen waren wie die ihrer Mutter, die dunkel und nicht blau waren, obwohl ihre Haut unter seinen Hemdsärmeln weiß war wie die ihres Vaters, nur hatte sie nie Sommersprossen wie ihr Vater – einige waren an manchen Stellen so groß wie Nickelmünzen. Sie hatte vielleicht eine Sommersprosse auf der Nase, aber nur eine kleine.

Bonnie Bell war, wie gesagt, schon als Baby eine Reiterin, und sie ging in die gesamte Range-Arbeit, als wäre sie dafür geschaffen. Wild war sie, wie ein Stutfohlen oder ein Jährling, das die Beine hochschlägt, wenn die Sonne scheint und der Wind weht. Und schön! Sag mal, ein neuer Wagen mit roten Rädern und gelben Verzierungen ist nicht zum Vergleich geeignet, überhaupt nicht!

Als ihre Mutter starb, war der alte Mann Wright lange nicht mehr zu gebrauchen, denn er musste ständig über irgendetwas lernen. Obwohl er nie ein Wort über sie gesprochen hat, muss ich zugeben, dass er nach ihrem Tod irgendwie zu dem Schluss kam, dass sie vielleicht nicht die ganze Zeit glücklich gewesen war, und dass er zu dem Schluss kam, dass vielleicht er dafür verantwortlich war es irgendwie. Nachdem es vielleicht zu spät war, erkannte er, dass sie nie zu einer Weibchenfrau hätte werden können , egal wie lange sie lebte.

Aber trotzdem mussten wir alle etwas mitnehmen, und er tat es, so gut er konnte; und als das Kind erwachsen wurde, war es glücklicher. Die ganze Zeit über häufte er das Sortiment und die Vorräte an, bis er reicher war als jeder andere, den man je gesehen hat, obwohl seine Kleidung fast die gleiche war. Aber zu der Zeit, als Bonnie Bell vierzehn oder fünfzehn Jahre alt war, etwa im Verhältnis zu einem Stutfohlen oder einer Färse, die ein Jährling ist, begann er, mehr zu lernen.

Im Obergeschoss gab es einen Raum, in dem wir manchmal Dinge aufbewahrten , die wir nicht ständig brauchten – die schicken Sättel und Zaumzeug und so weiter. Ein paar alte Koffer waren darin. Ich schätze, Old

Man Wright ist vielleicht manchmal dorthin gegangen, ohne jemandem etwas davon zu sagen. Jedenfalls ging ich einmal dorthin, um etwas zu holen, und sah ihn auf dem Boden liegen, etwas in der Hand, das er so fest anstarrte, dass er mich nie hörte. Ich weiß nicht, was es war – vielleicht ein Bild oder ein Brief; und sein Gesicht war irgendwie anders – älter, so dass er nicht wie derselbe Mann wirkte. Wissen Sie, Old Man Wright war vielleicht innerlich weich, so wie es viele von uns harten Männern sind.

Ich kroch hinaus und fühlte mich zu sehr schuldig, weil ich gesehen hatte, was ich hatte, obwohl ich es nicht vorhatte. Mir kommt es so vor, als hätte ich mein ganzes Leben lang Dinge gesehen oder gehört, die ich nicht sehen durfte – manche Leute machen die Dinge nie richtig. Das bin ich. Ich habe Old Man Wright nie erzählt, dass ich ihn dort gesehen habe, und er weiß es noch nicht. Aber es dauerte nicht lange, bis er zu mir kam, und er war seit vier Tagen nicht rasiert worden und sah irgendwie seltsam aus; und er sagt zu mir:

„Curly, wir sind fairerweise dagegen!" sagt er.

„Warum, was ist los, Colonel?" Sagte ich, denn ich sah, dass etwas nicht stimmte.

Er antwortete zunächst nicht, sondern warf seine Hand herum, um zu zeigen, dass ich mitkommen sollte.

Schließlich sagt er :

„Curly, wir sind dagegen gewappnet!" Dann seufzte er, als hätte er eine ganze Zugladung Kühe verloren.

„Was ist los, Colonel?" sagt ich. „Range Thieves?"

"Auf keinen Fall!" sagt er. „Ich wünschte, das wäre es – es würde mir gefallen."

„Nun", sagt ich, „wir haben reichlich von diesem Wasser bekommen und wir haben in diesem Frühjahr mehr als unseren durchschnittlichen Prozentsatz an Kälbern gebrandmarkt." Denn so war es in diesem Jahr – alles lief gut. Im Herbst konnten wir Fleischkühe im Wert von achtzigtausend Dollar verkaufen.

Er sagte kein Wort, und ich fragte ihn, ob Nester hereinkämen ; und er schüttelte den Kopf.

Das habe ich gesehen , als ich vor Jahren meine Patente angemeldet habe . Nein, die Reichweite ist sicher. Darum geht es; der Titel ist gut – zu gut."

„Nun, Colonel“, sage ich etwas angewidert und stehe auf, um wegzugehen, „wenn Sie jemals mit mir reden wollen, schicken Sie jemanden dorthin, wo ich bin. Ich bin beschäftigt.“

„Setz dich hin, Curly“, sagt er, ohne mich anzusehen.

Also habe ich es getan.

„Sohn“, sagt er zu mir – er nannte mich oft so, weil ich so viele Jahre lang sein Segundo war – „geh nicht weg! Ich brauche dich. Ich brauche etwas.“

bin ich nichts weiter als ein sommersprossiger Cowpuncher mit roten Haaren, und manche sagen, meine beiden Augen sehen nicht gleich, und ich fahre vielleicht nach vorne. Außerdem habe ich nicht viel Bildung. Aber wissen Sie, ich bin schon so lange mit Old Man Wright zusammen, dass wir uns irgendwie kennengelernt haben – und ich bin auch nicht für die göttliche Vorsehung geeignet.

„Curly“, sagt er nach einer Weile, als er die Nerven gefasst hat, „Curly, es sieht so aus, als müsste ich ausverkauft sein – ich muss den Circle Arrow verkaufen!“

Huh! Das war schlimmer als alles, was mich in meinem ganzen Leben getroffen hat, und wir haben auch einige Probleme erlebt. Ich konnte kein Wort dazu sagen.

Nach etwa einer Stunde fing er wieder an.

„Ich schätze, ich muss sie verkaufen“, sagt er. „Ich muss mit dem Spiel aufhören. Curly, du und ich, wir müssen etwas ändern – ich fürchte, ich muss sie ausverkaufen – mit allen Mitteln.“

„Und kein Kuhhirt mehr sein?“ sagt ich.

Er nickt. Ich schaue mich um und sehe ihn in der Nähe. Er war absolut nüchtern und sein Gesicht war ernst, als hätte ich ihn damals dabei erwischt, wie er in den Kofferraum schaute.

„Dieses Bewässerungssyndikat ist wieder hinter mir her“, sagt er.

„Nun, was ist damit?“ „Lasst sie woanders hingehen . Es ist nicht nötig , dass wir kein Geld mehr verdienen – wir sind reich genug für jeden auf der Welt kann gehen – es gibt nichts Besseres auf der Welt. Du weißt es und ich auch.“

Er nickt, denn was ich gesagt habe, stimmte, und er wusste es.

„Colonel“, frage ich ihn, „haben Sie Poker gespielt?“

„Einige“, sagt er. „Runter zum Cheyenne Club.“

„Wie viel hast du verloren?“

„Ich habe nichts verloren – ich habe letzte Woche mehrere tausend Dollar und achthundert Ochsen gewonnen“, sagt er.

„Nun, was zum Teufel ist dann los?“ sagt ich.

„Das reicht schon lange zurück “, sagt er nach einer Weile, und jetzt sah sein Gesicht mehr denn je aus wie damals, als er dort war und die Koffer durchwühlte. Ich wende jetzt mein eigenes Gesicht ab, um ihn nicht in Verlegenheit zu bringen, denn ich sah, dass er irgendwie aus dem Gleichgewicht geraten war.

„Sie ist es“, sagt der alte Mann schließlich.

Ich hätte das vielleicht gewusst – hätte wissen können, dass es entweder Bonnie Bell oder ihre Mutter war, die er die ganze Zeit im Kopf hatte; aber er konnte kein Wort sagen. Nach einer Weile fuhr er fort:

„Als sie krank war, bekam ich irgendwie Angst. Eines Tages nahm sie Bonnie Bell an der einen und mich an der anderen Hand und sagte zu mir: ‚John Willie‘ – so nannte sie mich, obwohl es niemand wusste.“ vielleicht – „John Willie“, sagt sie, „ich möchte etwas fragen, was ich noch nie zuvor zu fragen gewagt habe, weil ich vorher nie wusste, wie sehr ich dir wirklich am Herzen liege“, sagt sie. Oh, verdammt, Curly, das ist es . „ Es geht niemanden etwas an, was sie gesagt hat.“

Nach einer Weile fuhr er wieder fort.

„‚Lizzie‘, sage ich zu ihr, ‚was ist los? Ich werde alles für dich tun.‘

„‚Dann versprich mir, John Willie‘, sagt sie, ‚dass du mein Mädchen erziehen und ihr das Leben geben wirst, das sie haben sollte.‘

„‚Warum, Lizzie‘, sage ich, ‚natürlich werde ich das tun. Ich werde alles auf der Welt tun, was du sagst, so wie du es verlangst.‘

„‚Dann gib ihr den Platz, den sie im Leben haben sollte‘, sagt sie zu mir.“

Dann hörte er vielleicht eine Stunde lang auf zu reden, und schließlich sagt er noch einmal:

„Nun, Curly, lass es dabei sein. Ich kann nicht über Dinge reden. Ich könnte nie über sie reden.“

Ich konnte auch nicht reden. Nach einer Weile fuhr er langsam fort:

„Der Junge ist jetzt fünfzehn“, sagt er schließlich. „Sie wird genauso gut aussehen wie ihre Mutter. Es liegt ihr im Blut, im Kuhgeschäft aufzuwachsen – das bin ich. Aber sie hat außerdem das Zeug dazu, wie ihre Mutter etwas anderes zu machen.“

„Ich erfülle meine Pflicht nicht mehr als jeder andere, aber es ist meine Pflicht, dieses Kind zu erziehen und ihm eine Chance auf einen besseren Start zu geben, als es hier draußen möglich ist. Das war in ihr." Ma muss die ganze Zeit durch den Kopf gehen. Sie wollte nicht, dass ihr Mädchen hier draußen in Wyoming aufwächst; sie wollte, dass sie zurück in den Osten geht und das Spiel spielt – das große Spiel – das Dach begrenzen. Sie hat es gefragt, und sie muss es tun Ich habe es, obwohl sie jetzt schon mehr als zehn Jahre tot ist. Was dich und mich betrifft, kann es keinen großen Unterschied machen. Wir haben sie so gut erzogen, wie wir bisher wussten."

„Nun, Sie können den Circle Arrow jetzt nicht verkaufen", sage ich, „und ich werde Ihnen sagen, warum."

„Erzähl es mir", sagt er.

„Na, rechnen wir mal damit", sage ich. „Es wird sowieso vier Jahre dauern, bis Bonnie Bell soweit ist, dass sie den Herd ausschalten kann, je nachdem, wie so etwas läuft. Sie wird mindestens zur Schule gehen müssen." vier Jahre. Warum lässt du das Ding bis dahin nicht so laufen, wie es ist, während du sie nach Osten schickst?"

„Du meinst, auf ein Mädchen-College?" sagt er. „Nun, das habe ich mir schon lange überlegt. Sie muss auf die gleichen Schulen gehen wie ihre Mutter und eine Dame werden, so wie ihre Mutter." Er sieht etwas fröhlicher aus und sagt zu mir: „Das verschiebt uns sowieso um vier Jahre, oder?"

„Shore wird es", sage ich. „Vielleicht passiert bis dahin etwas. Es liegt nicht auf der Hand, dass diese Syndikatsleute in vier Jahren so dumm sein werden wie heute; und so etwas kann man nicht verkaufen." Die Reichweite dann sowieso nicht ." Dadurch fühlen wir uns beide viel fröhlicher.

Nun, später begannen er und ich, in Büchern nachzuschlagen, welches die beste Hochschule für Mädchen sei, obwohl keines von ihnen etwas über die besondere Betreuung von Mädchen sagte, die mehr über Pferde und Kühe wussten als alles andere. Wir sahen die Namen vieler Schulen – Vassar, Ogontz und Bryn Mawr –, konnten sie aber nicht aussprechen; Also haben wir gegen sie alle gestimmt. Endlich fand ich eines, das ganz gut aussah – es hieß Smith.

„Hier ist der Ort!" sagt ich zu Old Man Wright; und ich habe es ihm auf der Seite gezeigt. „Dieser Mann Smith hört sich an, als hätte er ein bisschen Pferdeverstand. Schicken wir Bonnie Bell zu Old Man Smith und sehen, was er mit ihr machen wird."

Nun, das haben wir geschafft. Old Man Smith muss sein Geschäft ziemlich gut verstanden haben, denn was er mit Bonnie Bell gemacht hat, war beträchtlich. Sie war verändert, als sie im Sommer des ersten Jahres das erste

Mal zu uns zurückkam. Ich bin nicht nach Osten gekommen und habe mich nie mit Old Man Smith getroffen; aber ich sage, er muss sein Geschäft gekannt haben . In seinem Katalog hieß es, sein Ziel sei es, Mädchen die besseren Dinge des Lebens näher zu bringen. Er buchstabierte „Better Things" in großen Buchstaben. Nun, ich weiß nicht, ob Bonnie Bell begann, sich nach den „Besseren Dingen" zu sehnen oder nicht, aber sie veränderte sich jedes Jahr mehr und mehr, wenn sie nach Hause kam. In vier Jahren war sie nicht mehr dasselbe Mädchen.

auf keinen Fall verwöhnen . Die Fohlen, die Kälber, die Hühner, die Luzerne und die Berge machten ihr genauso viel Spaß wie eh und je; und sie konnte immer noch alles reiten, was sie mitbrachten, und sie hatte nicht vergessen, wie man sich anseilt. Dennoch war sie anders. Ihre Kleidung war anders. Ihre Hüte waren anders. Ihre Schuhe waren anders. Ihre Haare waren anders frisiert. Irgendwie war sie weniger wie ihr Vater als vielmehr wie ihre Mutter aufgewachsen. Dann sah ich , dass ihm und mir so ziemlich das Schlimmste passiert war, was passieren konnte. Them Better Things war nicht so, wie es in Wyoming wuchs .

Nun, Old Man Wright und ich, wir zwei, hatten das Kind großgezogen. Da ich Vorarbeiter war, gehörte das auch zu meinem Beruf. Wir waren beschäftigt. Ich konnte mir vorstellen, dass wir viel beschäftigter sein würden. Es dauerte nicht lange, bis irgendetwas Pop war. Endlich kommt der alte Mann noch einmal zu mir.

„Curly", sagt er, „ich hatte gehofft, dass etwas passieren würde, damit dieser Bereich von uns für die Bewässerungskolonisierer keine Versuchung darstellen würde; ich hatte gehofft, dass ihnen etwas passieren würde, damit sie ihr Geld verlieren würden. Aber." Sie haben stattdessen den Verstand verloren. In den letzten vier Jahren haben sie ihr Gebot für den Circle Arrow jedes Jahr um eine halbe Million Dollar erhöht. Sie haben mir mehr Geld geboten, als es auf der ganzen Welt gibt. Das sagen sie jetzt für die Marke und die Weidevieh und die Heimfarm und all das Heuland und die Gräben, die wir vor so langer Zeit angelegt haben, sie werden mir drei Millionen achthunderttausend Dollar geben, ein Drittel davon in echtem Geld und der Rest wird vor Ort gesichert. Was fällt dir das ein?"

„Ich glaube, jemand war betrunken", sage ich. „ So viel Geld ist gar nicht da. Ich erinnere mich, wie Miss Anderson, Bonnie Bells Lehrerin unten an der Meeteetse, an der Tafel eine Million Dollar verdiente, und es stand deutlich darüber – sechs Chiffren, mit einer Zahl davor. Und das war nur eine Million Dollar. Wenn man von fast vier Millionen Dollar spricht – dann ist da nicht so viel Geld. Sie täuschen Sie, Colonel."

„Ich wünschte, sie wären es ", sagt er seufzend; „Aber der Makler belästigt mich ständig. Er sagt, sie schaffen vier Millionen Wohnungen oder vielleicht mehr, wenn ich sie einfach gehen lasse. Sie sehen, Curly, wir haben den Boden schon vor vielen Jahren ausgesucht und die Gräben, aus denen wir hineingelassen haben Die Berge für den Viehbestand vor Jahren sind das, was sie jetzt im Auge haben. Sie sagen, dass die Leute die Bänke in Richtung der Berge trocken bewirtschaften können – das können sie nicht, und ich sehe es nicht, wenn niemand es versucht. „Ich bin ein Kuhhirte und möchte nicht, dass die Weide für nichts anderes genutzt wird. Aber was soll ich tun?"

„Nun, was werden Sie tun, Colonel?" sagt ich. „Ich weiß, was du tun wirst, aber ich werde dich nur darum bitten ."

„Natürlich", sagt er, „ liegt es mir nicht im Herzen, den Circle Arrow zu verkaufen – das wissen Sie – aber ich musste. Hier ist Bonnie Bell. Sie ist fertig – das heißt, sie ist noch nicht fertig , aber." Ich fange gerade erst an. Sie ist im Moment an der Grenze dessen, was das Sortiment für sie hergibt. Wir müssen weitermachen."

Ich nickte ihm zu. Wir hatten beide das gleiche Gefühl. Es war nicht so sehr das, was uns passiert ist.

„Nun", sagt er, „wir müssen einen Ort für sie aussuchen, an dem sie leben kann, nachdem wir das Sortiment verkauft haben. Ich dachte an St. Louis, aber es ist zu heiß, und der Markt dort hat mir nie gefallen. Kansas City ist ein …" Gute Cowtown , aber es ist nicht so gut wie Chicago. Ich schätze, Chicago ist vielleicht genauso gut wie Chicago .

„Nun, Colonel", sage ich, „ich denke, hierhin gehe ich nach Westen."

„Gehst du wohin?" sagt er scharf zu mir.

„Westen", sage ich.

„Es gibt keinen Westen", sagt er. „Außerdem, was meinst du? Wovon redest du, irgendwohin gehen ?"

„Sie sagten, Sie würden das Sortiment verkaufen", sage ich. „Damit ist meine Arbeit beendet, nicht wahr? Ich habe acht oder zehn Gehöfte angemeldet, und die anderen Jungs auch. Es ist alles vermessen und patentiert, und es gehört Ihnen." verkaufen."

Er sagte eine Weile nichts, sein Adamsapfel wanderte an seinem Hals auf und ab.

„Sie waren Ihr ganzes Leben lang ehrlich zu mir, Colonel", sage ich, „und ich kann nicht treten. Irgendwann müssen alle Cowpuncher aufs Gras geworfen werden, und das hat bei mir lange auf sich warten lassen. Ich bin so alt wie …" Das sind Sie, Colonel, und ich kann mich nicht beschweren.

„Curly", sagt er, „was du sagst, schmerzt mich ein bisschen mehr als alles, was mir jemals passiert ist. Habe ich es nicht immer richtig gemacht von dir?"

„ Natürlich haben Sie das, Colonel. Wer hat gesagt, dass Sie das nicht getan haben?"

„ Warst du nicht immer ehrlich zu mir?"

„Am besten wusste ich, wie", sagt ich. „Ich ließ meine rechte Hand nie wissen, was meine linke mit einem Laufeisen machte – und ich war Linkshänder."

„Das stimmt; du hast mir von Anfang an geholfen, den Anfang zu finden. Ich habe dir viel zu verdanken – viel mehr, als ich je bezahlt habe; aber das Mindeste, was ich für dich tun könnte, wäre, dir ein Zuhause und einen Platz zu geben." an meinem Tisch, solange du lebst, und mehr Lohn, als du wert bist – ist das nicht die Wahrheit?"

„Ich weiß nicht, wie du dir das vorstellst", sage ich.

„Ja, du weißt auch, wie ich das verstehe – du weißt, es gibt keinen einzigen Weg, wie ich es herausfinden könnte. Du bleibst bei mir, bis die Hölle unter uns beiden gefriert; und ich will nichts mehr hören." rede darüber, dass du nach Westen oder nirgendwo anders gehst.

Leute , Adams Äpfel stören manchmal.

„Wir haben diese Marke gemeinsam aufgebaut", sagt er, „und welches Recht haben Sie, jetzt daran zu rütteln?" sagt er; Ich kann jetzt nicht viel reden. „Wir sind diesen Gebirgszug, jeden Fuß davon, zusammen geritten und haben mehr als einmal unter derselben Satteldecke geschlafen. Ich habe darauf vertraut, dass Sie ein halbes Dutzend Mal im Jahr tausend Stierköpfe für mich zählen. Sie hatten das Frühlingsrodeo in deinen Händen, seit ich mich erinnern kann. Du warst die Hälfte dieses Kindes. Haben sich die Zeiten so sehr geändert, dass du das Recht hast, so zu reden, wie du redest?"

„Aber Sie gehen zurück in die Staaten, Colonel", sage ich. „Sie schicken dort Männer raus, wenn sie vierzig sind – und vierzig werde ich nie wieder sehen. Ich habe in der Zeitung gelesen, dass vierzig die Frist ist." da hinten."

„Es ist nicht in Wyoming", sagt er.

„Wir werden dort nicht mehr in Wyoming sein", sage ich.

Er setzte sich hin und schaute über die Bergkette zum Gunsight Gap am Flussufer, und ich konnte sehen, wie er unter seinen Sommersprossen weiß wurde. Er war bereit, aber er hatte Angst.

„Wir können nichts dagegen tun, Curly", sagt er. „Wir haben das Mädchen zwischen uns großgezogen und müssen den ganzen Weg durchhalten. Du warst mein Vorarbeiter hier und du musst mein Vorarbeiter dort in der Stadt sein. Wir werden dort mit ein paar Millionen Dollar landen." oder so und ich denke, wir werden das Spiel nach einer Weile lernen.

„Ich würde einen verdammt guten Job machen , nicht wahr, Colonel?" sagt ich.

„Ich habe dich nicht gebeten , kein Valay für mich zu sein ", sagt er. „Ich bitte Sie, mein Vorarbeiter zu sein – Sie wissen verdammt gut, was ich meine."

Was das betrifft, wusste ich es auch, und ich dachte damals mehr an Old Man Wright als je zuvor. Natürlich ist es für Männer schwierig, auf dem Schießstand viel zu reden, und wir haben nicht geredet. Wir setzten uns nur eine ganze Weile hin, mit angehobenen Knien, zerschlagenen Stöcken und mit Blick auf das Gunsight Gap, ganz oben auf dem Schießstand – als hätten wir es dort in den letzten vierzig Jahren keinen Tag gesehen.

Ich hatte große Angst vor diesem neuen Schritt und er auch. Es ist, als würde man in eine Furt fahren, wo das Wasser mit Schnee oder Schlamm verschmutzt ist und hoch fließt und auf der anderen Seite kein niedriges Ufer ist . Man weiß nicht, wie es ist, aber man muss es wagen. Für mich sah es schlecht aus, und für ihn war es das auch; Aber wir waren schon einmal gemeinsam an solche Orte gereist und wussten beide, dass wir es jetzt tun mussten.

„Colonel", sage ich schließlich zu ihm, „es gefällt mir nicht, aber ich muss mit Ihnen durchkommen, wenn Sie wollen."

Er schlug mir irgendwie mit dem Handrücken seitlich aufs Knie, als hätte er gesagt: „Das ist ein Handel." Und es war ein Handel.

Deshalb sind wir von Wyoming nach Chicago gezogen, auf der Suche nach einigen der besseren Dinge.

II – Wo wir reingeworfen haben

„Nun, Curly", sagt Old Man Wright eines Tages, ein paar Monate nach unserem ersten Gespräch, zu mir: „Ich habe es geschafft!"

„Du hast sie verkauft?" sagt ich.

„Ja", sagt er.

„Um wie viel haben Sie sie zurückbezahlt , Colonel?" sagt ich; und er sagt, sie geben ihm eineinhalb Millionen als Anzahlung oder so etwas in der Art und den Restbetrag von viereinviertel Millionen aufgeschoben, eins, zwei, drei.

Das ist mehr Geld als alles, was Wyoming wert ist, ganz zu schweigen vom Yellow Bull Valley, das uns gehört.

„Das ist doch eine ganze Menge zurückgestelltes Geld, nicht wahr , Colonel?" sagt ich.

ihnen keine Vorwürfe ", sagt er. „Wenn ich jemandem drei oder vier Millionen Dollar zahlen müsste, würde ich es so lange wie möglich aufschieben. Außerdem denke ich, dass sie es um mehr als ein, zwei oder drei Jahre aufschieben werden, wenn sie auf die Zahlung ihrer Granger warten." Sie geben ihr Geld mit dem zurück, was sie aufbringen können.

„Aber ist es nicht lustig, wie du und ich so viel Geld verdient haben? Das ist ein Beweis dafür, was Industrie und Wirtschaft leisten können, wenn sie nicht anders können . Als Tug Patterson mir vor vierzig Jahren diese Reichweite wünschte, hasste ich ihn sündig." Dennoch ziehen wir von Jahr zu Jahr nach und nach die Gräben ein, und hier sind wir!

„Nun", fährt er fort, „sie wollen sofort Besitz ergreifen. Wir müssen unsere Fracht ziehen. Du und ich, Curly, wir haben kein Zuhause mehr."

Das war die Wahrheit. In drei Wochen waren wir unterwegs und wurden wie Waisen in die Welt entlassen. Trotzdem, Old Man Wright, konnte er es einfach nicht ertragen zu gehen, ohne noch einmal mit den Jungs unten im Cheyenne Club herumzuwirbeln. Er war mehrere Tage dort unten; und als er zurückkam, war er hungrig, aber nicht durstig.

„Es hat keinen Zweck, Curly", sagt er. „Das ist meine Schwäche, und ich bedauere sie zutiefst; aber ich scheine nicht in der Lage zu sein, mich zu überwinden."

„Wie viel haben Sie verloren, Colonel?" Ich frage ihn.

"Verlieren?" sagt er. „Ich habe nichts verloren. Ich gewinne vier Landstücke und fünfhundert Kühe. Ich habe es nicht getan und es tut mir leid; denn was soll ich mit diesen Kühen machen?"

„Vertrauen Sie sie Bonnie Bell", sage ich. „Vertrauen Sie sie einem anständigen Burschen an, den Sie kennen und der sich mit Aktien auskennt. Vielleicht brauchen wir sie irgendwann für einen Einsatz."

„Das ist eine gute Idee", sagt er. „Nicht, dass ich Angst davor hätte, pleite zu gehen. Das Geld kommt zu mir – ich kann es scheinbar nicht verscheuchen."

„Ich hatte noch nie so viel Ärger", sage ich, „aber wenn du dich liberal fühlst, gib mir einen Schluck Tabak und lass uns darüber reden."

Wir taten das und gaben beide zu, dass wir Angst hatten, Wyoming zu verlassen und nach Chicago zu gehen. Wir mussten jedoch unsere Pause machen.

Bonnie Bell war rundum glücklich. Sie erzählte ihrem Vater immer wieder von den Dingen, die sie tun würde, wenn sie in der Stadt ankam. Sie sagte ihm, dass sie ihrer Meinung nach das Schießgebiet niemals verlassen hätte; Aber da er nach Osten wollte und darauf bestand, war sie bereit, mitzukommen. Und er nickt die ganze Zeit, während sie so mit ihm redet – es schmerzt ihn innerlich.

Als wir in Chicago ankamen, wussten wir nicht mehr als ein Kaninchen, wohin wir gehen sollten; aber Bonnie Bell hat sich um uns gekümmert. Wir übernachteten im besten Hotel, das es gab, eines mit Blick auf den See, in dem man jedes Mal, wenn man umdreht, einen Dollar kostet. Die Hotelpagen brachten uns zuerst zum Lachen, und als der Manager kam und uns einschätzte, konnte er uns erst erkennen, als wir ihm ein paar Dinge erzählten. Allmählich jedoch begannen die Leute in diesem Hotel auf uns aufmerksam zu werden, insbesondere Bonnie Bell. Sie fanden auch heraus, dass Old Man Wright mehr Geld hatte als irgendjemand in Chicago zuvor – zumindest tat er so, als ob er Geld gehabt hätte.

„Curly", sagt er eines Tages zu mir, „ich muss los und ein neues Bankkonto eröffnen. Ich kann bei einer Bank nicht schnell genug Schecks ausstellen, um mit Bonnie Bell mitzuhalten", sagt er.

„Was macht sie, Colonel?" Ich frage ihn.

„Alles", sagt er. „Ich kaufe neue Kleidung und Bilder und vieles mehr. Außerdem wird sie bald ihr Haus bauen."

"Was ist das?" Ich sage .

„Ihr Haus. Sie hat dort oben am Seeufer, nördlich eines dieser Parks, etwas Land gekauft; es liegt direkt am Wasser und man kann über den See hinaussehen. Sie hat sich ein gutes Gebiet ausgesucht. Wenn wir das ganze Wasser draußen hätten In Wyoming könnten wir damit Geschäfte machen, aber hier ist es Verschwendung – nur zum Anschauen.

„Sie hat einen Mann, der Pläne für ihr neues Haus zeichnet, Curly – sie sagt, wir müssen es dieses Jahr fertig machen. Dieses Mädchen am Ufer ist ein Hektiker! Wenn man sich diese Dinge ansieht, kann man leicht sehen, dass es Zeit für mich ist zu gehen und Bringen Sie die Dinge mit einer neuen Bank in Ordnung.

Also gehen wir zu der Bank, die er im Auge hat, etwa die größte und kälteste in der Stadt – ein guter Ort, um Butter und Aigs aufzubewahren ; Und wir haben uns mit einigen dieser Chicagoer in Verbindung gesetzt, die immer in Eile sind und nicht wissen, warum. Wir kommen zu einer Reihe von Menschen hinter Gittern, wie in einem Gefängnis. Die Gefängniswärter setzten sie draußen an Tische mit Glasplatten und sahen verdächtig aus wie jeder andere Gefängniswärter in einem Faro-Spiel. Sie sahen alle aus wie Sonntagsschulkinder. Ich fühlte mich unwohl.

Der alte Wright tritt an einen der Tische, an dem ein Bursche mit Brille und Kinnbart sitzt – ein alter Mann; und du wusstest, dass er älter aussah, als er war. Er hat mir nicht gefallen. Er schätzt uns ein. Wir trugen immer noch die Kleidung, die wir in Cheyenne im Golden Eagle gekauft hatten und die unserer Meinung nach gut genug war; aber dieser Mann, alles, was er zu uns sagt, war:

„Was kann ich für Sie tun, meine guten Leute?“

ein Konto eröffnen .“

„Dritter Schreibtisch rechts“, sagt er.

Also gingen wir drei Schreibtische hinunter und stützten einen anderen Mann ab, um zu sehen, ob wir bitte etwas Geld auf seine Bank einzahlen könnten. Dieser hatte einen in der Mitte gescheitelten Schnurrbart am Kinn. Ich hasste ihn.

„Was kann ich für Sie tun, mein guter Mann?“ sagt er.

„Ich habe darüber nachgedacht, ein Konto zu eröffnen“, sagt Old Man Wright.

„Was für ein Geschäft?“ sagt er.

„Poker und Kühe“, sagt Old Man Wright.

Der Kerl mit dem Schnurrbart wandte sich ab.

„Ich bin sehr beschäftigt“, sagt er.

„Das bin ich auch", sagt Old Man Wright. „Aber was ist mit dem Konto?"

„Sie sollten Mr. Watts besser sehen, drei Fenster weiter", sagt der Mann mit dem Schnurrbart. Also gingen wir noch ein Stück weiter nach unten.

„Wie viel Einzahlung wolltest du tätigen, mein guter Freund?" Ast dieser neue Mann, der kleine Schnurrhaare vor seinen Ohren hatte. Ich mochte ihn überhaupt nicht.

Der alte Mann Wright steckt seine Hand in die Tasche und holt eine Menge feiner Stücke , ein paar Schlüssel, ein Messer und etwas Papiergeld heraus und sagt:

„Ich weiß nicht – es könnte bis zu dreihundert Dollar kosten."

Der Mann mit dem kleinen Schnurrbart schiebt sein Brötchen zurück.

„Wir konnten uns nicht vorstellen, ein so kleines Konto zu eröffnen " , sagt er. „Ich empfehle Sie in unsere Sparabteilung , zwei Stockwerke tiefer."

Der alte Mann Wright dreht sich zu mir um und sagt:

„Haben sie nicht das Feinsystem? Sie haben immer einen Platz für Ihr Geld, auch wenn es ein bisschen ist."

„Moment mal", sagt er nach einer Weile und zieht eine Karte aus der Tasche. „Geben Sie das Ihrem Präsidenten und sagen Sie ihm, dass ich ihn sehen möchte."

Das ließ den Mann mit dem kleinen Schnurrbart ganz blass werden. Sein Mund war rund wie der eines Saugfisches.

"Wie meinst du das?" sagt er.

„Nicht viel", sagt Old Man Wright. „Vielleicht habe ich ein paar Dinge übersehen. Bei den dreihundert Dollar habe ich mich geirrt ."

Er breitet ein zerknittertes Stück Papier, das er in seiner Seitentasche gefunden hat, auf dem Tisch aus.

„Es waren gar nicht dreihundert Dollar, sondern dreihunderttausend Dollar", sagt er. „Das habe ich vergessen. Fragen Sie Ihren Präsidenten, ob er mir bitte erlauben würde, ein Konto zu eröffnen, zumal ich neulich in Abwesenheit viertausend Aktien dieser Bank gekauft habe – mein Bankier in Cheyenne hat mir gesagt, ich solle das tun." Sie können sehen, warum ich dann reingekommen bin – ich wollte sehen, wie die Hände in diesem Geschäft es weiterführen, da ich ein Aktionär bin. Jetzt geh mit, mein Sohn", sagt er, „und hol den Präsidenten hierher, weil ich." Ich bin beschäftigt und muss nicht lange warten.

Und gib mir die Schuld, wenn sich der Präsident nach einer Weile nicht auch geäußert hat! Er war ein kleiner Mann, sah aber aus, als hätte er an diesem Morgen gerade seinen Anzug vom Schneider bekommen, und auch seine Krawatte – weiß und ziemlich weich; nicht sehr groß, aber breit, ohne Schnurrhaare. Ich hatte überhaupt keine Verwendung für ihn.

Der Präsident kam lächelnd und mit ausgestreckten Händen. Er war auf jeden Fall ein fröhlicher Künstler, und das ist es, was ein Bankpräsident heute sein muss – er muss ein Redner und ein Handschüttler sein. Der Rest zählt nicht so sehr.

Er führte uns in sein eigenes Zimmer. Ich hätte nie zuvor gedacht , dass Stühle so groß werden oder ein Tisch so lang wird; aber wir haben uns niedergelassen. Dieser Präsident kannte sich sicherlich mit guten Zigarren aus.

„Mein lieber Mr. Wright“, sagt er, „ich bin zutiefst froh, dass Sie endlich zu uns gekommen sind. Ich wusste von Ihrem Kauf in unserer Institution und wir schätzen Ihre Verbindung unbeschreiblich. Angesichts des Umfangs Ihrer Bestände.“ – was Sie vielleicht erhöhen werden – Sie haben eindeutig Anspruch auf einen Platz in unserem Vorstand. Ich bin selbst ein westlicher Mann – ich komme aus Moline, Illinois ; und vielleicht wird es nicht zu viel sein, wenn ich Sie darum bitte Ich habe Ihre Vollmacht, nur der Form halber. Er redet wie ein Buch.

Wir unterhielten uns noch weiter, und als wir hinausgingen, standen alle Mitarbeiter auf und verneigten sich einer nach dem anderen. Danach schien es für uns keine Probleme mehr zu geben, ein Konto zu eröffnen.

„Die Aktien dieser Bank sind zu niedrig“, sagt Old Man Wright nebenbei zu mir. „Deshalb habe ich es gekauft. Sie werden es nach einer Weile aufstellen; und wenn sie anfangen, Dinge aufzustellen, stellen sie sie weiter auf, wenn man im Erdgeschoss anfängt. Verstehen Sie?“

Ich begann zu denken, dass Old Man Wright vielleicht mehr als nur ein Kuhhirte war, aber ich sagte nichts. Wir gingen zurück zum Hotel und er ruft Bonnie Bell in unser Zimmer.

„Schau mich an, Schwesterchen“, sagt er. „Ist irgendetwas mit mir los?“

Sie setzt sich auf sein Knie und streicht ihm die Haare zurück.

„Na, du alter Schatz“, sagt sie, „natürlich sind sie das nicht .“

„Ist irgendetwas mit meiner Kleidung oder mit der von Curly nicht in Ordnung ?“ er sagt.

„Nun ja –“, beginnt sie.

„Damit ist es erledigt!“ sagt er; und an diesem Nachmittag gingen er und ich zu einem Schneider.

Was er jedem von uns antat, waren mehrere Anzüge. Der alte Mann Wright sagte, er wolle jeweils einen Anzug von jeder Art von Kleidung, die jemals jemand in der Weltgeschichte getragen habe. Ich war gemäßigter. Ich war in meinem ganzen Leben noch nie in einem Spiketail und habe ihm gesagt, dass ich zuerst sterben würde. Dennoch war mir klar, dass ich erheblich überholt werden würde.

Was Bonnie Bell betrifft, als sie die Allee entlangging, wo der Wind fast immer weht, sah sie aus, als hätte sie ihr ganzes Leben dort in der Stadt verbracht. Sie hatte immer eine schöne Farbe auf den Wangen, weil sie viel draußen gelebt und so viel geritten hatte, und sie war sehr geschmeidig und irgendwie dünn. Ihr Hut war ziemlich klein und hatte etwas auf der Seite. Ihre Schuhe waren teils weiß, teils schwarz, wie sie sie damals trugen , und ihre Strümpfe hatten die Farbe ihres Kleides; und ihr Kleid passte genau zu den Dingen, die man in den Schaufenstern sah.

Es war Winter, als wir Chicago erreichten, und sie trug Pelze – dunkle – und ihr Muff sah schick aus. Als sie es an die Seite ihres Gesichts hielt, um den Wind abzuhalten, war sie so gut zu sehen, dass viele Leute sich umdrehten und sie ansahen. Ich weiß nicht, was die Leute von ihrem Vater und mir hielten, aber Bonnie Bell sah nicht aus, als käme sie aus Wyoming. Einmal folgten ihr zwei junge Burschen bis zur Tür des Hotels, wo sie mich trafen. Sie sind gleich danach weggegangen.

Bonnie Bell ist gerade nach Chicago gezogen, als wäre es einfach für sie. Was Old Man Wright betrifft, so konnten er und ich nichts weiter tun, als zu den Viehhöfen hinunterzugehen und nachzusehen, wo das Rindfleisch herkam. Wir suchten nach etwas von unserer Marke, und als er einige der Circle Arrow-Kühe hereinkommen sah, redete er zwei oder drei Tage lang kaum mit jemandem.

Ich habe nie gesehen, wo Bonnie Bells neues Haus war, weil sie sagte, es sei ein Geheimnis vor mir. Ihr Vater erzählte mir, dass er rund zweihundertfünfundzwanzigtausend Dollar für das Land bezahlt habe, auf dem es kein Haus gab.

„Außerdem“, sage ich, „werden Sie dort ein Haus errichten, das über sechstausend Dollar kostet, also genug!“

Bonnie Bell hört mich und sagt:

„Ich sollte mich nicht im Geringsten fragen, ob es noch mehr kosten würde. Jeder, der jemand ist, muss hier in Chicago ein gutes Haus haben.“

„Sind wir jemand, Schwester?“ sagt Old Man Wright plötzlich.

„Lieber alter Papa!" sagt sie und küsst ihn noch mehr. „Wir werden jemand sein, bevor wir dieses Spiel aufgeben – glauben Sie mir!"

„Curly", sagt der alte Mann kurz darauf zu mir, „dieses Mädchen hat ein Aussehen – Herr! Ich wusste es nicht, bis ich sie so gekleidet sah, wie sie hier ist. Sie hat Klasse – ich weiß nicht wo." Sie hat es, aber sie hat es. Sie hat Verstand – Gott weiß, woher sie ihn hat; sicher nicht von mir. Sie hat auch Sand – man kann sie auf keinen Fall auf der Welt aufhalten. Wenn sie anfängt, geht sie durch. Und sie sagt: „ Sie . " Komm nur hierher, weil sie wusste, dass ich es wollte!" sagt er.

"Was ist der Unterschied?" Ich frage ihn. „Wir haben sie getäuscht, nicht wahr?"

„Vielleicht", sagt er. „Ich bin nicht an Land."

Na ja, jedenfalls haben wir die alten Zeiten auf dem Yellow Bull gegen diese eingetauscht. Wir hatten die Berge und das Tal und die Dinge, die wir kannten, gegen diese drei oder vier Zimmer für mehrere hundert Dollar im Monat in einem Hotel eingetauscht, das auf das Wasser und auf viele Menschen auf der scharfen Piste blickte, nicht auf einen von denen, die sich einen Dreck um uns kümmern – zumindest nicht um ihren Vater oder mich.

III – Wir leben in der Stadt

Ich hatte in meinem ganzen Leben noch nie so lange in der Stadt gelebt, und soweit ich weiß, hatte auch der Chef das nicht getan. Wir waren an diese Lebensweise nicht gewöhnt. Wir waren es gewohnt, jeden Tag damit zu fahren. Draußen in den Parks, selbst im Winter, konnte man hin und wieder jemanden reiten sehen – oder denken, er würde reiten, was aber nicht der Fall war .

Eines Tages geht Old Man Wright im Frühling auf die Viehhöfe und kauft ein gutes Reitpferd für Bonnie Bell zum Reiten. Es kostete ihn 25 Dollar pro Monat, das Pferd zu behalten, sodass er sich draußen in etwa drei Monaten den Kopf abfressen würde. Old Man Wright sagt mir, dass ich mit der Kleinen ausreiten muss, wann immer sie will. Das hat mir gepasst. Das bedeutete natürlich, dass wir ein weiteres Pferd für mich kaufen mussten. Das bescherte dem Stall fünfzig Dollar im Monat. Ich wusste nie, was wir für unsere Zimmer im Hotel bezahlten, aber es war jeden Monat mehr, als eine Familie in Wyoming ein Jahr lang ernähren könnte.

Bonnie Bell, sie konnte ganz gut auf dem Sattel eines Mannes reiten, und sie hatte das richtige Outfit dafür. Wenn es im Frühling etwas wärmer wurde, gingen wir ab und zu in die Parks. Eines Tages ritten wir hinaus in eine schmale Stelle am See. Dort standen Häuser – eine Reihe davon, alle groß, alle aus Stein oder Ziegeln; Häuser so groß wie das Gefängnis in Wyoming und ungefähr so fröhlich.

Wir hielten direkt vor einem großen Haus aus Ziegeln und Steinen an, das überall Bäume, Blumenbeete und Hecken hatte; und sagt sie:

„Curly, wie würde es dir gefallen, in so einem Haus zu leben?“

„Ich würde nicht an diesem verdammten Ort leben, wenn du es mir geben würdest, Bonnie Bell“, sage ich fröhlich.

Sie sah mich irgendwie komisch an.

„So ein Haus haben die besten Leute in dieser Stadt“, sagt sie. „Zum Beispiel sieht das Haus, das wir uns ansehen, so aus, als hätten es die besten Architekten der Stadt entworfen. Dieses Haus, Curly, hat bestimmt zwischen einer halben und einer dreiviertel Million gekostet. “

„Nun, das ist ein Haufen mehr Geld, als irgendjemand für eine Wohnung ausgeben sollte“, sage ich. „Sie sollten es für Kühe ausgeben.“

„Aber es liegt direkt am See“, sagt sie, „und liegt direkt bei den besten Leuten.“

"Ist das so?" sagt ich. „Dann sollten wir hierher kommen – an einen solchen Ort; denn wir sind hier, um bei den besten Leuten einzubrechen. Ist das nicht die Wahrheit, Bonnie Bell?"

„Vielleicht", sagt sie nach einer Weile, „Banker, nehme ich an, Kaufleute, Großhändler – Häute, Leder, Verpackung –"

„Und nicht Kuhmänner?" sagt ich.

"Sicherlich nicht!" sagt sie. „Um die besten Leute zu sein, muss man mit etwas umgehen, an dem jemand anderes gearbeitet hat – man muss mit einem hergestellten Produkt irgendeiner Art umgehen. Man darf kein Produzent tatsächlichen Reichtums sein."

„ Sho ! Bonnie Bell", sage ich, „wenn du es ernst meinst, redest du über etwas, das du am College von Old Man Smith gelernt hast. Ich weiß nichts über solche Dinge. Leute sind Leute, nicht wahr ? A Ein ehrlicher Mann ist ein ehrlicher Mann, egal, was sein Geschäft ist.

„Hier ist es anders", sagt sie.

„Nun, wenn wir gerade über Häuser sprechen", sage ich, während wir die ganze Zeit auf unseren Pferden sitzen und viele Leute vorbeigehen und uns anschauen – oder zumindest sie anschauen –, „warum erzählst du es uns nicht? „Wo wird dein Haus stehen? Du hast es mir kein einziges Mal gezeigt."

„Das werde ich nicht, Curly", sagt sie. „Das wird ein Geheimnis bleiben. Natürlich weiß Papa, wo es ist; aber was dich betrifft – na ja, vielleicht werden wir uns bis Weihnachten damit befassen."

„Jetzt zum Beispiel", sage ich – und ich wedele mit der Hand in Richtung eines Ortes, der gerade erst neben dem großen Haus begann, das wir uns angesehen hatten – „es schien, als ob ein Jahr oder so gedauert hätte, um diesen Ort so weit zu bringen." wie es ist."

„Uh-huh!" sagt sie.

Dann wandten wir uns ab und machten uns auf den Heimweg. Als wir im Hotel ankamen, fanden wir Old Man Wright vor, der mit ausgestreckten Beinen und den Händen in den Taschen auf einem Stuhl saß und völlig unglücklich aussah.

„Was ist los, Papa?" von Bonnie Bell. „Haben Sie Geld verloren oder schlechte Nachrichten gehört?"

„Nein, bin ich nicht ", sagt er. „Es hängt alles davon ab, was die Menschen brauchen, um glücklich zu sein."

„Nun", sagt Bonnie Bell – ihr Gesicht war von unserem Ausritt ganz rot und es ging ihr gut – „Ich bin vollkommen glücklich, außer dass es in dieser Stadt keinen Ort gibt, an dem man reiten und Spaß haben kann." Dabei sind die Straßen so hart. Heutzutage scheint sowieso jeder in Autos zu fahren."

„Huh!" sagt ihr Vater. „Das sollte ich denken." Er hält eine Zeitung vor sich hoch. „Als ich zum ersten Mal hierher kam", sagt er, „habe ich gesehen , dass alle in Autos fuhren, und ich dachte, dass noch mehr von ihnen fahren würden; also habe ich einen Flyer im Wert von etwa 60.000 Dollar aus einer Aktie einer Firma mitgenommen ." Das war die Herstellung eines dieser Autos, das sich wirklich günstig verkauft. Jetzt haben mir diese Leute achtzig Prozent Aktien als Bonus gegeben und die Dividende auf fünfundzwanzig Prozent pro Jahr erhöht. Sie wird schon Geld verdienen. Das sollte mich nicht wundern wenn sich dieser Bestand in etwa einem Jahr mehr als verdoppeln würde."

„Um Himmels willen, Colonel", sage ich, „ gibt es nicht überhaupt nichts, worauf Sie sich einlassen können, ohne Geld zu verdienen?" sagt ich.

„Nein, das gibt es nicht ", sagt er traurig. „Bei manchen Leuten passiert das so – ich kann einfach nicht anders, als es zu schaffen; und doch bin ich hier und habe mehr Geld, als jeder von uns haben sollte. Aber ich musste es tun", sagt er zu Bonnie Bell. „Ich fühle mich irgendwie einsam, da ich nicht viel zu tun habe, sodass ich mich mit irgendetwas abfinden muss. Autos, Schwester?" sagt er. „Lassen Sie mich Ihnen zwei oder drei davon nennen, die unser Unternehmen herstellt."

„ Nein, das tust du nicht!" sagt Bonnie Bell. „Ich möchte eines, das –"

„Huh! Das kostet vielleicht acht- oder zehntausend Dollar?"

„Nun", sagt sie, „man muss irgendwie mit den Dingen verhältnismäßig umgehen, Papa; und ich denke, so ein Auto ist in etwa im Verhältnis zu dem, was du und ich in dieser kleinen Stadt machen werden, wenn wir anfangen."

Sie dreht sich um und schaut noch einmal aus dem Fenster. Das war ihr Weg. Sehen Sie, in all den Monaten, die wir bereits dort verbracht hatten, kannten wir keine Menschenseele in dieser Stadt. Frauen hassen sich immer gegenseitig, aber sie hassen sich selbst , wenn andere Frauen ihnen keine Beachtung schenken. Bonnie Bell war an Nachbarn gewöhnt und hatte hier keine; Obwohl sie damit beschäftigt war, alles zu kaufen, was ein Mädchen sich unmöglich wünschen konnte, schien sie jetzt nicht allzu glücklich zu sein.

„Was ist los, Schwester?" sagt ihr Vater nach einer Weile und zieht sie auf sein Knie. „ Behandeln Curly und ich dich nicht in Ordnung?"

Sie verdrängt sein Gesicht von sich und sieht ihn an; und sagt sie, richtig nüchtern:

„Dad", sagt sie, „das darfst du mich nie wirklich fragen. Du bist der beste Mann auf der ganzen Welt – und Curly auch."

„Nein, das sind wir nicht ", sagt er. „Der Trauzeuge ist noch nicht wirklich für dich erschienen, Schwester."
„Warum, Papa", sagt sie, „ich bin nur ein junges Mädchen!"
„Du bist das hübscheste junge Mädchen in dieser Stadt", sagt er, „und die Stadt weiß es."
„Huh!" sagt sie und schnuppert. „Es verhält sich nicht sehr ähnlich."
„Wenn ich meinen Augen traue", sagt ihr Vater, „scheinen viele Leute es zu wissen, wenn ich mit dir ausgehe."
„Das zählt nicht, Papa", sagt sie. „Männer und sogar Frauen schauen ein Mädchen auf der Straße an – Männer an ihren Knöcheln und Frauen an ihrer Kleidung; aber das bedeutet nichts. Das bringt dich nicht weiter. Das heißt, niemand zu sein. Das tut es." Das bedeutet nicht, dass du einer der besten Menschen bist.

„Und du willst einer der besten Menschen sein – ist es das, Schwesterchen?"

Sie biss die Zähne zusammen und ihre Augen leuchteten.

„Na ja", sagt sie, „wir haben nie etwas für Piker gespielt, oder, Papa?"

Dann sahen sich die beiden in die Augen. Ich habe sie beide angeschaut. Für mich schien es, als würde es auf jeden Fall einiges geben.

„Los, Schwester!" sagt ihr Vater. „Du hast ein eigenes Bankkonto und es ist größer als meines. Das Limit ist die Decke."

„Apropos Limits", sagt er, „erinnert mich daran, dass der Präsident unserer Bank dafür gesorgt hat, dass ich hier in der Stadt in den National League Club gewählt wurde; er hatte eine solche Anziehungskraft, dass er es bald richtig gemacht hat – Stellvertreter vielleicht. Das habe ich getan." Ich war heute Nachmittag dort und habe versucht, mich zu amüsieren. Ich kannte niemanden auf der Welt. Ein oder zwei Leute erlaubten mir schließlich, mit ihnen an einem Pokerspiel teilzunehmen, als ich fragte. Es war kein Poker, sondern nur eine Nachahmung . Ich habe gewonnen zweihundertfünfzig Dollar, und das Spiel war kaputt. Wenn jemand da drüben einen halben Stapel Blaubeeren hineinschiebt, zittern sie alle und werden blass. Das mag eine gute Stadt für Frauen sein, aber glauben Sie mir, Schwesterchen, das ist keine Stadt für einen echten Mann.

„Na ja, egal, Papa", sagt sie. „Wenn du einsam bist, bitte ich dich, mir im Haushalt zu helfen. Wir müssen unsere Bediensteten zusammenbringen. Wir brauchen zum Beispiel einen Butler – und zwar einen guten."

„Was ist ein Butler?" sagt ich.

„Er steht hinter deinem Stuhl und macht dir ein unheimliches Gefühl", sagt Old Man Wright. „Eines dieser Dinge müssen wir haben, Ufer. Dann gibt es noch den Chauffeur für das Auto, wenn du es bekommst, und den Koch. Das ist doch schon alles, nicht wahr?"

„Das ist ungefähr der Anfang", sagt Bonnie Bell. „Man braucht eine Köchin und ein Küchenmädchen und zwei Dienstmädchen im ersten Stock und zwei Dienstmädchen im Obergeschoss und einen Diener."

„Nun, das wird einigen helfen", sagt ihr Vater. „Ich war ziemlich gelangweilt und einsam, aber vielleicht fängt irgendwann jemand etwas an, wenn ich mit all diesen Leuten zusammen lebe. Wann haben Sie gesagt, dass wir reinkommen könnten?"

„Sie sagen mir, dass wir Glück haben werden, wenn wir bis Weihnachten alles fertig haben", sagt Bonnie Bell.

„Es sieht nach einem fröhlichen Sommer aus, nicht wahr?" sagt er seufzend.

„Und wie ein verdammt frohes Weihnachtsfest!" sagt ich.

IV – Wir und Heiligabend

Wie wir den ganzen Frühling und Sommer verbracht haben, ist mir jetzt kaum noch klar. Wir waren die einsamsten Menschen, die Sie je gesehen haben. Der alte Wright ging hin und wieder zu seinem neuen Club und manchmal auf die Viehhöfe, und manchmal machte er sich über dieses oder jenes lustig. Bonnie Bell und ich gingen hin und wieder reiten, wenn sie nicht beschäftigt war, was jetzt die meiste Zeit der Fall war. Sie hatte viel mit den Leuten zu tun, die ihr Haus bauten und einrichteten – sie verriet mir nie, wo es war.

Nun, es wurde gleich zu Beginn des Winters kalt. Es war furchtbar kalt, kälter als es in Wyoming sein kann. Wenn es in Chicago kalt wird, sagen die Leute: „Das ist wirklich ungewöhnliches Wetter!" – genau wie wir es tun, wenn es in Wyoming einen Schneesturm gibt. Old Man Wright und ich dachten, wir würden frieren, denn wir mussten Mäntel tragen, wie sie es in der Stadt taten, und konnten keine Mäntel mit Schafsfutter tragen, wie wir sie auf dem Schießplatz getragen hätten .

„Nun ja", sagte Bonnie Bell, als wir uns bei ihr beschwerten, „wenn wir unser Auto zum Laufen bringen , müssen wir nicht mehr laufen. Niemand, der etwas bedeutet, geht in der Stadt spazieren. Unsere besten Leute haben alle Autos; also ." Sie brauchen keine Schaffellmäntel. Unser Auto wird jetzt jederzeit hier sein; so können wir mehr von der Stadt sehen und uns wohler fühlen als zu Pferd. Niemand reitet auf dem Pferd, außer ein paar jungen Leuten, die im Sommer in den Parks unterwegs sind – Das habe ich herausgefunden.

„Machen das unsere besten Leute jetzt nicht?" fragt ihr Vater.

„Einige, aber nicht viele", sagt sie. „Viele Leute wollen, dass man sie für die Besten hält, aber das sind sie nicht . Das erkennt man immer daran, wie sie ihre Hände spielen. Die meisten Leute, die ich in den Parks reiten gesehen habe, sind das auch." Diese Sorte – sie möchten, dass man sie beim Reiten ansieht, weil sie absolut sicher sind, dass sie das tun, was unsere besten Leute tun. Man kann sie an ihrer Kleidung erkennen, ob sie reiten oder gehen. Das ist leicht zu erkennen die raus."

„Ich frage mich", sage ich, „ob sie deinen Vater und mich erkennen können?"

Sie kommt vorbei und zerzaust meine Haare, wie sie es manchmal tat.

„Du bist ein Schatz, Curly!" sagt sie.

„Das weiß ich", sage ich; „Aber verwirren Sie nicht meine neue Krawatte, denn ich habe heute Morgen ungefähr eine Stunde daran gearbeitet, und dabei ist sie ein wenig schief und etwas zu niedrig. Aber ich komme schon voran", sage ich.

Nun, Old Man Wright, als er seinen Spitzrock trug , hatte er die gleichen Probleme mit seiner Krawatte wie ich mit meiner. Einmal erzählte er seinem Schneider davon , aber dieser sagte ihm, dass die besten Leute sie so trugen – zerzaust und nachlässig. Natürlich, als wäre es ein schwieriges Spiel, denn wie konnte man erkennen, wann man unvorsichtig sein sollte und wann nicht? Aber wie gesagt, wir kamen voran.

Mr. Henderson – er war der Hotelmanager und auch ein ziemlich guter Sportler – er hat sozusagen eine Freundschaft mit Old Man Wright geschlossen, und man kann kaum sagen, dass wir keine Besucher hatten, denn er kam jedes Mal herein eine Weile und war richtig nett zu uns. Sehen Sie, wenn Old Man Wright seine Krawatte nachlässig trägt und Bonnie Bell sich genau so kleidet, als käme sie aus einer Modezeitung, wenn ich nicht gewesen wäre, wäre unser Outfit vielleicht zu den besten Menschen aufgestiegen, in Ordnung . Wie genug, ich habe das Spiel etwas queer gemacht; aber Henderson, er schien nicht einmal mich zu stören.

Am Tag vor Weihnachten sagte Bonnie Bell, ihr neues Haus sei fertig und möbliert, alles drin, die Bediensteten und alles, bereit für uns, noch am selben Abend einzuziehen und dort Heiligabend zu verbringen. Aber sie sagt, dass Herr Henderson, der Manager des Hotels, wollte, dass wir an diesem Abend unser letztes Abendessen im Hotel einnehmen, bevor wir nach Hause gingen. Um ihm einen Gefallen zu tun, taten wir das.

Er hat uns in dieser Nacht bei sich aufgenommen. Der Mann an der Tür schnappte sich unsere Hüte, aber er nahm Bonnie Bells Mantel – er war mit Pelz gefüttert und kostete ein paar tausend Dollar – über den Arm und hielt ihr den Stuhl zurück. Es gab jede Menge Blumen auf dem Tisch. Ich schätze, er hat es repariert. Es gab zwar keine Schinkenhaxe und kein Gemüse, dafür aber alles andere.

Ich sollte mich nicht wundern, wenn einige der besten Leute dort waren. Jeder trug die Art von Kleidung, die er abends in einer Stadt wie dieser trägt – Spitzenschwänzchen für die Männer und Seidensachen, niedrig geschnitten, für die Frauen … Der alte Mann Wright war mit seinem roten Schnurrbart, ein wenig ergraut, groß, aber nicht dick, und seiner ein wenig zerzausten Krawatte ein ebenso gutaussehender Mann wie in diesem Lokal.

Was Bonnie Bell betrifft – nun, ich sah unser Mädchen an, als ich dort in meinen besten Kleidern saß und meine Krawatte, so gut ich konnte, gebunden hatte, und ehrlich gesagt, sie war so hübsch, dass ich Angst hatte. Tatsache ist, dass „hübsch" nicht nur das Wort ist. Sie war mehr als das – sie war wunderschön.

Ich schätze, ihr Kleid war aus einer Art weicher grüner Seide, tief ausgeschnitten, und ihr Hals war hoch und weiß, und ihr Haar war hinten hochgesteckt und irgendwie zusammengebunden, und ihr Kinn war hoch in die Höhe gehalten. Sie hatte etwas Farbe im Gesicht – ehrliche Farbe – und ihre Augen waren groß und strahlend. Ihre Arme waren bis zu den Handschuhen nackt. Sie trug allerdings nicht sehr viele Ringe – Herr! Wenn sie sie wollte , hätte sie einen Scheffel haben können. Nirgends trug sie viel Schmuck; Aber ich möchte Ihnen sagen, dass jeder in diesem Raum sie so sehr angeschaut hat, wie er sich traute.

Ich sah sie an und ihr Vater auch. Ich weiß nicht, denn man könnte sagen, dass wir beide stolz waren – das ist nicht das richtige Wort dafür. Wir hatten beide Angst. Es schien nicht möglich, dass sie uns gehören könnte. Es schien unmöglich, dass wir zwei alten Kuhhirten sie so draußen auf der Weide großgezogen hatten und dass sie sich so schnell verändert hatte. Sie muss es in sich gehabt haben – ihre Mutter, schätze ich.

ein alter Mann, eine alte Frau und ein junger Mann saßen . Sie haben uns gut gesehen . Ich habe gesehen, wie der junge Mann Bonnie Bell zwei- oder dreimal ansah und immer nach unten blickte, wenn er es bemerkte. Er war ein gutaussehender junger Mann und gut gekleidet, nehme ich an, denn alle Männer waren gleich gekleidet. Seine Krawatte war irgendwie unordentlich und nachlässig gebunden, wie die von Old Man Wright, und er musste nicht ständig an seinem Hemd herumzudrücken. Hat Bonnie Bell ihn bemerkt? Vielleicht hat sie es getan – über Frauen kann man nichts sagen ; Ihre Augen sind wie die einer Antilope und sie können hinter sich sehen .

„Das ist Old Man Wisner“, sagt Henderson, der Hotelmanager, leise zu uns, beugt sich vor und tut so, als würde er unsere Blumen noch einmal reparieren. „Mrs. Wisner und der junge Mr. James Wisner sind bei ihm. Wissen Sie, er ist einer der reichsten Männer hier in Chicago – Packen, Bankgeschäfte und so weiter. Sie gehören zu unseren besten Leuten. Sie leben oben in Millionärsreihe.“

„Ja, ich weiß“, sagt Bonnie Bell.

Von meinem Platz aus konnte ich die Wisners am anderen Tisch sehen. Der alte Mann war groß, mit grauem Backenbart und grauem Haar, eher grob. Er hatte große Augenbrauen und seine Augen blickten irgendwie schelmisch, als ob sein Magen nicht in Ordnung wäre. Er war ein beleibter Mann – so etwas haben Sie gesehen. Manche sind Banker, manche Packer und manche Brauer; Sie sehen alle gleich aus, egal was sie sind. Sie können weder reiten noch laufen.

Bei dieser alten Party schien er seiner Frau nicht viel Aufmerksamkeit zu schenken, und ich weiß es nicht, ich gebe ihm dafür die Schuld. Sie hat vielleicht einmal ein paar Blicke auf sich gezogen, aber nicht in letzter Zeit. Sie waren nicht glücklich.

Nach einer Weile standen die Leute an diesem Tisch auf und gingen hinaus, bevor wir mit unserem Abendessen fertig waren , das nach ein paar Stunden kräftig war – es gab nichts auf der ganzen Welt, das wir nicht hatten zu essen, außer Schinkenhaxe und Gemüse. Dabei hatten wir richtig viel Spaß.

Mittlerweile war es vielleicht elf Uhr, und Bonnie Bell zog ihre langen weißen Handschuhe aus, deren Hände sie wieder in die Handgelenke gesteckt hatte.

„Soll ich Ihr Auto anrufen, Mr. Wright?" an den Manager, Herrn Henderson.

„Ich weiß es nicht", sagt Old Man Wright. „Haben wir ein Auto, Schwester?"

„Ja, Papa", sagt sie – sie sagte meistens „Papa", wenn Leute in der Nähe waren ; Übersehen Sie nicht, dass Old Man Smith Mädchen mit echter Klasse hervorgebracht hat. Sie redete nicht wie ihr Vater und ich auch nicht.

„Ja, Papa", sagt sie jetzt. „Ich wollte Sie mit unserem Auto überraschen. Es steht seit einer Woche zur Verfügung. Ich habe einen Fahrer eingestellt und ihm gesagt, er solle jetzt für uns bereit sein." Wie Sie sehen, waren alle unsere Sachen in das neue Haus verlagert.

Wir alle drei halfen Bonnie Bell beim Anziehen ihres Mantels. Sie nahm ihren Muff und wir gingen alle raus. Ich glaube nicht, dass irgendein Mann in dem Ort, der Messingknöpfe hatte, diesen Weihnachtsabend vergessen hat.

Der große Mann vor der Tür, wie ein Tambourmajor in einer Band, kannte uns inzwischen gut genug; Er öffnet uns die Tür und wir stehen da und schauen hinaus.

Ich sagte, es sei kalt in Chicago und in dieser Nacht sei es an der Küste kalt gewesen. Es schneite – der Schnee fiel schräg vom See herab, wie ein Schneesturm auf der Ebene. Über den Weg konnte man kaum etwas sehen. Draußen hinter der Markise, die den Bürgersteig bedeckte, konnten wir unser neues Auto sehen – ein langes, glänzendes Auto mit Lichtern im Inneren und überall Lampen, rot, weiß und blau oder vielleicht grün. Draußen saßen ein paar Männer auf dem Vordersitz – ich weiß nicht, wann der Junge sie angeheuert hatte. Sie waren beide in große Pelzmäntel gehüllt, die sie an diesem Abend auf jeden Fall brauchten, da sie nicht wie wir in der E-Limousine mitfahren konnten.

Bonnie Bell geht jetzt unter der Markise über den Bürgersteig, den Muff ans Gesicht gelehnt, und beugt sich gegen den Sturm. Sie schaut auf, nachdem sie sich von Mr. Henderson verabschiedet hat, der mit uns rausgerannt ist, lachend und „Frohe Weihnachten!" sagt – sie blickt nur zu dem Mann auf dem Sitz auf und sagt: „Zuhause, James." !"

Ich schätze, der Mann, den sie eingestellt hatte, musste neu gewesen sein . Er blickt sich zunächst um, als ob er versuchen würde, unsere Marke zu lesen. Dann springt er plötzlich vom Sitz herunter, berührt seine Mütze und öffnet die Tür.

Wir stiegen alle ein und verabschiedeten uns von dem Hotel, in dem wir so lange gelebt hatten. Der Chauffore greift noch einmal an seinen Hut, schließt die Tür und klettert wieder auf seinen Sitz. Er drehte das lange Auto mit einer einzigen Bewegung auf der Straße herum. Im nächsten Moment waren wir draußen auf der Allee, weg vom Hotel, und genau in der Mitte der mehrere Meilen langen Lichterkette, wo sich der Bullyvard befindet, am See entlang. Er dreht sie auf dem Bullyvard nach Norden , ohne Sprung oder Bommel, und sie läuft glatt wie Fett. Ich habe gesehen , dass Bonnie Bell ein Auto auf jeden Fall gut beurteilen konnte, genauso wie sie ein Pferd oder irgendetwas anderes beurteilen konnte.

„Tochter", sagt Old Man Wright nach einer Weile zu ihr – und er nannte sie normalerweise nicht so – „du bist heute Abend ein Wunder für deinen Vater! Wo hast du es her? Wo hast du es gelernt?"

Sie schaut schnell von ihrem Muff zu ihm auf, ernst, und legt einfach ihre Hand auf seine, in dem weißen Handschuh.

Wir gingen die Allee entlang, eine kleine, kurvige Straße entlang, bogen um eine Ecke und überquerten die Brücke; Und dann kamen wir heraus, wo die Lichter wieder in einer langen Reihe standen , und wir konnten das Rauschen des Sees direkt an der Straße hören.

„Wohin bringst du uns, Junge?" sage ich nach einer Weile, als ich sehe, dass ihr Vater auf keinen Fall nichts sagen würde .

Sie lächelte nur.

„Warte, Curly. Du wirst das neue Ranchhaus in Kürze sehen."

Nach und nach befanden wir uns ganz am unteren Ende dieser langen Reihe großer Häuser, die so viel Geld kosten und in denen die besten Leute leben – Millionaire Row, wie sie es damals nannten.

Ich wusste, wo wir waren . Nach einer Weile kommen wir genau an der Stelle an, wo Bonnie Bell und ich einst auf unsere Pferde gestiegen waren und auf ein neues Haus blickten, das noch nicht fertig war, sondern gerade erst angefangen hatte. Jetzt war es fertig – alles von oben bis unten, genau dort, wo im letzten Frühjahr das Fundament gewesen war! Ich konnte sehen, wo die Wege angelegt waren und in diesem Herbst einige Bäume gepflanzt worden waren – große, als wären sie schon immer dort gewachsen . Hier und da standen Statuen, hauptsächlich Frauen, die in dieser Nacht kalt aussahen.

Dahinter konnte man die Reihe der niedrigen Gebäude sehen, wie die abgelegenen Scheunen der Heimatfarm am Yellow Bull; aber dieses Haus stand direkt drinnen, wo der See tosend und tosend hereinströmte, und direkt an dieser Allee, wo unsere besten Leute lebten. Es war aus Stein, vielleicht drei Stockwerke oder mehr, mit einer Stelle, unter der man die Holzbretter durchfahren konnte, einer steinernen Veranda über der Eingangstür und einem Gehweg und Stufen. Und alles war von oben bis unten beleuchtet; Alle Fenster waren hell.

Wir drei waren weder kalt noch nass noch müde, aber wir fühlten uns nicht gut – keiner von uns. Als wir nun aus irgendeinem Grund dort anhielten und all die roten Lichter sahen, verspürte ich irgendwie den Wunsch, auf irgendeiner heimischen Ranch noch einmal ein Licht leuchten zu sehen, wie ich es so oft auf dem Yellow Bull getan hatte. Ich saß da und schaute auf diesen Ort, ganz erleuchtet für jemanden, ganz auf jemanden wartend; und eine Zeit lang vergaß ich, wo ich war – ich vergaß sogar, dass das Auto angehalten hatte.

Ich drehe mich um; Und da war Bonnie Bell, die ihren Mantel um den Hals hochzog und ihre Hände in ihren Muff steckte, und ihr Vater knöpfte seinen Mantel zu. In diesem Moment sah ich auch, wie der Chauffeur vom Vordersitz sprang . Er kommt zur Tür, genau dort, wo der Weg war, der zu diesem neuen großen Haus führte, und er öffnet die Tür, berührt seinen Hut und steht dort und wartet.

Als sie mich lachten und an mir herumzerrten und ich mich irgendwie zurückhielt, vergaßen wir irgendwie, dass es Heiligabend war. Der alte Mann Wright dachte plötzlich daran; und er dreht sich wieder zu dem Mann um, der immer noch an der Tür stand und sich um Bonnie Bell und uns kümmerte, als hätten wir etwas vergessen. Er steckt seine Hand in die Tasche seiner Weste, holt ein Zehn-Dollar-Goldstück heraus und gibt es unserem neuen Chauffeur in die Hand.

„Hier bitte, mein Sohn", sagt er. „Frohe Weihnachten! Und ich hoffe, dass du gut auf meine Tochter aufpasst."

Der neue Chauffeur , der da im Schnee steht – er war groß und auch ein wirklich gutaussehender Kerl –, berührt seine Mütze.

„Vielen Dank, Sir", sagt er.

Ich sah, wie das Auto weiterfuhr. Es bog nicht an unserer Gasse ein, sondern fuhr weiter zum nächsten Tor, da unsere Straße noch nicht ganz fertig war. Eine Minute später hatte Bonnie Bell mich in der Flurtür und küsste uns beide, direkt vor den Augen eines traurig aussehenden Mannes in Kleidung wie unserer.

Wir blieben nur eine Minute in der Nähe der großen Tür stehen, und bevor wir sie schlossen , blickte sie noch einmal hinaus in die Nacht, in der die Lichter durch den ganzen Schnee leuchteten und die Bäume in der Schneewehe weiß und dürr aussahen.

„Rufen Sie den Chauffeur herbei und lassen Sie ihn etwas trinken", sagt Old Man Wright. „Das war eine kalte Fahrt."

Aber zu diesem Zeitpunkt war er weg; Also drehen wir uns alle wieder um, um mit diesem traurigen Mann zu ringen , der offensichtlich vorhatte, es mit uns zu vermischen.

V – Wir und die Home Ranch

Als wir alle drei – Old Man Wright, Bonnie Bell und ich – durch die Tür dieses großen neuen Hauses gingen, standen wir etwa eine Minute lang da; und zuerst dachte ich, wir wären am falschen Ort gelandet – vor allem, weil dieser traurige Mann aussah, als ob er das auch dachte.

Drinnen war alles erleuchtet, und man konnte weit in den Flur hineinsehen – kleine Teppiche in allen möglichen Farben lagen herum, Bilder an der Wand und weit dahinter irgendwo in einem Kaminfeuer ein Feuer. Ich habe noch nie ein besser eingerichtetes Hotel gesehen.

Old Man Wright war wie ein Mann, der mit einem Lottoschein einen Elefanten gewonnen hat. Bonnie Bell sieht ihn an und schaut mich an, als hätte sie etwas verpasst. Im Großen und Ganzen waren wir meiner Meinung nach die drei einsamsten , ängstlichsten und unglücklichsten Menschen in der ganzen Großstadt – es war auch Heiligabend!

Hinter diesem traurigen Mann standen viele andere Menschen in einer Reihe am Ende des Flurs. Endlich entdeckte er uns und begann dem alten Wright beim Ausziehen seines Mantels zu helfen – und mir auch; aber ich würde es nicht zulassen. Ich war nicht krank oder so. Also standen wir eine Weile schick gekleidet da und kamen einfach zu unserer neuen Heimatranch.

„Das reicht, William", sagt Bonnie Bell zu dem traurigen Mann.

„Vater", sagt sie und führt ihn zu den Leuten in der Halle, „das sind alle unsere Leute, die ich engagiert habe. Das ist Mary, unsere Köchin, und Sarah, die erste Magd. Annette wird es sein." meine Magd.

Nun ja, sie ging durch die Leitung und stellte uns ein Dutzend von ihnen vor , schätze ich. Ich wusste gerade noch genug, um nicht die Hand zu schütteln. Einige von ihnen berührten ihre Stirn und die Mädchen wippten. Sie redeten nicht und schüttelten auch nicht die Hand.

Inzwischen hatte Bonnie Bells Dienstmädchen ihren Mantel über dem Arm und sie beide machten sich auf den Weg nach oben.

„Ich bin gleich wieder da, Papa", sagt sie. „William wird dich und Curly in dein Zimmer bringen."

Der traurige Mann geht den Flur hinunter, wir folgen ihm, und wir kommen an eine Stelle mitten im Haus – und er hat uns dort zurückgelassen. Wir blieben stehen, als wir durch die Tür gingen.

Was weißt du? Bonnie Bell hatte dieses Zimmer genauso eingerichtet wie das große Zimmer auf der alten Ranch! Alle unsere alten Sachen waren da – wie sie an sie kam, wusste ich nie. Da war der alte Tisch mit den Pfeifen und

Blättchen darauf, dem überall verstreuten Tabak, den Flaschen drüben auf dem Regal und einem Zaumzeug oder so – immer derselbe Platz. Sie ließ sogar die Steine des alten Kamins mitbringen, einer davon war geklaut, wo Hank Henderson einmal den Koch erschoss.

„Schau her, Curly", sagt Old Man Wright nach einer Weile.

Er führt mich in die Ecke des Raumes neben dem Kamin. Verdammt, wenn da nicht unsere beiden alten Sättel wären, die glatt und glänzend waren! Der alte Mann Wright steht da in seinem Stachelschwanzmantel und streicht ein oder zwei Mal mit der Hand über das alte Steigbügelleder; und für eine Weile kann er überhaupt nichts sagen – ich auch nicht.

„ Ist sie nicht ein Mädchen, Curly?" sagt er nach einer Weile.

„Sie ist das Ass, Colonel", sage ich.

„ Da wird nichts übersehen", sagt er nachdenklich und geht mit den Händen in den Taschen umher.

Nach und nach kam er an eine halbe Flasche Maiswhisky heran – dieselbe, die draußen am Circle Arrow auf dem Tisch gestanden hatte. Er hebt es auf, schenkt sich nachdenklich einen Drink ein und schiebt es mir zu.

"Jedes kleine Ding!" sagt er. „Nichts ausgelassen! Es ist derselbe Ort. Gott segne das Mädchen auf jeden Fall! Ich glaube nicht, dass ich es überhaupt ertragen hätte, wenn sie dieses Zimmer nicht für dich und mich hergerichtet hätte. Ich wollte es einfach tun Ansturm."

„Nun, Colonel", sage ich, „hier sehe ich Sie! Ich sehe, wir haben einen Ort, an dem wir reinkommen und uns abschnallen können. Das macht es viel einfacher. Ich war bisher überhaupt nicht glücklich darüber."

„Sie hat alles selbst gemacht", sagt ihr Vater, stellt sein Glas ab und blickt sich noch einmal im Raum um. „Ich lasse ihr freie Hand. Der Architekt hatte diesen Ort als ‚Höhle' gekennzeichnet, schätze ich. Huh! Ich nenne es nicht eine Höhle – ich nenne es ein Zuhause, ein süßes Zuhause. Wenn da nicht dieser Raum wäre", sagt er Er: „Das wäre ein verdammt tolles Weihnachtsfest, nicht wahr, Curly? Aber egal, wir werden in diese Stadt einbrechen oder schrecklich gute Gründe dafür finden."

„Glauben Sie, dass wir das können, Colonel?" sagt ich.

„Shore, wir können!" sagt er. „Wir müssen! Will sie es nicht?"

„Zum Beispiel", sage ich, „wie heißen wohl unsere Nachbarn von nebenan?"

„Dort wohnt Old Man Wisner", sagt er grinsend. „Das waren die Leute, die an dem Tisch saßen, auf die Henderson uns heute Abend hingewiesen hat. Er ist der größte Packer in Chicago, Präsident oder so etwas in der Welt der

Banken und allem anderen – es gibt keine besseren Leute als die Wisners . "
. Und wohnen wir nicht gleich nebenan ? Kannst du das schlagen? Deshalb
ist das Land so teuer .

„Wisner wollte nicht, dass wir dieses Haus kaufen; er wollte es selbst kaufen,
aber billig kaufen. Er oder ich, und ich habe es bekommen. Wenn ich jedoch
Nachbar eines Mannes sein möchte, gehe ich hin." Nachbar zu sein, ob es
ihm gefällt oder nicht.

„Glaubst du, dass sie uns mögen werden?" sagt ich.

„Sie haben es geschafft", sagt er.

Wir standen auf, unsere Brille in der Hand, und blickten durch die Tür in den
Flur, wo alles hell und glänzend war; und gerade in diesem Moment hörten
wir Bonnie Bell die Treppe herunterkommen und rufen:

„ Oo-hoo , Papa!"

Wir stoßen auf sie an, als sie zur Tür hereinkommt. Sie hatte die Kleidung,
die sie unten im Hotel getragen hatte, ausgezogen und etwas Leichtes und
Lockeres aus Seide angezogen, besser zum Tragen im Haus. Das Haus war
auch ganz warm, und in unserem Kamin, dem alten, verrauchten, brannten
ein paar Holzscheite richtig fröhlich.

Für uns war es eine neue Art von Weihnachten, aber wir haben es ausgelebt.
Am nächsten Morgen benahmen wir uns alle so kindisch wie möglich, und
das ist alles, was Weihnachten ausmacht. Meine Socken waren voller
Süßigkeiten und Old Man Wright hatte einen Teddybären in sich –
zumindest teilweise. Dann schenkte Bonnie Bell ihm eine neue goldene Uhr
mit Glöckchen und mir ein paar Anstecknadeln für meine Krawatte. Ich habe
sie nie richtig hinbekommen.

Nach einer Weile kommen wir zum Frühstück. Wir befanden uns in einem
großen Raum mit Blick auf das Haus der Wisners und gleichzeitig auf den
See. Ich schätze, man konnte von unserem Essensplatz aus vierzig Meilen in
die Höhe und in die Tiefe sehen. Es war warm im Zimmer, obwohl es nicht
viel Feuer gab, und wir fühlten uns alle wohl.

Wisners sehen ; Wir konnten in ihr Haus genauso sehen wie sie in unseres.
Es gab eine zum See zurückversetzte Garage , genau wie unsere, ungefähr
auf derselben Linie, und dahinter konnte man ein Bootshaus sehen. Sie
hatten Bäume in ihrem Garten wie wir, aber unserer war fast genauso groß,
obwohl er gerade erst gepflanzt worden war. Man konnte sehen, wo unsere
Blumenbeete angelegt waren , und die Reihen kleiner grüner Bäume standen
dicht beieinander. Hinter den Wisners konnte man eine ganze Reihe anderer
Häuser sehen, alle groß und schön wie ihres und unseres.

Das ganze Land war an diesem Morgen mit Schnee bedeckt. Der Wind wehte immer noch und der See kam mächtig stürmisch auf; man konnte den Lärm durch die Fenster hören. Draußen sah es sehr kalt aus und es war kalt. In Wyoming kann man respektabel erfrieren, aber in Chicago erfriert man immer wieder und erfriert nicht, sondern wünschte, man würde es tun, so kalt ist man.

Nun, wie gesagt, es war warm in dem großen Raum, in dem wir uns trafen . Bonnie Bell hatte ein paar gelbe Kanarienvögel, die sich aufstellen und singen konnten, was laut Old Man Wright fast mehr war, als er selbst tun konnte . Das Frühstück kam nach und nach – man konnte nicht sagen, wie viel davon es sein würde; aber es hat gut geklappt, obwohl es am Anfang nicht sehr stark war. Nach und nach kam es zu Schinken und Aigs , wodurch wir uns besser fühlten. Ich habe noch nie einen besseren Kaffee probiert; Es war besser als alles, was wir auf dem Yellow Bull hatten. Bei uns da draußen handelte es sich hauptsächlich um Extrakt, in Pfundpackungen – Bohnen, glaube ich, vielleicht.

„Wie gefällt dir unser neues Haus, Papa?" sagt sie.

„Sie können es nicht schlagen, Bonnie Bell", sagt er.

„Papa, lieber alter Papa!" sagt sie. „Ich bin so froh, dass es dir gefällt. Ich habe alles für dich getan."

"Wie meinen Sie?" sagt er.

„Natürlich wissen Sie, was für ein Opfer es für mich war, hierher zu kommen und den alten Ort zu verlassen! Aber ich habe gesehen , dass Sie es wollten. Wenn ich dachte, es wäre nicht in Ordnung , würde es mir glaube ich das Herz brechen."

„Ich weiß es", sagt er. „Ich weiß, was für ein Opfer du gebracht hast, als du meinetwegen hierher gekommen bist. Wenn aufgrund dieses Opfers irgendetwas für dich schiefgehen würde, würde es mir das Herz brechen. ‚Knopf, Knopf', sagt er, ‚wer hat das Opfer?' Wenn du es mir überlässt, würde ich sagen, dass es Curly war und nicht keiner von uns. Vergiss es, Schwesterchen, und genieße noch einen Warfle ."

„Wie gefällt dir der Ort, Curly?" sagt sie zu mir.

„Ich habe so etwas noch nie gesehen", sage ich. „Allerdings haben Sie zu viel bezahlt. Ich wette, Sie haben zwei- oder dreitausend Dollar für dieses Land bezahlt – Sie haben sich getäuscht, als Sie sagten, über zweihunderttausend Dollar, und das gibt es nicht genug davon, um noch dazu eine Kuh anzuseilen. Man hätte für das gleiche Geld mehrere Grundstücke kaufen können; und wie viele Kühe dieses Haus dort gekostet hat, kann sich niemand vorstellen.

Ungefähr zu diesem Zeitpunkt hörte ich draußen auf der Straße ein Geräusch. Vier oder fünf Leute – vielleicht Niederländer – spielten in einer Band draußen vor den Wisners . Ein Mann kam heraus und scheuchte sie weg. Sie standen dann vor unserem Haus und spielten weiter. Es scheint, als könne man in Chicago nicht essen, ohne dass jemand Musik spielt.

„Hier, bring ihnen etwas Geld raus, William", sagt Old Man Wright. "Es ist Weihnachten."

Damals spielten sie noch mehr, und seitdem jeden Morgen. Ich habe sie immer gehasst, und ich schätze, alle anderen da drinnen haben das genauso gehasst, aber es schien keine Möglichkeit zu geben, sie zu vertreiben .

„Nun", sagt Old Man Wright, als wir mit dem Frühstück fertig waren, „was machen wir heute, Schwesterchen?" sagt er. „Es eignet sich gut zum Aufspüren von Schnee, aber das gibt es nicht." nichts zu verfolgen. Es ist nicht nötig, darauf zu achten, wie das Heu hält, oder sich zu fragen, ob die Kühe das Eis durchbrechen können, um an Wasser zu gelangen. In den Ställen gibt es keine Pferde. Wir haben nichts zu tun – nicht einmal die Hunde zu füttern."

Bonnie Bell las in der Zeitung, die William, der traurige Mann, uns auf den Teller gelegt hatte. Ihre Augen wurden irgendwie weich und feucht .

„Ich sage dir, was wir tun können, Papa", sagt sie. „Sehen Sie sich diese Liste der armen Leute hier in der Stadt an, die kein Weihnachten haben."

„Ich habe dich, Schwesterchen", sagt er. „William, sag dem Fahrer, er soll das große Auto vorbeibringen, und sag dem Koch, er soll mehrere Körbe voller Essen holen – wir werden eine kleine Party veranstalten."

Nun, nach und nach brachte der Chauffeur das Auto vor uns her und wir fuhren hinaus; und William und die anderen beluden sie mit Körben. Der Chauffore sah irgendwie blass und zittrig aus. Er schien etwas im Kopf zu haben.

„Ich hoffe, Sie entschuldigen mich, Sir", sagt er und berührt den Hut vor Old Man Wright. „Ich wollte nicht zu spät kommen; aber wissen Sie, es war Heiligabend –"

„Na, das ist schon in Ordnung", sagt Old Man Wright zu ihm. „Erwähnen Sie es nicht – Weihnachten findet sowieso einmal im Jahr statt."

„Das werde ich nicht noch einmal zulassen", sagt der Chauffeur und berührt erneut seinen Hut.

„Was? Weihnachten?" sagt er. „Du kannst nicht anders."

Der Mann sah ihn irgendwie komisch an. Da wusste ich, dass er am Abend zuvor gefeiert hatte, und ich war wirklich froh, dass er erst begonnen hatte zu feiern, als er uns nach Hause fuhr, denn er war noch ruckartig.

Weihnachten ist eine Zeit, in der die Menschen glücklich sein sollten. Wir waren an diesem Tag nicht glücklich. Ich habe noch nie erlebt, was es bedeutet, wirklich arm zu sein. Hier in dieser Stadt, in der es so viel Geld gibt, schien es, als gäbe es Hunderte und Tausende von Menschen, die in ihrem ganzen Leben keine ordentliche Mahlzeit zu sich genommen hätten. Du konntest es kaum ertragen, sie zu sehen – zumindest ich nicht. So verbrachten wir unseren Tag – unser erstes Weihnachtsfest in der Stadt – und versuchten, alle hungrigen Menschen dort zu ernähren; und wir konnten nicht. Es war das traurigste Weihnachtsfest, das ich je in meinem Leben hatte.

An diesem Abend machten Old Man Wright und ich nicht Halt, um unsere normale Esskleidung anzuziehen, wie Bonnie Bell es gesagt hatte, und wir setzten uns alle zum Abendessen in ihr Esszimmer, waren ein wenig nachdenklich und dachten darüber nach, wie viele Leute da waren Ich würde an diesem Abend kein solches Abendessen bekommen. Was uns betrifft, wir hatten reichlich; Und glauben Sie mir, es gab etwas, das für Old Man Wright und mich einen lang gehegten Wunsch erfüllte. Was denken Sie? Warum, Schinkenhaxe und Gemüse!

„Schwester", sagt ihr Vater, „du bist auf jeden Fall nachdenklich."

Wir konnten aus unseren Fenstern in die Fenster der Wisners sehen – es schien, als hätten sie genauso wie wir vergessen, ihre Jalousien herunterzulassen. Zu Hause schien es sich nicht um jemanden zu handeln, sondern nur um einen jungen Mann. Er kam ganz alleine herein , ganz herausgeputzt, und am Tisch warteten drei Männer auf ihn. Schließlich mache ich darauf aufmerksam, und Bonnie Bell dreht den Kopf und schaut hinüber.

„William", sagt sie, „ziehen Sie die Jalousien zu und seien Sie danach vorsichtiger."

VI – Wir und die besseren Dinge

Nun ja, die Dinge haben sich gut entwickelt und wir haben den Winter einigermaßen überstanden , auch wenn ich mich hin und wieder erkältet habe , weil ich so sehr eingesperrt war. Es gab keinen Ort, an den man gehen und nichts tun konnte, außer die Zeitungen zu lesen und sich zu wünschen, man wäre tot.

Der alte Mann Wright konnte es nicht mehr ertragen; Also geht er in die Innenstadt und mietet ihm ein schönes großes Büro in einem großen Gebäude mit langen Tischen mit Glasplatten und großen Stühlen, so etwas wie in einer Bank. Er brachte kein Firmenschild an die Tür, sondern nur seinen Namen: JW Wright.

Ich bin für jeden faul genug, wie jeder Cowboy – ich halte nichts davon, nur punktuell zu arbeiten; Aber manchmal war ich des Nichtstuns im Haus so müde, dass ich mich vom Chauffeur zum Büro von Old Man Wright bringen ließ, wo ich mich wohler fühlte. Niemand kommt einmal zu uns – nicht alle drei Monate. Wir hatten keine Nachbarn und begannen zu erkennen, dass das die Wahrheit war. Ich konnte es nicht verstehen, denn wir waren noch nie umsonst erwischt worden.

„Colonel", sagte ich eines Morgens, „glauben Sie, dass sie uns überhaupt unsere Vergangenheit vorwerfen?" sagt ich. „Wir geben unheimlich viel Geld aus, aber was bekommen wir dafür? Es ist keine Menschenseele in unser neues Haus gekommen . Was mich betrifft, ich weiß, dass ich kein Gehalt verdiene."

„Mach dir darüber keine Sorgen, Curly", sagt er. „Du bekommst reichlich Essen und einen Platz zum Schlafen, nicht wahr ? Ich bin derjenige, der sich Sorgen machen sollte, denn ich kann hier kaum etwas anderes tun, als ein wenig Geld zu verdienen."

„Wird dort nicht niemand Karten spielen oder nichts? Gibt es in dieser Stadt keinen Sport?" sagt ich.

„Poker ist hier nur ein Name." Er schüttelt den Kopf. „Wenn Sie vor der Ziehung einen Hundert einsetzen, machen Sie sich des Totschlags schuldig. Aber es gibt auch andere Möglichkeiten, Geld zu verdienen."

„Wie läuft es mit den Zahlungsaufschüben beim Circle Arrow?" sagt ich.

„Einer ist bisher reingekommen, Interesse und alles", sagt er. „Ich wünschte, es wäre nicht so gewesen. Das Erste, was ich weiß, ist, dass ich so reich sein werde wie der alte Wisner hier. Ich sehe, dass er oben in dieser Gemeinde für das Amt des Stadtrats kandidieren will . „Es ist nicht verständlich, dass er jetzt Ratsherr werden möchte, es sei denn, da ist etwas dran. Man könnte meinen, er wollte die Stadt und auch die ganze Welt regieren, nicht wahr?"

„Ich mag dieses Outfit nicht", sage ich. „Sie sind nicht freundlich. Wenn ein Mann nicht mit dir in der Nähe ist, stiehlt er irgendwo und will nicht beobachtet werden."

„Das ist sicherlich so", sagt er. „Trotzdem war ich eine Weile beschäftigt genug."

„Das erste, was du weißt", sage ich zu ihm, „du verlierst deine Rolle, und wo werden wir dann sein?" Aber darüber lacht er nur.

„Zum Beispiel", sagt er, „sieht man überall in dieser Stadt elektrische Lichter. Als ich das erste Mal hierher kam, habe ich angefangen , mich über diese Dinge zu informieren. Sie verbrennen eine Art kleines Ding – Kohlenstoff, wie sie es nennen." Ich sah , dass jeder seinen Blick auf das Licht richtete und den Kohlenstoff nicht bemerkte. Aber trotzdem mussten sie Kohlenstoff haben. Ich habe ein wenig in eine Firma gesteckt, die solche Dinge herstellte – nicht viel, nur etwa hunderttausend. Seitdem Was haben sie getan? Sie haben nachgegeben und mir achtzig Prozent Aktien umsonst gegeben und die Bardividende erhöht, bis ich zwanzig Prozent von allem verdiene, was ich investiert habe, und auch von dem, was ich nicht investiert habe. Solche Dinge langweilt mich.

besaßen , gingen ihr ein paar Reifen kaputt – etwa fünfzig Dollar pro Stück. Ich begann herauszufinden, wie viele Autos sie fuhren . " In dieser Stadt, die Avenue rauf und runter und über alle anderen Straßen, jeder von ihnen hat vier Reifen drauf und jeder von ihnen kann jede Minute kaputt gehen. Ich schätze, die Reifen kosten zwischen fünfzehn und sechzig Dollar pro Stück und dass jemand viel Geld für sie ausgibt. Dann habe ich mich vor ein paar Monaten bei einer guten Firma eingekauft, die solche Dinge herstellt – nicht viel, nur ein paar Hunderttausend oder so. Aber was nützt das?" Er lehnt sich zurück und gähnt und sieht müde aus.

„Ich kann nichts dagegen tun. Ich kann in diesem Land kein Spiel finden, das schwer genug zu spielen ist, um interessant zu sein. Was diese Gummireifen-Leute getan haben, war, mir eine ganze Menge anderer Spiele zu schenken." Tag und erhöhen die Dividenden. Ich kann mich überhaupt nicht in ein Unternehmen einkaufen, es kommt mir so vor, als ob alle zwanzig Minuten oder so eine neue Dividende ausgeschüttet wird. Das gefällt mir nicht. Ich wünschte, ich könnte welche finden Ein echtes Männerspiel, denn ich bin wie du – ich werde einsam.

Dennoch wirkte er nachdenklich.

„Einige Spiele können wir spielen", sagt er. „Andererseits scheint es, als gäbe es andere, die wir nicht können. Nun zu dem Kind –"

„Sie ist die ganze Zeit beschäftigt", sage ich zu ihm. „Sie liest und malt. Sonntags geht sie in die Kirche, während du und ich nur ein Halsband anziehen, das weh tut. Wochentags geht sie in die Bildergalerien und in die Bibliothek. Sie kauft Bücher. Sie hat ihre eigenen Autos – die großen Auto und der elektrische Brougham, den du ihr letzte Woche zum Geburtstag geschenkt hast – es gibt nichts auf der Welt, das sie nicht hat. Sie ist rundum glücklich."

„Außer dass sie es nicht ist !"

„Du meinst, wir kennen niemanden – niemand kommt zu Besuch?" Er nickt. „Nun, warum gehen wir nicht rein und rufen die Wisner-Leute an, die neben uns wohnen?" sagt ich.

„Das können wir nicht tun; die Spielregeln lauten, dass die Menschen, die an einem Ort leben, zuerst den ersten Anruf tätigen müssen."

„Das ist eine dumme Regel", sage ich.

„Ufer ist es; aber Bonnie Bell kennt alle Regeln und wird keinen Bruch machen – Old Man Smith hat ihr ein paar Dinge beigebracht – oder vielleicht hat sie es instinktiv von ihrer Mutter gelernt. Ihre Mutter war eine Maryland Janney. Sie Ich wusste es ziemlich genau. Und doch sagte sie mir – Oh, scheiße, Curly!"

„Nun, was hat sie gesagt?"

„ Sie sagt, dass sie eines Morgens die alte Dame Wisner fair auf dem Bürgersteig traf und mit ihr sprechen wollte; sie gingen beide zu ihren Autos, die Seite an Seite auf der Straße standen. Die alte Dame, sie rümpft die Nase, so wie es damals war, und schaut weg. Das hat meinem Mädchen sehr wehgetan. Du weißt, dass sie in ihrem Herzen keinen unfreundlichen Gedanken für niemanden oder nichts auf der Welt hegt . Das war sie nie Es ist kaputt gegangen , vor nichts Angst zu haben oder von niemandem nur Gutes zu erwarten – das haben wir ihr beigebracht, nicht wahr, Curly? Und diese alte Katze würde mein Mädchen nicht ansehen! Nun, Curly, das meine ich, wenn ich Sag mal, es gibt ein paar Spiele, die schwer zu spielen scheinen. Bekommt eine Frau nicht in jeder Hinsicht das Schlimmste davon?"

„Na ja", sage ich, „ können wir dort nicht so bequem einbrechen?"

„Ich verstehe nicht wie", sagt er kopfschüttelnd.

„Warum können wir ihren Hund nicht töten?" sagt ich. „Etwas Freundliches, nur um die Dinge in Gang zu bringen."

„Das ist nicht gut", sagt er. „Wir haben es versucht. Bonnie Bell hat bereits zwei ihrer Hunde mit ihrem neuen elektrischen Brougham getötet. Sehen Sie, sie musste rausgehen und es selbst ausprobieren, denn sie sagt, sie kann alles reiten, was Haare hat, auch wenn es nur Haare sind Lockiges Haar in den Kissen. Das erste, was Sie wissen, ist, dass der Wisner-Hund – Mopsnase war es, mit fest gekräuseltem Schwanz – auf die Straße geht und sich so verhält, als ob ihm die ganze Straße gehörte, genau wie seine Leute. Nun ja, richtig Dann mischt er und Bonnie Bells neuer Elektromix das Ganze. Der Hund hat das Schlimmste abbekommen.

„Schau her, Curly", sagt er nach einer Weile und zieht ein quadratisches Stück Papier aus seiner Tasche. „Das haben wir dafür bekommen – bevor Bonnie Bell Zeit hatte, sich zu entschuldigen. Die alte Dame schrieb ausnahmsweise:

Frau David Abraham Wisner bittet die Menschen, die neben ihr wohnen, beim Betrieb ihrer Fahrzeuge mehr Sorgfalt walten zu lassen, da das Tier, das durch die kriminelle Nachlässigkeit eines dieser Menschen verloren gegangen ist, von großem Wert war.

„ Ist das nicht die Hölle?" sagt er. „Fröhlich, nicht wahr? Kein Name steht drauf – nichts! Aber man kann daran erkennen, wie sie sich gefühlt haben. Das war vor drei Tagen. Sie haben einen neuen Hund bekommen. Nun, heute Morgen hat Bonnie Bell diesen getötet!

„Das Problem mit diesen Hunden ist , dass sie daran gewöhnt sind zu denken, dass ihnen das ganze Ende der Straße gehört. Sie scheinen überhaupt nicht zu erkennen, dass wir irgendjemand sind. Das ist eine schreckliche Sache und hat Bonnie Bell in die Irre geführt. Sie." wusste nicht, was ich tun sollte. Sie war so wütend, dass sie nicht schreiben wollte. Also schickt sie nach Jimmie – ich meine James, unseren Chauffeur – er ist in letzter Zeit fast nüchtern geworden, seit Weihnachten sind ungefähr drei Monate vergangen, und er weiß, dass … viel über Hunde. Also kauft sie ihnen einen neuen Hund – einen großen, den man leicht erkennen kann, einen Colliehund; und Jimmie sagt, er habe einundfünfzig dafür bezahlt."

„Anderthalb Dollar sind mehr, als jeder Hund wert ist", sage ich, „besonders ein Hund, der irgendetwas mit jemandem wie dieser Wisner-Frau zu tun hat."

„Eineinhalb Dollar!" sagt er. „Einhundertfünfzig hat es gekostet; das war ein toller Hund – ein junger Collie, etwa ein Jahr alt. Nun, Bonnie Bell, sie schickt ihn mit ihren Komplimenten vorbei an James, unserem Chauffeur. Ihr Butler nimmt ihn auf . Ich Ich weiß nicht, ob es bleiben wird oder nicht. Es ist eine Art Olivenzweig. Sie sehen, Bonnie Bell kann solchen Leuten nicht schreiben, aber es tut ihr leid, ihre Hunde getötet zu haben, und sie möchte es irgendwie wieder gut machen. Ich Ich denke, es war ein wirklich guter

Weg. Es sieht so aus, als ob sie sich behaupten konnte und dennoch bereit war, ihnen auf halbem Weg entgegenzukommen .

„Nun, das ist alles, was wir tun können", sagt er. „Lass es so, wie es auf der Tafel steht. Ich mag Old Man Wisner sowieso kein bisschen."

„Nun", sage ich, „wenn er für den Posten des Stadtrats kandidiert, warum kandidieren Sie dann nicht für den Posten des Sheriffs oder so etwas, nur um beschäftigt zu bleiben?"

„Ich studiere mein Mündel", sagt er. „Ich kenne noch nicht sehr viele Saloon-Leute. Man muss ziemlich weit sein, um an einem Ort wie diesem Sher'f zu werden . Aber jetzt könnte ein Stadtrat einfacher sein, wenn man es richtig macht." Wie dem auch sei, so wie sie sich verhalten haben, habe ich das Gefühl, dass ich jedes Spiel, das Old Man Wisner spielt, übertölpeln würde. Ich spüre tief in meinen Knochen, dass er und ich uns anfreunden werden, Curly. Mir gefällt seine Art nicht handelt; und ich sage Ihnen, wenn ich möchte, dass ein Nachbar freundlich zu mir ist , muss er irgendwann freundlich sein.

Der alte Mann Wright steht jetzt auf und geht grinsend umher.

„Aber im Großen und Ganzen finde ich vielleicht etwas, das mich hier in der Stadt beschäftigt. Zum Beispiel ist Old Man Wisner von einer Art Schnäppchen zurückgekehrt, an Land, wie man geboren ist, in der Lake Shore Electric Extension, die gerade gebaut wird Da steht drin – in der Zeitung steht, dass er es verkauft hat, oder die Interessen haben es getan. Warum? Er hat nie in seinem Leben etwas Direktes getan – das ist nicht seine Art, Geschäfte zu machen; im Übrigen ist es nicht die Art, wie Geschäfte sind In der Stadt wird es auf keinen Fall gemacht. Es wird immer an einer Seitentür gemacht, nicht an einer Vordertür, so wie wir es beim Yellow Bull gemacht haben – geradewegs, sogar Stephen.

„Ich schätze, er fängt mit dieser Geschichte an, um die Aktie billig zu machen. Nun ja, neulich habe ich ein wenig davon aufgekauft, noch dazu recht billig – nicht viel, nur ein paar Hunderttausend Dollar. Jetzt denke ich mir, dass das so ist, falls die Aktie jemals steigen sollte Für Old Man Wisner wird es für mich etwas höher sein. Vielleicht kaufe ich noch mehr davon. Ich weiß es nicht, da es überhaupt etwas wert ist – vielleicht auch nicht; aber es würde mich auf jeden Fall freuen, wenn ich eine Art Nebenspiel finden könnte „Hier, wo ich kein Geld verdienen konnte. Mir ist langweilig, Curly", sagt er; „Das ist es, was mit mir los ist."

Dennoch kam er immer wieder zum wahren Mittelpunkt unseres Besuchs in der Stadt: Bonnie Bell. Er und ich hätten eine gute Zeit haben können, aber wir wussten ganz genau, dass sie keine gute Zeit hatte.

„Curly“, sagt er mit gerunzelter Stirn und leichtem Kinn, „sie hat in dieser ganzen verdammten Stadt keine Freundin.“

„Hör dir zu!“ sagt ich zu ihm. „Wovon redest du? Sie hat uns, nicht wahr? Wir sind ihre Freunde. Wir haben sie großgezogen. Wir werden uns um sie kümmern. Ist das nicht genug?“

„Nein, Curly“, sagt er zu mir; „Wir sind nicht genug.“

VII – Was ihr angeheuerter Mann getan hat

„Nun", sagt Old Man Wright eines Tages gegen vier Uhr zu Bonnie Bell, als wir eine Tasse Tee tranken, den William unbedingt trinken sollte, „was haben die Leute da drüben über den Hund gesagt, den du geschickt hast? " em ?

„Sie haben kein Wort gesagt", sagt Bonnie Bell. „Den Hund haben sie allerdings behalten. Wenn du mich fragst, halte ich nicht viel von diesem Outfit, Papa", sagt sie.

„Ich auch nicht", sagt er. „Es war schade, dass du ihren Hund oder so viele ihrer Hunde überfahren hast. Aber dann hast du getan, was du konntest, indem du ihnen einen anderen Hund geschickt hast, der so groß war wie alle, die du getötet hast. Ein Collie ist wirklich schlau. Ich hoffe, dieser wird es behalten." auf dem Bürgersteig und nicht unter die Räder geraten. Dein Boston-Hund lässt mich immer raten.

Nun, wir unterhielten uns eine Weile und machten ihr beide Witze über ihren Hundevertrag, bis sie aufstand, sich von dem kleinen Tisch entfernte, an dem sie saß, und mit der Teetasse darin vor dem Fenster stand und hinausschaute Hand. Auf einmal sagt sie:

„Guter Gott!"

"Was ist falsch?" sagt ihr Vater und wir alle brüllen sie an. Aber bevor wir sie aufhalten können, ist sie aus dem Zimmer und unten an der Tür, ganz in ihrer karierten Schürze und Mütze, so wie sie es damals ist; denn sie hatte sich um den Hausputz gekümmert – obwohl William sie traurig ansieht, weil sie nicht schicker gekleidet ist.

Wir gingen zum Fenster und schauten hinaus. Plötzlich hörten wir dort unten ein schreckliches Bellen und sahen , was passiert war. Ihr neuer Hund war in unseren Garten gekommen, um sich umzusehen, und Bonnie Bells Bostoner Hund Peanut – der die meiste Zeit mit ihr im Auto fuhr – war auf diesen hier zu Besuch gekommenen Hund gesprungen, und sie hatten es aufrichtig, direkt vor uns Hof.

Nun, Sir, es war einer der schönsten Kämpfe, die Sie je gesehen haben. Ein Collie ist kein Trottel, und wenn dieser Hund nicht so jung gewesen wäre , hätte er gerne Peanut geleckt, in Ordnung. Aber sehen Sie, Peanut , er kümmerte sich um seine eigenen Leute, so wie er es sich vorgestellt hatte, und das war ein Eingriff seitens des Wisner-Hundes.

Alles, was Bullenwelpe in sich hat, wie Peanut es hatte, hat keinen Sinn fürs Kämpfen; Also mischte er Peanut in Hülle und Fülle mit den Collies, und sie wälzten sich über den ganzen Hof, bis man kaum noch unterscheiden konnte, wer welcher war. Endlich bekam Peanut einen guten Beinfang, und der Collie brüllte „Blutmord" und machte sich auf den Weg nach Hause und zur Mutter durch den Zaun, Peanut hielt fest.

Es scheint, als ob ihre Haustür offen stand; und der Collie machte sich auf den Weg, brüllte bei jedem Sprung, und Peanut folgte ihm. Er jagt ihm hinterher, die Stufen hinauf und direkt ins Haus, und das war für eine Weile alles, was wir sehen konnten, außer Bonnie Bell, die mit Mütze und Schürze dastand und herüberschaute . Dann konnten wir durch das Fenster Leute sehen, die hier und da herumliefen, als wären die Hunde in die Mitte des Hauses gelangt und würden immer noch alles durchmischen.

Nach und nach – drei oder vier Minuten – kommt ihr Butler heraus, hält Peanut am Kragen und setzt ihn auf die Vordertreppe. Aber Peanut , er ist ein Spiel, und er hat aus dieser Auseinandersetzung keine Befriedigung gezogen; Also geht er zurück und kratzt den größten Teil der Farbe von ihrer Haustür, bellt und heult und versucht, wieder hineinzukommen, um seine Arbeit zu erledigen.

Bonnie Bell steht da und weint nur, weil sie sich so sehr schämt, und sie ruft und pfeift Peanut zu. Als er endlich kommt, schaut er über die Schulter, knurrt und fordert den anderen Hund heraus, herauszukommen und ihm einen Chip von der Schulter zu schlagen.

Als Bonnie Bell zurückkam und Peanut glücklich an der losen Haut seines Halses trug, machte sie sich mehr Sorgen als je zuvor.

„Jetzt haben wir es geschafft!" sagt sie. „Unser Hund rannte direkt in ihr Haus und jagte ihren Hund. Es waren auch Gäste da – schauen Sie sich die Autos an, die da draußen standen. Sie veranstalteten eine Art Party – Bridge, sozusagen. Oh, was sollen wir machen!"

„Komm her, Peanut", sagt Old Man Wright; woraufhin Peanut auf seinen Schoß springt. „Haben Sie etwas für das Haus", sagt er; „Und wenn dieser Hund hier reinkommt, fressen Sie ihn auf!"

Peanut versteht das perfekt, geht zum Fenster und versucht herauszukommen und bellt, bis man ihn einen Block lang hören kann.

„Das ist ein Hund, Schwesterchen", sagt ihr Vater. „Es sieht jedenfalls so aus, als wäre ein Teil unserer Familie ausnahmsweise mal in die feine Gesellschaft eingebrochen . Komm her, Welpe!" Und er klopft Peanut auf den Kopf und lacht, als würde er darüber sterben. Aber nicht Bonnie Bell!

herrschte schreckliche Stille zwischen den beiden großen Häusern. Es gab nichts, was wir für angebracht hielten , zu sagen, und sie schenkten uns keine Beachtung. Ihr Angestellter – der manchmal in Overalls und Pullover im Hinterhof arbeitete – geht manchmal mit ihrem Collie auf den Hof, aber er achtet sehr darauf, auf seiner eigenen Seite des Zauns zu bleiben.

Mittlerweile war es Frühling – hin und wieder war es etwas rau; Aber das Gras wurde grün, und einige von Bonnie Bells Blumen, die sie gepflanzt hatte, begannen durch den Boden zu ragen, und hin und wieder ging sie hinaus, meistens in alten Kleidern, vielleicht mit einer Mütze und einem scheut und wirbelt mit ihren Blumen herum. Sie würde niemals zum Wisner-Haus hinüberschauen.

Ihr angeheuerter Mann, der sich um ihren Hund kümmerte, war auch derjenige, der sich um ihre Blumen kümmerte, genau wie sie es bei uns tat. Eines Morgens scheint es, als würden sie, ohne sich gegenseitig zu bemerken, nah am Zaun arbeiten , nicht weit voneinander entfernt, und plötzlich steht er auf und sieht sie.

"Guten Morgen!" sagt er, woran Bonnie Bell nichts ändern konnte.

Sie schaut auf und sieht ihn da stehen, mit seinem Hut in der Hand, respektvoll genug; und da er nur einer ihrer angeheuerten Leute war und sie gegenüber jedem auf der Welt, der ihr gegenüber halbwegs anständig ist, keineswegs als freundlich empfand, sagt sie:

„Guten Morgen! Wie ich sehe, reparierst du auch deine Blumen."

„Ja", sagt er; „Diese Krokusse werden bald draußen sein. Welche Farbe haben deine?"

„Alles Mögliche", sagt sie; „Und ich hoffe, dass es ihnen allen gut geht."

„Ich wäre froh, wenn ich helfen könnte", sagt er.

„Nun, das ist nett von dir", sagt sie; „Als Gärtner wissen Sie mehr über diese Dinge als ich." Ungefähr zu diesem Zeitpunkt kommt dieser Collie-Hund dorthin, wo er steht.

"Oh, meine Güte!" sagt Bonnie Bell. „Lass nicht zu, dass dieser Hund in unseren Garten kommt, was auch immer du tust."

Plötzlich brach er in schallendes Gelächter aus.

„Ich werde mich um ihn kümmern", sagt er. „Ich würde keine tausend für diesen Hund nehmen. Sie wollten ihn nicht behalten, aber ich sagte, sie müssten. Das war ein guter Streit, den sie im Haus hatten", sagt er und lacht erneut.

Bonnie Bell wurde rot und sagt:

„Es tut mir furchtbar leid. Dieser Hund von uns ist ein Schrecken. Wir können ihn auf keinen Fall loswerden. Ich hoffe, dass Sie sich bei Ihren Leuten entschuldigen", sagt sie – „das heißt, wenn sie es nicht tun würden." Es ist kein Unrecht von uns, dass es erwähnt wird. Ich weiß es nicht."

„Oh nein, ich schätze, das wird in Ordnung sein", sagt er. „Ich bin schon so lange mit ihnen zusammen , weißt du, ich kann mich irgendwie frei machen. Wenn du dich deswegen schlecht fühlst, werde ich es ihnen sagen ; aber es war nicht deine Schuld."

„Es wäre genau wie bei euren Leuten", sagt sie, „nicht zu verraten, dass sie von uns gehört haben, dass es mir leidtut. Ich sollte es vielleicht nicht sagen, aber –"

„Nun ja", sagt der Angestellte ganz offenherzig, „so fühle ich mich auch. Ich selbst sage dem alten Mann oft, dass er nicht so sehr ist – er kam einmal aus Iowa, als er es nicht war . " Er hat auch nur einen Cent auf seinem Namen, und dennoch setzt er jetzt mehr auf die Seite als jeder andere auf der Straße."

„Hast du es jemals gewagt, ihm das zu sagen?" sagt Bonnie Bell.

„Das habe ich auf jeden Fall getan, und zwar mehr als einmal. Ich habe keine Angst davor, einem von ihnen etwas zu sagen ", sagt er. „Sie trauen sich nicht, mir viel zu sagen. Ich weiß zu viel über sie . Aber, sagen wir mal – über diesen Kampf", sagt er. „Ich möchte dir sagen, dass der neue Hund, den wir haben, ein echter Hingucker ist. Gib ihm ein Jahr oder so und er wird deinen Welpen auffressen."

„Er hat nie den Tag erlebt, an dem er es konnte und auch nie erleben wird!" sagt Bonnie Bell. „Wenn du so denkst –"

„Nun", sagt er, „unser Hund ist eher ein Grabenkämpfer. Er ging unter die Tische, wo die alten Hühner Bridge spielten, und hielt durch, bis Ihr Welpe ihn flankierte."

„Hast du den Kampf gesehen?" sagt Bonnie Bell.

„ Klar habe ich das! Ich war genau dort."

"Ja?" sagt sie. „In solchen Klamotten?"

„Genau wie ich. Ich ging zufällig an dem Raum vorbei, in dem sie ihre Party veranstalteten , und in diesem Moment kamen die Hunde herein. Glauben Sie mir, es hat mehr Spaß gemacht als in unserem Haus seit vielen Jahren. Natürlich es war etwas informell.

„Nun", sagt Bonnie Bell, „ich kann mir vorstellen, dass du schon lange in der Familie sein musst, sonst würdest du nicht so empfinden wie jetzt. "

„Seit zwanzig Jahren", sagt er und richtet sich auf. „Ich wurde in meiner frühen Jugend gefangen genommen und lebe seitdem in der Knechtschaft, ohne Hoffnung auf Entkommen", sagt er. „Aber irgendwie muss man seinen Lebensunterhalt bestreiten, und ich hatte nur meine Arbeitskraft zu verkaufen. Wissen Sie, ich weiß etwas über Blumen, und ich kann jetzt ein bisschen Auto fahren oder ein Boot steuern."

„Wir haben eines dieser kleinen Boote gekauft", sagt Bonnie Bell. „Irgendwann werde ich mit ihr ausgehen und lernen, wie man sie selbst führt."

„Mit diesem See sollte man vorsichtig sein", sagt er. „Manchmal wird es furchtbar hart. Trotzdem macht es großen Spaß."

Sie können sehen, dass sie rechts und links zu Besuch waren – nur sie und der angeheuerte Mann! Aber da sie die ganze Zeit so einsam war, schien es, als müsste sie mit jemandem reden, und dieser Mann schien wirklich freundlich zu sein, obwohl er nur ein Arbeiter war. Bonnie Bell war überhaupt nie hochnäsig. Vielleicht dachte er, sie sei eine unserer Dienstmädchen.

„Gartenarbeit ist in Ordnung", sagt er schließlich und nähert sich dem Zaun; „Aber für mich wäre ich lieber ein Kuhhirte als alles andere, was ich kenne. Ich würde lieber ein Kuhpferd reiten , als irgendein Auto auf der Welt zu fahren. Dieses Leben hier geht mir auf die Nerven."

„Nicht wahr?" sagt sie zu ihm. „Manchmal geht es mir selbst so."

„Was irgendjemandem an einer Stadt gefällt, ist mehr, als ich mir vorstellen kann. Wenn ich Geld hätte, würde ich eine Ranch kaufen", sagt er, „und dann würde ich für immer glücklich leben."

War das nicht lustig, dass er genau das tun wollte, womit wir aufgehört hatten, und wir auf diese Weise direkt neben ihm leben würden? Trotzdem war er natürlich nur ein Angestellter – keiner von ihnen ist damit zufrieden. Ich selbst bin es nicht immer.

Bonnie Bell meinte, das würde zu persönlich werden, und sie macht sich auf den Weg zum Haus – davon erzählt sie mir später noch viel –, aber er kam näher an den Zaun und schien irgendwie zu bedauern, dass sie gehen musste; und sagt er:

Irgendwann werde ich eine haben . Glaubst du, ich würde mein ganzes Leben hier mit dem alten Herrn und der alten Dame verbringen und nichts anderes tun, als herumzubasteln? Blumen und Autos? Ich bin nicht so unbedeutend.

„Ich muss reingehen", sagt sie dann.

Also verließ sie ihn. Er wäre beinahe über den Zaun geklettert, um sie am Gehen zu hindern, und das Letzte, was sie ihn sagen hörte, war:

„Ich hoffe, ich kann dir bezüglich der Blumen helfen." Sie begann zu denken, dass er irgendwie frisch war. Sie erzählte mir, was er gesagt hatte.

Ihr Vater hat einiges davon vom Fenster aus gesehen und rief sie herunter, als sie hereinkam.

„Ich glaube nicht, dass ich an deiner Stelle viel mit diesen Leuten reden würde", sagt er.

„Warum, Papa", sagt sie, „du willst doch nicht, dass ich so hochnäsig bin wie sie, oder?"

Dann erzählte sie ihm, wie Peanut ihren Hund dort hineingejagt und ihre Brückenparty unterbrochen hatte. Darüber mussten beide lachen.

„Ihr Gärtner James hat mir gesagt, dass Old Man Wisner nicht viel ist, und die alte Dame auch nicht", sagt Bonnie Bell nach einer Weile. „Das ist genau das, was ich dachte."

„Ich weiß nicht, wie er so über die Leute sprechen sollte, für die er arbeitet", sagt ihr Vater. „Ich wäre vorsichtig mit jedem Mann, der seinen Chef verprügelt – nicht wahr, Curly?"

„Nun, es war alles meine Schuld, Papa", sagt sie. „Er sagte guten Morgen; dann fragte ich ihn nach den Blumen und er bot mir an, mir mit den Krokussen zu helfen."

„Lassen Sie sich von diesem Wisner-Outfit nicht helfen", sagt ihr Vater. "Du hörst mich?"

Als der Frühling kam und das Wetter angenehmer wurde, war Bonnie Bell glücklicher, weil sie mehr draußen sein konnte. Jetzt fing sie an, dieses neue Motorboot zu steuern, das wir hatten. Es war ein Knaller. Es dauerte nicht lange, bis sie lernte, wie man damit umgeht. Fast jeder in der Millionaire Row hatte Bootshäuser am See und die meisten von ihnen hatten diese Benzinboote – man konnte sie abends fast an jedem hellen Tag draußen herumspritzen hören.

Ihr Vater mochte es nicht, wenn sie an den See ging; Da er aus Wyoming stammte, hatte er Angst vor Wasser – vor allem vor so viel davon. Er sagt Bonnie Bell, sie solle vorsichtig sein und, wenn sie auf den See hinausgehen müsse, nur gehen, wenn der See glatt sei.

In gewisser Hinsicht gab es keinen Grund, sich um das Mädchen zu fürchten, denn sie konnte wie eine Ente schwimmen – das hatte der alte Mann Smith allen beigebracht . Fast jeden Morgen ging sie in ihrer Badehose unseren Weg entlang, durch unsere Garage und über den Kai und tauchte in das Wasser, wo es mehr als zwölf Meter tief und eiskalt war. Sie hatte keine Angst. Sie kam nass und lachend zurück und sagte, es gefiel ihr. Für einen Bauernhof hätte ich das nicht getan. Ich glaube nicht daran, ins Wasser zu gehen, es sei denn, man muss eine Furt durchqueren.

irgendwo auf einem zusammenprallt . Ein gutes Kuhpferd ist die einzig sichere Sache, mit der man überall hingehen kann, und das weiß jeder. Bonnie Bell hat mich einmal dazu überredet, in ihrem Boot rauszukommen – aber nicht mehr als einmal. Der See war auch nicht so rau; Aber das Boot fuhr auf und ab, bis ich mich nicht mehr richtig fühlte und nicht mehr mitfahren wollte. Aber Bonnie Bell war an manchen Nachmittagen so stundenlang unterwegs, ruderte und stürmte auf und ab, während das Wasser vorne aus dem Boot herausspritzte. Meistens ritt sie in Badekleidung und die Haare unter der Mütze hochgesteckt. Sie hatte sowieso eine gewisse Wildheit in sich und ging immer Risiken ein.

Eines Abends gegen vier oder fünf Uhr, nach einem warmen Sommertag, war sie etwa eine Viertelmeile vom Ufer entfernt und ganz allein. Es wehte ein ziemlicher Wind, und die Wellen rollten ziemlich hoch, brachen auch oben weiß und machten so einen Lärm, dass ich mich völlig unwohl fühlte. Ihr Vater war nicht zu Hause; Also ging ich auf den Steg, blieb dort stehen und versuchte, sie anzubrüllen, damit sie mich hörte, aber ich schaffte es nicht, dass sie es hörte. Ich winkte auch mit Dingen, aber sie schien sie nicht zu sehen.

Sie war eine Art Draufgänger, wenn es darum ging, irgendetwas zu reiten oder zu fahren, und ich schätze, es hat ihr vielleicht Spaß gemacht, durch das Wasser zu schwappen, obwohl ich jede Minute damit gerechnet habe, das Boot auf den Kopf stellen zu sehen. Ich konnte hören, wie der Motor des Bootes schnell lief – spuck – spuck – spuck – tt! Ich konnte nur hoffen, dass es gut bleiben würde. Alle Benzinmotoren sind eine Sünde.

Sie war zu diesem Zeitpunkt die einzige auf dem See gewesen, da es so rau war; Aber ungefähr jetzt, etwa eine halbe Meile entfernt, in Richtung Stadt, sah ich ein anderes Boot kommen, das sich hoch über den Wellen erhob und dann für eine ganze Weile in der Senke verschwand. Es fuhr direkt auf unser Haus zu. Der Kerl darin rannte irgendwie seitwärts zu den Wellen und mir wäre es viel lieber gewesen, er wäre im Boot gewesen als ich.

Bonnie Bell war etwas weiter draußen, ging in die Wellen und genoss anscheinend das Schaukeln. Nach und nach sah ich, wie sie nach Süden blickte; und dann fing ihr Motor an, einen Haufen schneller zu stottern , und ich sah, wie ihr Boot ausschwenkte und in diese Richtung fuhr.

Dann blickte ich auf das andere Boot. Ich habe es eine Weile nicht gesehen, aber schließlich schwang es sich auf eine große Welle. Es war nicht mehr so wie zuvor, nur noch schwärzer. Ich sah das Wasser auf den Brettern glänzen. Dann wusste ich, was passiert war – das Boot war gekentert.

Es war genau wie Bonnie Bell, hereinzukommen und zu sehen, ob sie helfen konnte. Ich schrie sie an, aber sie konnte es nicht hören und ich glaube nicht, dass sie sowieso aufgehört hätte .

Diese kleinen Boote fahren furchtbar schnell, und es schien, als würde *Bonnie Bell* – denn so hieß ihr Boot, ihr Vater hatte ihm diesen Namen gegeben — die Wellen nicht berühren, sondern nur in den Höhen. Schon nach kurzer Zeit war sie dort, wo der Aufruhr stattgefunden hatte. Ich sah , wie sie langsamer wurde, sich hineinschwang und dann aufstand und ein Seil herumwirbelte. Dann streckte sie die Hand aus und zog sich zurück.

„Na ja, jedenfalls", sage ich mir, „sie hat eine Leiche gerettet", sage ich.

Später erfuhr ich, dass er nicht tot war und dass Bonnie Bell, als sie hineingriff und ihn am Kragen packte, ihm sagte, er solle ruhig bleiben, sonst würde sie ihn mit dem Bootshaken über den Kopf einweichen.

„Wir sind gleich da", sagt sie zu ihm. Das wusste ich damals natürlich noch nicht.

Es scheint, als hätte sie nicht versucht, ihn ins Lot zu ziehen, da die Wellen so hoch waren; und sie ließ mit einer Hand den Motor laufen und hielt ihn mit der anderen fest, während er an einer Seite des Bootes hinterherzog und ab und zu einen Schluck Wasser trank. Es war nicht weit von unserem Dock entfernt und schon bald kamen sie längsseits.

„Schnapp ihn dir, Curly!" sagt sie; Also packte ich ihn, als sie hereinschwang, und zog ihn hoch.

Er war am ganzen Körper nass und wirkte zunächst halb verrückt. Damals sah ich , wer er war – er war der angeheuerte Mann der Wisner.

„Warum hast du mich nicht in Ruhe gelassen?" sagt er. „Ich hätte sie schon bald wieder in Ordnung gebracht. Du wärst vielleicht auch rübergegangen."

"Was?" sagt sie verächtlich. „Dir geht es sowieso gut, und du bekommst keinen Kick."

Sie stand in ihrer Badekleidung auf, so nass sie nur sein konnte, und ein Teil ihrer Haare hing unter ihrer Mütze herab, und er sah sie irgendwie bescheiden an. Und er sagt: „Ich danke Ihnen vielmals. Verzeihen Sie mir, was ich gesagt habe." Dann schaute er auf seine Kleidung und sah, dass sie nass war, und brach in Gelächter aus. „Alles zu den Süßigkeiten!" sagt er. „Mein Leben für mein Land gerettet!" sagt er.

„Es hatte keinen Sinn, dass du rübergehst", schimpft Bonnie Bell mit ihm. „Sie haben Ihr Gemisch zu fett eingestellt und Ihren Motor verstopft. Sie können sie auf diese Weise nicht zwei Takte lang überfüttern und ungeschoren davonkommen."

„Das war überhaupt nicht das Problem", sagt er. „Ich habe meinen Fuß im Zündkabel eingeklemmt und es abgerissen. Natürlich konnte sie damals nicht rennen, aber ich hätte von dort aus hineinschwimmen können, und das Boot wäre hineingedriftet."

„Du wärst beim Schwimmen gut und nass geworden", sagt sie, immer noch verächtlich, „und du wärst in Stücke geschleudert worden, gegen die Ufermauer; das wäre dir passiert. Manche Leute", sagt sie, „ sind Es passt sowieso nicht , alleine rauszugehen.

Und mit diesen Worten verlässt sie uns beide, nass wie in ihren Badesachen, und rennt weiter durch das Bootshaus und die Stufen hinauf. Er stand nüchtern da und schaute ihr nach.

„Weiß ich das nicht!" sagt er und dreht sich zu mir um. „Wenn sie nicht gewesen wäre, wäre ich den ganzen Tag zusammen gewesen. Aber ich dachte auf jeden Fall, dass sie vorbei sein würde."

„Es ist gut, dass Bonnie Bell dieses Boot leiten konnte", sagt ich.

„Bonnie Bell?" sagt er. „Ist das ihr Name? Bei Jupiter! Nun ja, bei Jupiter! Und wie heißt du?" sagt er.

„Wilson", sage ich. „Sie nennen mich kurz Curly."

"Lockig?" sagt er. „Das klingt irgendwie nach einem Cowboynamen, nicht wahr?"

„Ich habe noch nie ein Kuhlager gesehen, in dem es nicht einen Cowpuncher namens Curly gab", sage ich.

„Cowpuncher! Du warst selbst nie einer, oder?" sagt er.

„Ich war nie etwas anderes", sagt ich.

Dann streckte er seine Hand aus.

"Shake!" sagt er. „Manche Leute bekommen, was andere wollen. Ist das nicht die Wahrheit?"

"Wie meinst du das?" Ich frage ihn.

„Nun", sagt er, „ich wollte immer Cowboy werden, hatte aber nie die Chance, auf eine Ranch zu gehen."

„Du bist der Gärtner, nicht wahr ?" sagt ich und er nickt.

„Das ist alles, was ich tun kann. Aber vielleicht habe ich irgendwann die Chance, es besser zu machen."

Er war ein richtig gutaussehender Kerl, glatt rasiert, die Haare gut geschnitten und sein Schnurrbart richtig kurz geschnitten. Er schaut jetzt auf seine Kleidung hinunter, aber es schien ihm egal zu sein – er tat so, als hätte er noch viel mehr; und er lachte. Er war nass, aber er zitterte nicht. Er wäre fast ertrunken, aber er hatte keine Angst. Ich mochte ihn ziemlich, auch wenn er wie ich nur ein Angestellter war. Er schien irgendwie robust zu sein.

„Weißt du, wie sie mich erwischt hat?" er fragt mich jetzt. „Sie warf eine Seilschlaufe über mich, und wenn ich sie nicht in der Hand gehabt hätte , hätte sie mich wahrscheinlich erstickt."

„Sie ist eine gute Roperin", sage ich, „und sie kann genauso gut reiten wie Ropen."

„Könntest du mir jemals zeigen, wie man sich anseilt?" sagt er. "Würdest du?"

„ Shore , ich werde es dir irgendwann zeigen, wenn wir die Gelegenheit dazu haben", sage ich. „Ich werde mich in unserem Ranchzimmer dort im Haus umsehen und sehen, ob ich ein Seil finden kann."

„Haben Sie dort ein Zimmer wie auf einer Ranch?" sagt er.

„ Genau wie unsere alte Ranch", sage ich. „Es ist der Hauptraum der alten Circle Arrow Ranch."

„Könnte sie jetzt – würde sie einem Kerl beibringen, wie man einen Ertrinkenden anseilt?" sagt er. „Das hat sie getan. Sie ist ein Vollidiot, nicht wahr ?"

„ Das ist sie", sage ich. „Ihre eigenen Leute behalten sich jedoch größtenteils das Recht vor, das zu sagen."

„Ich bitte um Verzeihung", sagt er und wird wieder rot. „Ich weiß, wo ich hingehöre."

„Du solltest einfach immer wissen, wo du hingehörst und wo sie hingehört, mein Sohn", sage ich – „das sind zwei verschiedene Vorschläge. Ich vertraue darauf, mein guter Mann", sage ich zu ihm, „dass du verstehst, dass ich der Vorarbeiter bin." die Ranch."

„ Ist das nicht besser als die Welt", sagt er nach einer Weile zu mir – wir standen immer noch da und unterhielten uns, obwohl er nass wie eine Ratte war – „wie laufen die Dinge? Manchmal scheint es, als könnten wir nicht anders, und wir . " Alle landen an den falschen Orten und versuchen, an die richtigen zu gelangen. Jetzt möchte ich dieser Dame danken, aber ich kann nicht. Sie ist wundervoll schön, nicht wahr – deine Geliebte? Ich sage jetzt: „Curly, du dankest." sie für mich, nicht wahr?"

Gegenüber jedem, der von der Wisner-Seite des Zauns kam, empfand ich eine ziemliche Grausamkeit, aber irgendwie war dieser Kerl so anständig, und er hatte offensichtlich vor, so ehrlich zu sein, dass ich kaum anders konnte, als freundlich zu ihm zu sein.

„Du bist schon eine ganze Weile bei deinen Eltern, nicht wahr ?" sagt ich nach einer Weile.

„Oh ja; ich schätze, ich bin in gewisser Weise bei dem Plan nützlich, sonst würden sie mir eine Dose anhängen."

„In der Millionaire Row, so denke ich", sage ich zu ihm, „sind die Wisners der Bienenkönig?"

Er nickt.

„Ich fürchte, das ist ungefähr die Wahrheit. Zumindest denken sie so – der alte Mann und die alte Dame. Leute, die sich nicht mit ihrer Art abfinden, werden erstarrt."

"Ist das so?" sagt ich, und mir wird sofort heiß unter dem Kragen. „Nun, lassen Sie mich Ihnen etwas sagen: Wenn es darum geht, irgendeine Art von Freeze-Out zu spielen, wenn es um Old Man Wright geht, glauben Sie mir, das Spiel hat zwei Seiten. Verstehen Sie?"

Ich sah ihn direkt an und fuhr fort:

„Niemand hat jemals erlebt, dass Old Man Wright durch nichts, was er einst begonnen hat, schwächer wird. Was das Geld angeht, kann er hier in dieser Stadt, in der er jetzt ist, nicht weniger als etwa eine Million im Monat verdienen. Er ist einer von denen, die das tun." "

„Ich glaube dir", sagt er. „Wollten Sie damit sagen, dass Ihren Leuten früher die Circle Arrow Ranch draußen in Wyoming gehörte?"

„Uh-huh; und ich wünschte, wir hätten es jetzt getan."

„Das ist lustig", sagt er. „Und Sie haben es an ein Syndikat verkauft?"

„Uh-huh – verdammt ! "

„Und Old Man Wisner war einer der stillen Teilhaber und einer der größten Eigentümer dieses Syndikats – Kolonisierung und Bewässerung. Es gibt nichts , gegen das er sich nicht wehrt, wenn Geld drin ist, und meistens gewinnt er", sagt er .

„Na, was weißt du darüber?" „Dass wir hier einziehen und direkt neben ihm wohnen – das ist das Witzigste, was ich je gehört habe. Die beiden Leute standen in diesem Spiel auf entgegengesetzten Seiten, nicht wahr? Nun, der alte Wisner hat es verstanden . " Das Schlimmste davon – das ist alles. Auf dem Land kann man nichts außer Kühen züchten, und er wird es herausfinden. Wir haben einige unserer aufgeschobenen Zahlungen erhalten, also genug; aber es würde mich nicht überraschen, wenn wir es täten Das ganze Land wird irgendwann zurückkommen, und ich hoffe, dass wir es schaffen.

Er verzieht irgendwie seinen Mund und legt seine Finger darauf.

"Von Jove!" sagt er. „Bei Gott! Würdest du mir einen Job als Cowpunger geben, Curly?" sagt er.

„Es sei denn, du konntest damals besser angeln als heute", sage ich. „Und wenn du nicht besser reiten kannst als auf einem Boot , glaube ich nicht, dass du dir dein Board verdienen könntest."

Er nahm es gut auf und lachte nur.

Ich ging durch das Bootshaus und die Garridge hinauf und die Hintertreppe hinauf in den kleinen Portikus – eine Art Sturmtür, die sich über der Hintertür unseres Hauses befindet und von dort aus auf den See blickt. Wenn Sie mir glauben, stand dort Bonnie Bell, ganz in Badekleidung! Sie war noch nicht hineingegangen.

„Ist er weg, Curly?" sagt sie.

„Er ist gerade gegangen ", sage ich. „Was machst du hier, ganz nass? Warum bist du nicht gleich reingegangen?"

„Geht es ihm gut, Curly?" sagt sie und rollt ihre Haare aus dem Nacken und in ihre Gummikappe.

„Ja", sage ich; „Er ist nicht verletzt."

„Worüber hast du so lange geredet?" sagt sie.

„Eine Menge Dinge – dich zum Beispiel", sage ich zu ihr.

"Was hat er gesagt?" Sie fragte mich.

„Na ja, nicht viel; nur wie leid es ihm tat, dass du ihm das Leben gerettet hast."

"Entschuldigung warum?"

„Nun, es gibt einem Mann das Gefühl, sehr gemein zu sein, wenn eine Frau sein Leben rettet."

"Hat er das gesagt?" sagt sie zu mir. Wenn Bonnie Bell jetzt lächelt, hat sie hier und da ein Grübchen. Sie lächelte jetzt irgendwie . „Was hat dich so lange da draußen gehalten? Ihr zwei Leute habt geredet wie zwei alte Frauen."

„Nun", sage ich, „ich habe ihm nur versprochen, ihm das Seilmachen zu zeigen; er sagt, er möchte es lernen."

„Wann zeigst du es ihm, Curly?"

„Oh, irgendwann, irgendwann morgens, da unten am Dock. Er sagt, er wird sich von seinem Platz schleichen, damit ihn niemand sieht. Ich glaube nicht, dass es deinem Vater etwas ausmachen wird, wenn ich einem jungen Kerl zeige, wie es geht." Seil – ich würde sowieso gerne wieder ein Seil in meiner Hand spüren. Ich gehe davon aus, dass er bald einen breiten Hut tragen und singen wird: „O, begrabe mich nicht auf der einsamen Prärie !"

„Curly", sagt sie.

"Was?"

„Hast du mein Seil zusammen mit denen im großen Raum gefunden? Ich weiß nicht mehr, ob ich es mitgebracht habe."

„Junge", sage ich, „wenn Söldner auf der Seil-, Mundharmonika-, Maultrommel- oder irgendetwas in der Art Anweisungen erhalten, dann bin ich es, der sie gibt. Ich bin Segundo auf dieser Ranch. Jetzt . " Du gehst nach oben.

Sie hatte jetzt alle Haare unter ihrer nassen Mütze nach hinten gekämmt und stand da und reparierte sie. Sie trug immer noch ihre Badekleidung und war furchtbar nass, aber ihr schien nicht zu frieren. Sie sah irgendwie rosa und irgendwie glücklich aus; Ich weiß nicht warum. Herr, sie war ein hübsches Mädchen! Es gab nie jemanden, der schöner war als Bonnie Bell Wright.

„Junge, du hast mich gehört!" sagt ich. „Geh jetzt nach oben und zieh dich an. Und du gehst nicht mehr mit dem Boot raus!"

VIII – Wie der alte Mann Wright Geschäfte machte

Als das Wetter wärmer wurde und wir uns mehr im Freien aufhielten, wurde es bei uns zu Hause fröhlicher. Bonnie Bell hat sich ganz schön aufgeregt. Sie sang einige davon. Es schien, als würde sie sich an das Leben in der Stadt gewöhnen – nicht ich; niemals!

Aber Old Man Wright schien niemanden irgendwie zu beunruhigen. Er war einer von denen , die ihn irgendwo hinstellten , und er war mit irgendetwas beschäftigt. Wenn er auf einer Sandbank neben einem Bach abgesetzt wurde, griff er herum, um ein paar Stöcke zu finden; Und als Erstes baute er daraus ein Haus – er machte die Dinge einfach immer irgendwie. Ich habe noch nie erlebt, dass ein Mann die Wirkung eines Stücks Land besser einschätzen konnte als er.

„Curly", sagt er eines Tages zu mir, als ich unten in seinem neuen Büro war und er über Geldverdienen redete, „es gibt verschiedene Möglichkeiten, reich zu werden", sagt er, „aber nur ein System. Entweder man bekommt ein paar ganz viele." denkt, dass sie etwas haben müssen – das sind Dinge für reiche Leute; oder etwas zu bekommen, das jeder haben muss, ob er es will oder nicht – das ist Dinge für arme Leute. Und wenn man im Spiel ist, kauft man, wenn die Dinge niedrig sind und „Verkaufen Sie, wenn sie hoch sind. Fast jeder Mann, den Sie kennen, spielt das Spiel genau umgekehrt. Deshalb gibt es so viele arme Leute", sagt er. „Dennoch ist das Spiel ganz einfach zu schlagen, wenn man weiß, wie es geht, und wenn es Ihnen nur darum geht, Geld zu verdienen.

„Zum Beispiel", sagt er, „als ich vor einiger Zeit diese Aktien von Lake Electric gekauft habe, war das, als niemand sie haben wollte oder sich anmerken ließ, dass sie sie haben wollten. Seitdem hat sie etwa fünfzehn oder zwanzig Punkte verdient , und das wird auch so bleiben." höher gehen. Als ich den Circle Arrow verkauft habe, geschah das, als die Leute ihn unbedingt haben wollten. Unter uns gesagt, diese Leute haben mehr dafür bezahlt, als er wert war. Vielleicht kaufe ich ihn eines Tages, wenn sie ihn nicht mehr wollen, nein mehr."

„Glauben Sie, dass Sie das jemals tun werden, Colonel?" „Sagte ich und freue mich, wenn ich daran denke."

„Wenn ich allein auf der Welt wäre, nur mit dir, würde ich sofort loslegen", sagt er, „egal, was es kostet. Da auch Bonnie Bell im Spiel ist, weiß ich nicht, was ich tun soll, noch." wann ich es mache.

„Mir fällt es hier nicht so schwer", fuhr er nach einer Weile fort. „Zum Beispiel las ich erst vor ein paar Wochen in der Zeitung über diesen Krieg in Europa – was eine Schande und eine schreckliche Sache ist; und ich hoffe, dass er nicht hierher kommt, aber wenn es so ist, sind Sie und ich dabei, " sagt er. „Nun, ich habe gesehen, wie sie so viel Pulver herstellen und es verkaufen – rauchfreies Pulver. Dafür müssen sie eine Menge Pikrinsäure verwenden."

„Was für eine Säure?" sagt ich. „Gurken?"

„Ich weiß es nicht", sagt er. „Ich wüsste es nicht, wenn es auf einem Teller wäre – ich weiß nur, dass man daraus rauchfreies Pulver machen muss. Also habe ich alles gekauft, was ich hier und da herumliegen finden konnte – nicht sehr viel, nur zwei- oder dreihunderttausend." Dollar wert.

„Nun", sagt er, streckt seine Beine aus und gähnt, „es ist die gleiche alte Geschichte, Curly. Ich konnte nicht anders und hatte nicht die geringste Absicht, es zu tun; aber jetzt dieses Bild hier." Säure – was auch immer es ist – ist zwei- oder dreimal so viel wert wie noch vor Kurzem. Ich habe aufgeräumt – oh, vielleicht zwei- oder dreihunderttausend Dollar dafür. Es gibt nicht genug in diesen Dingen, um mich sehr zu beschäftigen . Es ist mir sowieso egal, Geld zu verdienen , weil es so einfach ist. Wenn es jetzt ein echtes Männerspiel gäbe, hätte ich nichts dagegen, mich damit zu beschäftigen."

„Kühe sind etwas, das jeder haben muss, egal ob reich oder arm", sage ich zu ihm.

„Shore; und es ist auch ein gutes Spiel. Wenn Sie sich umschauen, werden Sie feststellen, dass es einige Dinge gibt, die jeder irgendwie und irgendwo verwenden muss – Holz, Kupfer, Öl, Eisen; solche Dinge. Man kann nicht bauen Häuser und wohne in ihnen , es sei denn, man hat einige dieser Dinge. Jeder muss sie im Groß- oder Einzelhandel kaufen. Ich kaufe sie gerne etwas weiter zurück als im Großhandel – wenn es sich dabei um das handelt, was man Rohstoffe nennt.

„Wenn Sie Dinge nehmen, die in Paketen verpackt sind, können Sie sie auch verkaufen, nach und nach, aber langsam. Manche Leute handeln gerne auf diese Weise; sie müssen Bilder – Objekte – direkt vor sich haben, um zu glauben, dass ihr Geld sicher ist . Das ist ein bisschen langsam für mich und dich, Curly. Ich nehme die Waren gerne, bevor sie in Pakete verpackt werden, und kaufe viele davon – etwas, das die Leute haben müssen."

„ Da ist Ihr Spiel schwach, Colonel", sage ich. „Sie handeln zum Beispiel mit Kühen auf der Hufe respektabel. Haben Sie nicht genügend Beweise dafür? Schauen Sie sich zum Beispiel die Wisners an.

Er schnaubt darüber und ist nicht glücklich.

„Nun, es ist die Wahrheit", sage ich. „Schauen Sie sich uns an! Wir sind hier kein Niemand. Old Man Wisner ist der König dieser Häuserreihe. Wir liegen in diesem Rennen nicht auf den Plätzen eins, zwei, zehn."

„Huh! Stimmt das? Ich renne frei, unter einem Zug, und du kannst nicht treten. Aber andererseits haben wir den ganzen Spaß – nicht Bonnie Bell."

„Ich habe keinen nennenswerten Spaß", sage ich. „Aber es geht ihr ganz gut – sie ist ekelhaft gesund – gesunder als alle anderen in dieser Stadt. Und sie ist auch beschäftigt; sie hat eine neue Art gefunden." Sie sagt, sie müsse ein Auto haben. Sie sagt, die Wisners hätten eines gekauft, das etwas glänzender sei als ihres.

„Nun, sie kann haben, was sie will. Uns geht es ziemlich gut, so scheint es. Ich bin letzte Woche gerade auf eine kleine Spekulation eingegangen, die vielleicht das neue Auto finanzieren wird."

„Worum geht es dieses Mal, Colonel?" Ich frage ihn.

„Nun, es hat mehr mit diesem Krieg hier zu tun. Immer wenn es einen Krieg gibt , verdient jemand Geld und jeder verliert es. Wie Sie sehen, verwenden sie dort eine Menge Scharfschützengewehre – Kugeln, die in einsatzbereiten Paketen verpackt sind." Es ist eine bestimmte Art von Drehbank nötig, um sie zu drehen , und es gibt in diesem Land nur eine Art von Drehbank, die das schneller macht als jede andere; und die Leute, die Sharpnel herstellen, können nicht genug davon bekommen. Nun ja, Ich kaufte die Steuerung dieser Drehmaschine . Als ich mich vor nicht allzu langer Zeit umsah, fand ich unten in den Sandhügeln eine kleine Ofenfabrik. Ich kaufte sie, baute dort ein paar dieser Drehmaschinen ein und gründete eine kleine Firma.

„Außerdem kontrolliere ich die Drehmaschinen, die in alle anderen Fabriken gehen, in denen sie Sharpnell herstellen . Ich sollte mich nicht wundern, wenn wir bald ein wenig Geld zusammenbekommen würden – genug, um ein Auto zu kaufen – fünfhunderttausend Dollar oder so. Wenn sie Ich muss Sharpnel haben, ich schätze, wir könnten sie genauso gut machen und sie gut machen.

„Nun, Colonel", sage ich, „ich hoffe, Sie finden genug zu tun, damit Sie sich eines Tages richtig wohl fühlen können."

„Ich auch", sagt er und streckt die Beine wieder aus, die Hände in den Taschen. „Aber manchmal verliere ich fast den Mut. Für mich sieht es sehr traurig aus, weil ich kein Spiel finde, das interessant wäre."

„Wie wäre es mit dieser Kandidatur für den Stadtrat?" sagt ich.

„Das schaue ich mir gerade an", sagt er. „Ich kenne viele der Leute drüben auf der Westseite unserer Gemeinde. Meine Sommersprossen helfen mir in diesem Teil der Gemeinde etwas. Sie können Sommersprossen wie meine nicht ansehen und mich als alles andere als einen ehrlichen Mann bezeichnen. Unsere Gemeinde. " besteht aus zwei Teilen, und ein kleiner Teil trägt Seidensocken, und ein großer Teil davon nicht. Wisner, er ist stark bei denen, die das tun. Er ist vielleicht nicht so stark bei denen, die acht Dollar pro Woche verdienen. Vielleicht keiner von ihnen arbeitet für Wisner, aber viele andere Leute, die für acht Dollar pro Woche arbeiten, arbeiten auch für ihn.

„Er verdient an Land viel Geld", sage ich. „Ich gehe davon aus, dass er mehr Geld hat als jeder andere in der Stadt."

„Ich bin bereit, in diesem Alderman-Spiel gegen ihn ein wenig Geld zusammenzustecken, wenn ich glaube, dass es mir Spaß macht. Ich bin hier nur auf Zeit, so wie es ist."

"Was machen?" Ich frage ihn.

„Geld verdienen und warten."

"Wozu?" sagt ich, ohne es zu verstehen.

„Für einen Mann", sagt er.

"Welcher Mann?" Ich frage ihn, immer noch nicht verstehend.

„Das weiß ich nicht. Für einen Mann, der Bonnie Bell glücklich machen wird. Aber alle jungen Männer in einer Stadt reden gleich, sehen gleich aus und kleiden sich gleich. Ich habe nicht mehr als ein oder zwei gesehen, die einen wert waren . " Fluch – keines, von dem ich dachte, dass es gut genug für mein Mädchen ist. Und doch liegt es auf der Hand, dass etwas passieren wird; und es könnte jederzeit passieren. Es macht mich unruhig."

Ich konnte nicht verstehen, warum nicht mehr Leute in unser Haus kamen, wie früher auf dem Circle Arrow; und das habe ich gesagt.

„Es ist leicht zu verstehen, warum sie das nicht tun", sagt Old Man Wright und zerschmettert mit der Faust die Glasplatte seines Tisches. „Es ist klar, warum. Sie sind es, Wisners , die unser Spiel blockiert haben. Sie haben uns von Anfang an überlistet – das ist es! Es."

„Das bringt uns ganz schön in Bedrängnis", sagt ich.

„Es wäre weder für dich noch für mich schwer, Curly", sagt er. „Es gibt kein Spiel auf der Welt, das dieser totengesichtige alte Heuchler spielen kann, bei dem ich ihn nicht schlagen könnte; ich fürchte ihn nicht mehr, als ich ihn mag. Aber wenn ich sehe, wie einfach es für ihn war und seine Leute, um mein Mädchen unglücklich zu machen – Das liegt nicht an mir, Curly", sagt er, streicht mit der Hand über den Schreibtisch und wirft jedes Papier und alles andere auf den Boden. „Sie ist alles, was ich habe", sagt er. „Ich habe sie geliebt, Mama, und ich liebe sie. Was auch immer sich gegen ihr Glück richtet, ist die ganze Zeit über gegen mich. Und", sagt er, „ich werde mich diesem Stadtspiel hier widersetzen, bis ich eines Tages die Bank kaputt mache ! "

Ich ließ ihn da sitzen, sozusagen auf seine Füße schauend, die Hände in den Taschen und die Beine ausgestreckt. Er war überhaupt nicht glücklich, obwohl er die ganze Zeit nach einem Spiel geschrien hatte, das er nicht gewinnen konnte.

IX – Wir und ihr Zaun

Wir machten so eine ganze Weile bis in den Sommer hinein weiter, und zwischen uns und unseren Nachbarn passierte nicht viel. Vielleicht kam unser Hund Peanut ab und zu in ihren Hinterhof und kratzte ihre Stiefmütterchen aus. Peanut liebte es immer, in frischer Erde zu liegen, und er schien instinktiv zu wissen, welches unsere Stiefmütterchenbetten und welches ihrs war . Ihr Angestellter lachte nur, als ich ihn sah , und entschuldigte sich.

Ab und zu kam er vorbei, so wie es ihr Angestellter tat, und traf mich am Steg hinter dem Bootshaus, wo ich ihm Unterricht im Seilspringen gebe. Ich habe ihm ein paar Dinge gezeigt – wie er loslässt, wenn er sein Seil gerade hat, und wie er sich beim Hondoo reichlich Doubleback gönnt . Wir pflegten die Ankerpfähle, an denen wir die Boote festmachten, mit Seilen zu bespannen. Manchmal übten wir etwa eine Stunde und er fing an, gut zurechtzukommen. Wir besuchten diesen Ort mehrere Tage lang, normalerweise vormittags.

„Kommt die Dame nie mehr zu den Booten?" sagt er einmal.

„Nein", sage ich. „Ihr Vater hat Angst, dass sie ertrinkt . "

„Redet sie jemals davon, jemandem das Leben zu retten?" er fragt .

„Nein", sage ich ; „Sie ist an solche Dinge gewöhnt. Sie legt sowieso keinen Wert darauf, das Leben eines arbeitenden Mannes zu retten", sage ich. „Das geht ihr nichts."

„ Ist es nicht lustig", sagt er, „wie es manchmal läuft? Zuerst dachte ich, sie wäre eines Ihrer Hausmädchen."

„Was hast du getan?" sagt ich.

„Nun, ich leugne es nicht. Als ich sie zum ersten Mal auf dem Hof sah, als sie diesen Hund jagte, dachte ich, sie wäre eines der Dienstmädchen – sehen Sie, sie hatte eine Mütze und einen … auf apern . Ich wusste es überhaupt nicht. Die alte Dame denkt es noch.

„Sie ist sehr gutherzig, selbst gegenüber den Unterschichten", sagt ich. „Sie gibt sogar den Leuten Geld, die jeden Morgen vor unserem Haus Musik spielen. Ich wünschte, sie würden es nicht tun."

„Ich wünschte, sie würde das nicht tun", sagt er. „Wir haben eine schreckliche Zeit mit dieser Band. Der alte Mann sagte, wenn er jemals Stadtrat werden würde, würde er eine Verordnung erhalten, indem er sie von der Straße verbannt. Sie spielen etwas Wildes!" sagt er.

„Wird er für das Amt des Stadtrats kandidieren?" sagt ich. „Ich habe etwas in der Zeitung darüber gesehen ."

„Nun ja, ich glaube, er wird es tun – ich habe ihn sagen hören, dass er es tun würde."

„Wenn er es tut", sage ich, „schätze ich, dass auf dieser Station die Hölle losgeht."

"Warum?" sagt er.

„Nun, mein Chef überlegt, ob er selbst für das Amt des Stadtrats kandidieren könnte – er ist jetzt hier eingebürgert. Früher war er in Cody als Sheriff unterwegs, wann immer er wollte. Wenn er etwas will, scheint er kaum anders zu können, als es zu bekommen . Es ist eine Art, die er hat."

Er sieht dabei irgendwie nachdenklich aus.

„Na ja", sagt er, „na ja, was weißt du darüber? Wie du schon sagst, Curly, ist das nicht die Hölle?"

Er fluchte so leicht und natürlich, dass ich ihn irgendwie mochte, und die Art und Weise, wie er mit dem Seilspringen begann, war meiner Meinung nach die beste von allen Tenderfoots, die ich je gesehen habe.

„Warum stapeln sie die Steine am Rand des Hofes auf, Jimmie?" Ich frage ihn nach einer Weile.

Sehen Sie, an diesem Morgen waren dort mehrere Wagenladungen Ziegel und andere Dinge hineingelegt worden.

„Ich weiß es nicht", sagt er. „Etwas, das der alte Mann angeordnet hat, schätze ich. Er ist gerade weg. Sie erzählen mir nicht immer so viel über die Dinge, wie ich denke."

„Ich habe mich oft gefragt, dass sie dich nicht gefeuert haben", sage ich.

„Das können sie nicht", sagt er. „Ich habe dir doch gesagt, dass ich zu viel von ihnen habe . Sie trauen sich nicht, mich überhaupt zu feuern. Ich widersetze mich ihnen !" sagt er.

„Nun, seien Sie besser ein wenig vorsichtig", sage ich. „Ich habe schon früher erlebt, dass Leute so über ihren Chef dachten, und oft haben sie es geschafft. Man sollte besser nicht gefeuert werden, bis man ein bisschen mehr darüber weiß." Abseilen und Reiten.

"Stille!" sagt er. „Ich glaube, ich habe drüben in unserem Bootshaus jemanden gehört. Auf Wiedersehen! Ich komme morgen früh wieder vorbei."

Er ging weiter den Dock hinunter in ihr Bootshaus. Ich setzte mich nicht weit von der Tür entfernt hin, rauchte und blickte auf den See. Ich hörte, wie jemand dort anfing zu reden. Es waren er und Old Lady Wisner – ich hatte sie schon ab und zu gehört. Ich könnte nicht anders, als sie zu hören, wenn ich gewollt hätte, und das wollte ich auch.

„James", sagt sie, „wo warst du? Ich habe überall nach dir gesucht."

„Warum, nirgendwo besonders", sagt er nachlässig . „Ich war gerade drüben am Dock und habe mit Curly ein paar Abseil-Stunts gemacht."

„Ich nehme an, du meinst diesen rothaarigen Kerl mit den Taubenzehen, der sich bei den Wrights herumtreibt", sagt sie.

Sag mal, als sie sagte, dass ich mich halb aufraffe , denn ich war verrückt. Ich bin vielleicht so, wie sie es gesagt hat, aber ich erlaube niemandem, das so zu sagen. Aber sie war sowieso kein Mann; also musste ich es ertragen. Ich habe irgendwo in einem Buch gelesen, dass es nicht richtig ist, zuzuhören, wenn die Leute nicht wissen, dass man ihnen zuhört; Aber das passte nicht mehr zu mir, besonders als die Leute über mich und meine Haare und Beine redeten . Also setzte ich mich hin und hörte noch etwas zu.

„Nun", sagt Jimmie, „das ist mir noch nie aufgefallen. Aber er ist ein guter Pfadfinder und ich mag ihn", sagt er.

Dadurch fühlte ich mich sowieso ein wenig leichter.

„Nun, es ist egal, was du da drüben gemacht hast", sagt sie bösartig. „Du darfst mit so etwas nichts mehr zu tun haben. Warum kannst du dich nicht um deine eigenen Angelegenheiten kümmern?"

„Das mache ich einfach", sagt er. „ Das bist du nicht Ich bitte um mein Einverständnis, meine Blumenbeete durcheinander zu bringen. Was machen all diese Steine und Ziegel da oben im Hof? Sag mal, er war ein frecher Kerl!

„Wenn du mich fragst , sage ich es dir. Es ist ein Zaun, den wir bauen werden."

"Ein Zaun?" sagt er. „Wir haben jetzt einen vollkommen guten Zaun."

„Oh, haben wir? Na ja, es ist nicht hoch genug, um unsere Leute davon abzuhalten, sich unter sie zu mischen, ja?" Ich fragte mich erneut, was Can-Nye war. „Ich werde nicht zulassen, dass du mit ihren Dienstmädchen redest."

"Ist das so?" sagt er. „Davon hatte ich in letzter Zeit nicht viel mitbekommen", sagt er. "Ich wünschte es wäre."

"James!" sagt sie, so wütend, dass sie kaum sprechen konnte. "James!" Und das Einzige, was sie tun konnte, war, in ihrer Kehle zu kichern und zu sagen: „James!"

„Nun", sage ich zu mir selbst, „hier bekommt er die Dose zu, die an ihm festgebunden wird. Es ist nicht logisch, dass sie solche Reden zulässt."

Nun, sie redeten über diesen Zaun. In zwei oder drei Tagen war leicht zu erkennen, was die Wisners tun würden: Sie würden das Herdengesetz aufheben und ihr eigenes Weideland einzäunen.

Es war überhaupt kein Zaun. Es war eine Mauer, die sie Tag für Tag bauten – eine normale Mauer! Schon bald war es bis zu unserem Fenster im zweiten Stock und es ging weiter. Es dauerte Wochen, bis sie es fertigstellten. Als es fertig war, lief es sauber vom Bürgersteig zurück zu ihrem Bootshaus. Von unserer Seite aus konnte man vom Boden aus nicht nur die Dächer ihres Hauses sehen, und von ihrer Seite aus konnte man nicht nur die Dächer unseres Hauses sehen.

Naja, jedenfalls ist die Mauer hochgegangen und wir haben sie nicht aufgehalten, weil wir es nicht konnten. Es war, als lebten wir in zwei verschiedenen Welten, mit dieser Mauer zwischen uns, und so meinten sie es auch. Nichts konnte von einer Seite zur anderen gelangen. Es war der kälteste Deal, den ich je gesehen habe, als eine Gruppe von Leuten eine andere machte. Und warum? Ich konnte nicht verstehen, warum.

Bonnie Bell war ganz still und still. Der alte Mann Wright ging eine ganze Weile nachdenklich umher. Er sah, dass das eine Beleidigung war, aber er wusste nicht, was er tun sollte. Schließlich geht er eines Tages zu Bonnie Bell und sagt :

„Schwester, im Sommer wird es ziemlich heiß. Wie würde es dir gefallen, für ein paar Monate nach White Sulphur oder irgendwohin zu gehen?" sagt er. „Du siehst jetzt schon seit ein paar Wochen etwas blass aus", sagt er, „und das sehe ich nicht gern."

Sie dreht sich um, schaut ihm eine Minute lang direkt in die Augen und zeigt dann aus dem Fenster.

„Mit dieser Sache?" sagt sie. „Ich werde sie zuerst verdammt sehen!" sagt sie.

Das war das erste Mal, dass ich Bonnie Bell fluchen hörte. Es gefiel mir, dass sie das sagte, und ihr Vater auch.

„Es ist ein schweres Spiel, das wir spielen müssen, Schwesterchen", sagt er; „Aber wir werden es spielen."

Sie nickt und wir lassen es dabei bewenden.

Dieser Zaun hat die Straße für uns ruiniert. Diejenigen, die nördlich davon wohnten, konnten den See weit hinaufschauen , aber mehr als eine Viertelmeile hinunter zum Park konnte niemand diesen Teil der Straße überblicken. Die Zeitungen kamen darüber ins Gespräch und es wurden auch einige Beschwerden abgedruckt. Old Man Wright, er hat nur irgendwie gelacht. Die Zeitungen machten sich über die Wisners lustig , weil sie diesen Zaun gebaut hatten – und behandelten die ganze Sache irgendwie wie einen Witz.

Mittlerweile wurde die Kampagne für den Stadtrat intensiver. Der alte Mann Wright druckte in allen Zeitungen eine ganze Seite mit einem Bild von sich ab und sagte, dass JW Wright für das Amt des Stadtrats in dieser Gemeinde kandidiere. Direkt gegenüber war seine ganzseitige Anzeige etwa 15 bis 20 cm groß, mit einem kleineren Bild von Old Man Wisner; und er sagte, dass Herr David Abraham Wisner darum gebeten habe, seinen Namen als Kandidat für das Amt des Stadtrats in dieser Gemeinde vorzulegen . Zuerst wusste ich nicht, was „Leidges" bedeutete, aber ich wusste, worauf mein Chef hinaus wollte – es waren Stimmen, und er würde sie wahrscheinlich bekommen .

Von diesem Zeitpunkt an war der Chef beschäftigter als zuvor. Er lernte sich drüben auf der Westseite unserer Gemeinde besser kennen. Manchmal kam er erst um Mitternacht zurück, aber er kam immer aus eigener Kraft nach Hause. In seinem Büro sah ich alle möglichen Leute. Er schien dieses Amt des Stadtrats ganz natürlich anzunehmen.

Wie dem auch sei, er war in jedem Spiel ein harter Gegner. Er hatte die ganze Zeit seine eigene Idee, vielleicht zu diesem Zaun in der Millionaire Row. Eines Tages machte er einen kleinen Spaziergang am Seeufer entlang zum Ende des Parks, wo sich unter uns etwas unbebautes Land befand. Er schätzte die Dinge ein. Zwei oder drei Wochen, nachdem er mir erzählt hatte, dass er dieses Grundstück gekauft hatte – die gesamte Anlage, bis zum Ende des Parks. Ich weiß nicht, was er dafür bezahlt hat, aber es muss eine Menge Geld gewesen sein.

„Sehen Sie", sagt er, „alle diese Leute dort oben nördlich von uns in der Reihe haben nicht nur ein kleines Stück Land für ihre Häuser. Ich werde ein Grundstück mit einer halben Meile haben oder." „So viel Boden. Bonnie Bell muss einen Platz für sich haben, um Krokusse und andere Blumen zu züchten", sagt er, „und um ihren Bostoner Hund zu züchten."

Es waren damals ziemlich harte Zeiten und viele Männer waren arbeitslos. Old Man Wright hat viele von ihnen an seinem neuen Bonnie Bell Addition, wie er es nannte, arbeiten lassen. Er grub es aus und glättete es und legte es aus und bepflanzte es mit Bäumen und begrünte es. Und dann, am anderen

Ende, errichtet er einfach eine hohe Mauer wie die Wisners , aber „weit davon entfernt". Dann haben wir entlang der Wisner-Mauer gegraben.

Früher gingen die Leute hin und fragten sich, wozu das gemacht wurde und wer es getan hat. Und später gaben einige Leute weiter oben an der Auffahrt zu, dass es sich um eine Art neuen italienischen Garten handelte, und einige von ihnen begannen auch, Mauern zu errichten. Es ist richtig in Mode gekommen. Das gesamte Erscheinungsbild dieses Teils der Stadt wurde verändert. Aber es gab zwar kleine Grundstücke, auf denen man keine Katze herumtreiben konnte, aber wir hatten genug Land, um eine Heufarm zu eröffnen, wenn wir es gewollt hätten.

„Ich kann es mir leisten", sagt Old Man Wright.

Und als er mit den Renovierungsarbeiten begonnen hatte, kamen die Immobilienmakler und bedrängten ihn, mindestens dreimal so viel Geld dafür zu nehmen, wie er gab .

„Vielleicht verkaufe ich es irgendwann", sagt er, „aber nicht jetzt", sagt er. „Mir gefällt es. Mein Mädchen züchtet gerne Krokusse, und was ihr gefällt, bekommt sie. Wir werden jede Menge Krokusse, Tulpen und Stockrosen züchten", sagt er.

Es wäre nicht richtig zu sagen, Bonnie Bell hätte keine Freunde. Einmal kamen eine ganze Menge Mädchen von außerhalb der Stadt – Mädchen, die sie bei Smith's gekannt hatte; und sie hatten einen ziemlichen Besuch. Sie rissen das Haus ab und etwa eine Woche lang war Bonnie Bell rundum glücklich; aber nach und nach gingen sie wieder weg. Dann kommt niemand zu uns, derjenige, zu dem wir kommen wollten.

Ein Mann kam, um uns zu besuchen – es war Henderson aus unserem alten Hotel. Manchmal gingen wir dorthin und aßen, und jedes Mal, wenn wir das taten, stand er herum. Er konnte Bonnie Bell nicht aus den Augen lassen. Ich schätze, er war etwa vierzig Jahre alt.

Eines Tages kam er eines Tages nachmittags zu uns nach Hause, ganz herausgeputzt, mit einer weißen Blume im Mantel, einem hohen Hut auf dem Kopf und glänzenden Schuhen, und fragte nach dem alten Mann Wright; und William führte ihn in den hinteren Salon. Ich saß in unserem Ranchzimmer, damit ich hören konnte, was vor sich ging – ich konnte nichts dagegen tun. Ich habe gehört, was Herr Henderson gesagt hat; Ich wusste also , was ihn verkleidet dorthin gebracht hatte.

„Herr Wright", sagt er, „ich werde keine Zeit verschwenden. Ich bin es gewohnt, Geschäfte auf direkte Weise zu erledigen. Deshalb komme ich heute herunter – ich komme herunter – das heißt, ich komme heute –" sagt er.

„Nun, für einen direkten Mann nimmt man sich etwas Zeit, um zu sagen, was man sagen möchte“, sagt Old Man Wright; „Aber vielleicht kann ich es erraten, wenn du es nicht sagen kannst. Es ist mein Mädchen, über das du reden willst?“

Ich hörte ihn nichts sagen, aber ich schätze, er muss genickt haben.

„Willst du mich fragen ?“ sagt Old Man Wright. „Warum hast du sie nicht gefragt ?“

„Ich dachte, es wäre besser zu sehen, ob Sie mich als Bewerber in Betracht ziehen würden, Sir“, sagt er. „Es schien eine fairere Sache zu sein.“

„Ich weiß nicht, dass ein Elternteil jeden Mann in Betracht ziehen sollte, der ihn zuerst befragen würde “, sagt der alte Mann Wright nachdenklich; „Aber in mancher Hinsicht bist du ein guter Mann, ehrlich und erfolgreich.“

„Mein Beruf – mein Geschäft – Gastwirt zu sein ist nicht gerade die höchste Form des Geschäfts –“

„Verdammt! Das hat nichts damit zu tun“, sagt Old Man Wright. „Ich kann mir vorstellen, dass mein Mädchen fast jeden Mann heiraten würde, wenn er der Richtige wäre. Aber lassen Sie uns jetzt darüber nachdenken, Mr. Henderson“, sagt er, „denn ich mag Sie. Sie sind etwas älter als sie.“

„Ja“, sagt er; „Alt genug, um eine großartige Frau wie Miss Wright zu erkennen, wenn ich sie sehe. In meinem Geschäft habe ich viele gesehen, die nicht so sind .“

„Das ist gut“, sagt Old Man Wright. „Ich höre das gern von Ihnen. Ich mache Ihnen keine Vorwürfe dafür, dass Sie sich so fühlen. Und ich fühle auch freundlich zu Ihnen, Sir. Sie sind der erste Mann, der jemals ein freundliches Wort zu mir und meiner Freundin gesagt hat.“ Diese Stadt. Du bist fast der letzte, was das betrifft. Du bist so gut wie wir und wir sind so gut wie du, wenn es dazu kommt. Aber jetzt lass uns etwas weiter nachdenken. Der Mann, der heiratet Mein Mädchen, heiratet sie – es wird keine Scheidung geben. Wenn es Ärger gibt, wird es vielleicht eine Beerdigung geben, aber für Bonnie Bell wird es keine Scheidung geben. Es ist der Tod, der sie und sie trennen wird Ehemann. Du siehst, ich muss vorsichtig mit ihr sein, nicht wahr?“

„Ja, und das solltest du auch sein. Ich habe meine Jahre nie als Handicap empfunden.“

„ Das sind sie nicht , im Geschäftsleben“, sagt Old Man Wright. „Aber jetzt schauen Sie mal: Wenn Sie zusammenleben, wird sie noch jung sein, wenn Sie ziemlich alt sind. Nehmen Sie sich zehn oder fünfzehn Jahre Zeit und zehn- oder fünfzehntausend Cocktails, und ich würde sagen: ‚Gott segne dich.' Du!' Aber die Jahre und die Cocktails sind für immer da. Sie sind irgendwie weich im Magen, Mr. Henderson, tut mir leid, das sagen zu müssen. Machen Sie nicht einen Fehler, wenn Sie mein Mädchen überhaupt heiraten wollen, Sir?"

Ich glaube nicht, dass er glücklich war; Dennoch war er auf jeden Fall spielbereit.

„Mr. Wright", sagt er schließlich, „deshalb komme ich zuerst zu Ihnen! Ich war mir der zehn Millionen Cocktails bewusst – in meinem Geschäft sind es eher zehn Millionen als zehntausend, schätze ich. Es schien mir fairer zu sein." Sprich zuerst mit dir. Ich werde sie nicht so schnell vergessen – ich neige überhaupt nicht dazu, eine Frau anzusehen. Ich schätze, ich möchte nicht heiraten, wenn ich sie nicht heiraten kann. Vielleicht ist es das auch „Es ist nicht fair für einen Mann in meiner Zeit und Lebensweise, daran zu denken, ein Mädchen wie sie zu heiraten. Ich schätze, ich war egoistisch. Ich schätze, vielleicht hast du mich in Ordnung gebracht."

„Woher kommst du?" sagt Old Man Wright.

„Der Süden", sagt er.

„Das weiß ich; aber in welchem Zustand?"

„Kentucky", sagt er. „Ich lebe schon seit sehr vielen Jahren hier."

„Sie sind ein Gentleman, Mr. Henderson", sagt Old Man Wright. „Ich wünschte, die Dinge wären nicht so, wie sie sind. Aber auf der Ebene, denkst du, wir sollten Bonnie Bell hier überhaupt etwas darüber sagen?"

Henderson muss eine ganze Weile darüber nachgedacht haben. Dann hörte ich, wie er einen Schritt oder so machte. Vielleicht hat er seinen Hut aufgehoben. Vielleicht ist sein Stock gegen einen Stuhl gestoßen. Vielleicht haben sie sich die Hand geschüttelt.

„Ich möchte nichts tun, was nicht das Beste für sie ist", sagt er schließlich. „Ich schätze, vielleicht bin ich nicht gut genug, um sie zu heiraten. Ich schätze, vielleicht haben Sie Recht, Sir", sagt er.

Old Man Wright, er redet eine Weile nicht mehr . Ich hörte, wie sie zur Tür gingen.

„Nein", sagt er schließlich. „Mr. Henderson, ich glaube nicht, dass wir Bonnie Bell darüber etwas sagen werden. Auf Wiedersehen, Sir. Ich wünschte, ich könnte Sie bitten , öfter hierher zu kommen."

„Auf Wiedersehen", sagt er.

Ich sah ihn nach einer Weile den Weg hinuntergehen. Er vergaß ganz, dass sein Auto am Bürgersteig wartete, und lief einen halben Block, bevor er zu sich kam. Danach konnte er uns natürlich nicht mehr besuchen.

Ich selbst hatte auch keine Freunde. Jimmie, der angeheuerte Mann, war so ziemlich der einzige Freund dort, der mir viel bedeutete, und jetzt war er weg – gefeuert, nahm ich an. Die Zeiten wurden noch einsamer als je zuvor.

Bonnie Bell kam eines Tages in den Raum, in dem ich saß, setzte sich auf die Lounge, stützte ihr Kinn in ihre Hand und warf einen Blick aus dem Fenster. Ich frage sie, was los sei.

„Nun", sagt sie, „ich habe mich nur über die Samen für die großen Blumenbeete gewundert, die wir gemacht haben", sagt sie. „Zumindest im nächsten Frühling möchte ich sie pflanzen. Wenn ich jetzt einen erfahrenen Mann hätte, der sich mit Blumen auskennt …"

„Warum gehst du nicht in den Park", sage ich, „und sprich mit einigen der niederländischen Gärtner, die dort unten die Blumenbeete anlegen? Die wissen alles über diese Dinge", sage ich.

„Curly", sagt sie, „du bist nur ein Cowpuncher, nicht wahr ?"

„Das ist alles", sage ich.

„Nun, das erklärt, dass du überhaupt keinen Verstand hast", sagt sie.

X – Wir sind Stadtrat

Wirklich, dieser Zaun muss den Wisners genauso wehgetan haben wie allen anderen . Da wir viel Land hatten, wurde unser Haus nicht so nah an der Linie gebaut wie ihres. Der Zaun muss für sie mehr Licht abgeschnitten haben als für uns. Außerdem hätte man, wenn man es von der Straße aus gesehen hätte, wenn man nicht in der Nähe wohnte und davon wüsste , gedacht , dass wir diesen Zaun gebaut haben, um sie zu ärgern, und nicht sie, um uns zu ärgern.

Old Man Wright lief im Herbst mit dem sogenannten Independent- Ticket; Es gab drei Partys und die Stadt war völlig zerstört. Natürlich weiß jeder, dass es nicht nur zwei Parteien geben sollte – Republikaner und Demokraten. Da ich ursprünglich aus Texas komme, verstehe ich nicht, warum irgendjemand etwas anderes als ein Demokrat sein sollte; Aber Old Man Wright hatte eine Art, Dinge herauszupicken.

Nun, sie haben die Wahl im November abgehalten. Ich hätte wissen können , wie es ausgehen würde. Sie sind noch nicht damit fertig, alle Wright-Stimmen in unserem Bezirk auszuzählen. Gegen halb sieben hatten sie genug Zeit gehabt, alle Leiden zu zählen , die der alte Wisner im Seidenstrumpfteil dieser Station niedergeschrieben hatte.

Gegen halb vier Uhr nachmittags erscheinen die Zeitungen mit Bulletins, in denen es heißt, der Bezirk sei „Wright zugeteilt“ worden. Ich würde sagen, es wurde zugegeben! Ich habe es jedenfalls zugegeben, sobald ich wusste , dass er kandidieren wollte.

Nun ja, Sir, es war damals mehr wie in alten Zeiten, als wir es seit unserem Einzug gesehen hatten – wie damals, als wir dort waren Sher'f im Yellow-Bull-Land. Der alte Mann kommt lachend zur Abendessenszeit und aus eigener Kraft herein und sagt:

„Bonnie Bell, Ihr Vater wird bald einen hohen Platz in den nationalen Räten einnehmen, denn er wird Stadtrat in einem der wichtigsten Bezirke dieser Stadt sein. Vielleicht werde ich eines Tages Bürgermeister, und wenn Sie Bürgermeister sind . “ Wenn Sie ein Humorist sind, sollten Sie sich aufregen und darüber nachdenken, Präsident zu werden. Außerdem hat Ihr Vater Hunger. Bitte besorgen Sie Curly und mir alle Schinkenhaxen und das ganze Gemüse, das es im Haus gibt .

„Und außerdem“, sagt er, als Bonnie Bell ausgeht, „machen Sie heute Abend die Haustür weit auf. Nehmen Sie das Schloss heraus und verstecken Sie William dort, wo keiner meiner geilen Freunde ihn finden kann. Das werden sie.“ Heute Abend sind ein paar von ihnen hier, um sozusagen unseren glorreichen Sieg zu feiern. Vielleicht sind hier mehrere Bands dabei – das hoffe und vertraue ich. Ich bin von Natur aus musikbegeistert und mag Bands. Wann immer ich zum Sher'f gewählt werde oder irgendetwas, was die Band spielen soll – alle Bands, die es gibt .

Nun, das war eine Nacht! Ich war froh, einmal nach Chicago gekommen zu sein, denn in einer Stadt dieser Größe gibt es mehr Bands als in Cody.

Old Man Wright war natürlicher, als ich ihn seit langem jemals gesehen hatte. Ich weiß nicht, ob es ganz fair war, wie er es getan hat, denn es gehört nicht zum christlichen Glauben, sich auf einen Mann einzulassen, wenn er am Boden liegt. Aber was er tat, war, diese niederländische Band mit fünf Stücken zu holen, die jeden Morgen vor unserem Haus spielten – sie kamen zuerst herein. Er stellt sie am Straßenrand direkt vor dem Haus des alten Mannes Wisner auf und fordert sie auf, alles zu spielen, was sie wussten, und es dann noch einmal zu spielen und dann weiterzuspielen. Wir saßen gerade beim Abendessen und genossen ihre Musik, so gut wir konnten, als der Anführer der Band hereinkam; und sagt er:

„ Mein Herr, wir sind schon ausgeblasen . "

"Ist das so?" sagt Old Man Wright. „Nun, trinken Sie etwas, gehen Sie raus und fangen Sie noch einmal von vorne an.“

Ungefähr jetzt kamen die restlichen Gruppen, sechs oder acht oder so, und hinter ihnen standen die fröhlichen Dorfbewohner. Sie füllten die ganze Straße vor unseren Stufen und vor den Wisners und die Reihe hinauf und hinunter; und einige von ihnen traten auf Bonnie Bells neue Tulpenbeete im Hof südlich von uns.

„Denen ist gegeben, was gegeben wurde“, sagt der alte Mann Wright und sieht friedlich aus. „Zumindest werden die meisten Bands in diesem Teil der Stadt bald hier sein. Der alte Dave Wisner scheint keine Band zu haben; also werde ich ihn reparieren – er scheint nicht fröhlich zu sein, mit heruntergelassenen Jalousien . Sammeln Sie unsere Banden zusammen, Curly“, sagt er, „und stellen Sie einige davon vor seinem Haus auf der anderen Straßenseite auf. Holen Sie sich einige davon und stellen Sie sie auf unseren Platz.“ Seite seines Zauns. Bilden Sie eine Reihe von ihnen zurück zum Bootshaus. Sagen Sie ihnen , sie sollen spielen – es ist mir egal, was sie spielen. Sie müssen nicht einmal das gleiche Stück spielen, es sei denn, sie wollen; aber behalten Sie es bei. Sie sind beschäftigt – spielen Sie alles, was sie haben, und wiederholen Sie es dann leise, und wenn sie müde werden, füttern Sie sie und geben Sie ihnen etwas zu trinken. Und sagen Sie Johnson, dem Bezirkshauptmann, wenn er gegen acht Uhr kommt, er solle mitkommen seine Freunde, die ganze Bande – die Tür steht offen und es gibt keine Bedingungen daran, und an den neuen Stadtrat gibt es keine Bedingungen.“

Der alte Mann Wisner muss an diesem Abend sein Leben genossen haben, als wir unsere Ernennung zum Stadtrat feierten . Bonnie Bell war damit nicht einverstanden, aber sie wusste , wenn ihr Vater in einer bestimmten Stimmung war, sollte sie ihn lieber in Ruhe lassen und ihm seinen Willen überlassen – es gab nichts, was ihn aufhalten konnte.

Nach einer Weile kam Johnson, der Bezirkshauptmann, der diese Wahl geleitet hatte, herein, um mit dem neuen Stadtrat, ihm und vielen anderen zu sprechen. In seiner Gemeinde gab es viele Schweden, und viele dieser Leute waren blauäugig und hatten gelbes Haar, und einige von ihnen hatten lange Schnurrhaare. Im Großen und Ganzen trugen sie ihren Alkohol ziemlich gut und hatten reichlich. Old Man Wright trug seine Hemdsärmel – hochgekrempelt, damit seine Sommersprossen sichtbar waren – und er hatte zwei oder drei Kisten Rotwein und keinen Korken im Zimmer!

„Was die Schließung am Sonntag betrifft“, sagt er, „ ist es noch nicht Sonntag.“

Sie nahmen etwas mit dem neuen Stadtrat und riefen ihm zu, er solle eine Rede halten.

sie geleckt, wie ich es gesagt habe – nur noch mehr. Ich fordere keinen von euch auf, mir zu zeigen, wie ich noch mehr Geld verdienen kann, denn ich habe genug. Wir haben diesen Kampf ausgetragen.“ auf der Lake Electric Ordinance. Die Absicht der anderen Bande war es, alle Leute, die ein eigenes Zuhause haben, aufzuhalten. Jeder von euch muss elektrisches Licht verwenden. Es ist nur richtig, dass ihr einen fairen Preis zahlen solltet, aber mehr nicht . Lassen Sie mich Ihnen sagen, dass das alles ist, was Sie bezahlen werden. Ich habe mich in diese Firma eingekauft, und ich und meine Bankleute können es leiten. Lassen Sie mich Ihnen sagen, dass die Preise stimmen werden: Machen Sie sich darüber keine Sorgen überhaupt. Ausnahmsweise bekommen Sie hier einen fairen Deal, oder wenn nicht, dann wählen Sie beim nächsten Mal einen anderen Mann.

„Hurra für unseren neuen Stadtrat!“ sagt Johnson und springt dann auf.

Sie springen auch alle auf. Sie hatten ihre Brillen in der Hand – viele Männer standen in unserem Ranchzimmer, ziemlich große Männer mit gelbem Schnurrbart, ziemlich viele.

Ungefähr in diesem Moment kommt Bonnie Bell die Vordertreppe herunter. Sie war ganz in Seide gekleidet, trug ein Kleid mit tiefem Ausschnitt und jede Menge Juwelen. Man hätte kaum gedacht , dass es ihr Vater war, der in Hemdsärmeln im Zimmer stand.

„Meine Herren“, sagt Old Man Wright, „das ist meine Tochter.“

Was diese Männer taten, war, die beiden überhaupt nicht zu vergleichen. Sie standen einfach in der Schlange und jeder von ihnen hob sein Glas, als wäre sie eine echte Königin; und sie grüßen sie dreimal. Bonnie Bell macht einen Knicks.

Sie sehen, die Leute haben gesehen, dass wir zwar den Preis und die Klasse hatten und ein paar Spiele spielen konnten, aber wir waren nur Leute. Sie hatten die ganze Zeit das Gefühl, auch nur Leute zu sein . Wenn man dieses Spiel auf Augenhöhe spielen kann , wie Old Man Wright es getan hat, sind sie in der Politik nicht zu schlagen.

Diese Leute gingen schließlich weg – sogar unsere kleine holländische Band, obwohl sie hart aufgab. Das Wisner-Haus war dunkel, während bei uns alles erleuchtet war – alles darin, auch ich, Curly. In den Zeitungen hieß es, der neue Stadtrat habe bis spät in die Nacht Tag der offenen Tür gehalten. Darin war etwas Wahres – die Tür stand die ganze Nacht über offen.

Beim Frühstück hatte Old Man Wright Hunger, obwohl er noch nicht im Bett gewesen war. Er setzte sich mit den Händen in den Taschen hin und blickte auf Wisners Backsteinmauer hinaus; und sagt er zu mir:

„Das hier wird eine veränderte Station sein. Ich bin nicht in der Westentasche eines Mannes. Ich bin noch nicht fertig. Das ist erst der Anfang. Aber wo ist der Junge, Curly?"

Ich ging und fand sie. William war immer noch irgendwo versteckt – die Ereignisse der Nacht hatten ihn sehr betrübt. Sie kam herein und setzte sich neben ihren Vater.

„Nun, Schwester", sagt er, „du siehst, dein Vater bekommt einige dieser besseren Dinge, nach denen wir nach Chicago kommen."

„Papa", sagt sie, rückt ein wenig von ihm zurück und schaut ihm ins Gesicht, „erzähl mir etwas."

„Was ist los, Schatz?"

„Die Wahrheit jetzt – die Wahrheit."

"Ja, Schatz."

„Hast du den Circle Arrow verkauft und bist meinetwegen in die Stadt gekommen?"

Er sprach zunächst nicht.

„Ja, das habe ich, Schatz", sagt er schließlich. „Ich sagte, ich würde dir die Wahrheit sagen. Deshalb haben wir die alte Ranch verkauft – damit du hierher kommen kannst. Ich wollte, dass du so weit kommst, wie es jede amerikanische Frau erreichen kann. Wir haben dich dafür ausgebildet – wir haben dich mitgebracht." Bereit dafür, Curly und ich.

„Wir haben nicht gewonnen, oder, Papa?" sagt sie, langsam. „Wie wird das gemacht, Papa?"

„Gawd weiß es", sagt er. „ Sag mir, Schwesterchen, wenn wir hier rausfahren und in eine andere Stadt gehen würden, wäre es dann besser für dich? Wie wäre es mit Kansas City?"

„Nein", sagt sie. „Unsere Füße werden nicht in diese Richtung gehen. Ich werde nicht aufgeben, Papa."

„Brichst du zuerst dein Herz und das deines Vaters?"

„Ja, wenn nötig."

„Alles, um in diese Gräber einzubrechen?"

„Nein", sagt sie; „Es gibt eine Menge Dinge, die mehr wert sind . Diese Backstein- und Steinhäuser sind die Schützengräben. Sie können schwer zu erobern sein. Aber dahinter liegt das Land, und es ist das Land, das sich lohnt. Du hast es gefunden – drüben auf der anderen Seite der Station. Für mich – macht mir nichts aus, wenn ich es noch nicht gefunden habe."

„ Bist du nicht glücklich, Schwester?" sagt er.

„Nein", sagt sie ruhig; "Ich bin nicht."

Er klopft ihr auf die Schulter.

„Geh raus", sagt er. „Machen Sie etwas – arbeiten Sie an etwas! Schauen Sie nach oben und nach außen und schauen Sie nicht nach innen", sagt er. „Das ist nicht der richtige Weg. Überlegen Sie, was sich in den Feldern dahinter befindet."

„Leben, Papa", sagt sie langsam; und es schien mir, als wäre sie traurig. "Leben!"

"Leben?" sagt er. „Schwester, was meinst du? Sag es deinem alten Vater, nicht wahr?"

Dann sagte sie es ihm. Sie legte ihr Haar auf seinen Hals.

„Oh", sagt sie, „es ist in Ordnung für euch beide – ihr habt etwas zu tun – ihr könnt arbeiten und kämpfen; aber was kann ich tun? Was kann ich auf der ganzen Welt tun? Und ihr habt es versucht." es ist so schwer, mich glücklich zu machen!"

„Und du bist nicht glücklich?" sagt ihr Vater.

"Papa!" sagt sie. "Papa!" Und sie weinte weiter an seinem Hals.

Sind Frauen nicht die Hölle? Ich ging weiter.

XI – Wir und der Freeze-Out

Seit wir Stadtrat sind, sprachen immer mehr Leute über uns und unseren Ort. Natürlich kamen jetzt immer mehr Leute zu uns und besuchten uns; aber nicht eines aus der Millionaire Row, aber wenn ich es so sagen darf, hatten wir jetzt den schönsten Platz in der ganzen Häuserreihe.

Es war eine von Bonnie Bells Ideen, einen dieser versunkenen Gärten anzulegen, was ihrer Meinung nach in Italien schon immer gemacht wurde.

„Ich werde es dir sagen ", sagt sie; „Wir bauen unseren versunkenen Garten direkt an der Mauer des alten Wisner. Wie wäre es, ein paar Efeuranken zu pflanzen, die an der Seite der Mauer hochwachsen, Papa?" Sie fragte ihren Vater.

„Warum, in Ordnung", sagt er; „Aber seid sehr vorsichtig, keine Olivenzweige zu pflanzen."

also eine ganze Weile damit beschäftigt, Pläne für diesen versunkenen Garten zu schmieden. Wir lasen alle Bücher, die wir finden konnten; Trotzdem war sie nicht glücklich.

„Dafür brauche ich einen erfahrenen Gärtner", sagt sie; „Die Holländer unten im Park sind überhaupt nicht gut. Ich frage mich, wohin der Gärtner der Wisners gegangen ist."

„Dieser Kerl war nicht so toll", sage ich zu Bonnie Bell.

„Warum sagst du das, Curly?" sagt sie.

„Nun, ich hörte ihn eines Morgens reden und es gefiel mir nicht. Außerdem gefiel mir auch nicht, wie er über dich sprach. Ich sagte ihm, wir könnten nichts mit den unteren Klassen zu tun haben – geschweige denn jetzt, wo wir Stadtrat sind, könnten wir das nicht tun. Er wurde gefeuert, und das hätte er auch tun sollen."

„Wie hast du das alles erfahren, Curly?" sagt sie.

„Ich hörte ihn unten im Bootshaus mit der alten Dame Wisner reden. Ich glaube, wir sind der ganzen Gruppe ziemlich nahe – obwohl ich sagen muss, dass er das Seilmachen ganz gut gelernt hat, und ich hätte daraus einen Kuhhirten machen können ihn, wenn ich Zeit gehabt hätte.

„Was hat sie gesagt, Curly?" Sie fragte mich dann: „Hat sie wirklich über uns gesprochen?"

„Ja, das hat sie. Sie dachte, du wärst ein angeheuertes Mädchen. Und sie sagt, wir wären Can-Nye, und er durfte sich nicht mit uns vermischen. Can-Nye – was ist Can-Nye, Bonnie?" sagt ich.

Sie wurde rot im Gesicht und war wütend auf irgendetwas.

„Kann-nye, eh!" sagt sie. „Kann-nye! Sie denkt also, dass wir das sind."

„Nun, das war, bevor wir Ratsherr waren ", sage ich. „Vielleicht denken sie jetzt anders, was auch immer Can-Nye ist. Was ist das überhaupt?"

„Es bedeutet etwas Gewöhnliches, Vulgäres und Niedriges, Curly", sagt sie.

„Das war doch kein Blumenstrauß, oder?" „Na ja, das habe ich damals nicht gedacht, obwohl ich noch nie in meinem Leben gehört habe, wie es jemandem zugerufen hat. Ich habe dem angeheuerten Mann allerdings klargemacht, dass er keine Chance hatte, in unser Haus einzubrechen." ."

„Wollte er vorbeikommen, Curly?" sie fragt .

„Verrückt! Er wollte einen Blick in unser Ranchzimmer werfen. Ich habe dir ja gesagt, dass er unbedingt Cowpuncher werden wollte."

„Nun, warum hast du ihn nicht mitgebracht, wenn er Dinge lernen wollte, die du ihm beibringen könntest?"

„Was! Ich bringe ihn an unsere Stelle? Ich glaube nicht! Schau mal, Junge", sage ich, „du weißt nicht halb, wie gut du aussiehst."

„Bin ich nicht", sagt sie. „Ich habe eine Sommersprosse direkt auf meiner Nase. Sie geht auch nicht ab."

„Na ja, vielleicht eine Sommersprosse oder so", sage ich; „Aber das schadet deinem Aussehen nicht ganz. Lass mich dir sagen, wenn es darum geht, dass gewöhnliche Leute wie er deinen Namen in der Öffentlichkeit aussprechen, dann geht das nicht !" sagt ich. „Außerdem noch etwas" – ich redete direkt weiter mit ihr. „Schau dir an, wie viel Geld du irgendwann verdienen wirst! Er muss mir genau zeigen, welches Recht er hatte, zu sagen, dass du wunderbar schön bist. Das bist du, Junge – aber was ging ihn das an?"

„Er ist seit vier Monaten und acht Tagen weg", sagt sie nachdenklich.

„Woher wissen Sie, dass er das getan hat? Führen Sie einen Kalender über Leute wie ihn?"

„Nein, ich dachte nur", sagt sie, „wenn er hier wäre , könnte ich ihn nach meinem versunkenen Garten fragen."

„Das wäre doch in Ordnung, oder?" sagt ich. „Aber wenn ich darüber nachdenke, war er selbst nicht für diesen Zaun . Er hatte recht, freimütig; das sage ich für ihn."

„Die Idee mit dem Zaun gefiel ihm nicht?"

„ Natürlich hat er das nicht getan. Er wusste, dass es nicht richtig war."

„Nun", sagt sie, „ich werde Efeu darauf pflanzen. Wenn es über die Mauer läuft und an ihrer Seite herunterhängt , werde ich nicht versuchen, es aufzuhalten."

Nun, warum sie sagte, dass ich überhaupt nie herausfinden konnte. Ich nehme an, dass Frauen friedlicher sind als Männer.

Die Leute in der Gemeinde, in der wir leben, erlaubten , dass ihr neuer Stadtrat auf dem Platz war. Ich schätze, es müssen die Sommersprossen gewesen sein. Es gibt keine Möglichkeit, einen Mann in der Politik zu schlagen, der Sommersprossen hat und Alkohol trinken kann. Nach und nach kamen alle Zeitungen heraus und begannen zu sagen, dass Herr John William Wright bei der nächsten Wahl vielleicht ein Kandidat für das Amt des Schatzmeisters sein würde. Das ist in etwa der Höchstwert, den man in der Stadtpolitik erreichen kann. Schatzmeister verdienen einen Haufen mehr als das, was in einer Großstadt üblich ist. Den Leuten scheint es auch nichts auszumachen.

Die Zeiten auf dem Schießstand waren jetzt nicht mehr so gut, wie sie hätten sein können . Diese hohen Bänke entlang der Berge wurden nie für die Landwirtschaft gebaut. Die neuen Siedler, die im Rahmen unserer alten Patente über diese hier ansässige Yellow Bull Colonization and Improvement Company hereingekommen waren, mussten hart daran arbeiten, dass sie alles geglaubt hatten, was sie in den Papieren sahen. Sie hatten zugegeben, dass sie in das Gelobte Land gehen würden. Das war es – aber es war nichts anderes als ein Versprechen.

Es war wirklich die Schuld des alten Mannes Wisner. Auch wenn er, wie üblich in den Seitenlinien, nie seine Hand zeigte, steckte er selbst tief in dieser Gesellschaft . Jetzt war er es , der die Sache zusammenhalten musste. Die Siedler wurden wütend und einige von ihnen gaben auf, und die meisten zahlten ihre zweite oder dritte Rate nicht. Für uns machte das natürlich keinen Unterschied, denn die Yellow Bull Colonization and Improvement Company musste ihre aufgeschobenen Zahlungen trotzdem an uns leisten. Aber als das Geld des Unternehmens aufgebraucht war und sie vielleicht die Aktionäre beurteilen mussten, bekamen einige der Aktionäre völlig kalte Füße.

„Nun, Colonel", sage ich, „ich denke, wir werden irgendwann unsere Ranch zurückbekommen, nicht wahr? Ich wünschte, wir würden das tun."

„Das tue ich auch, Curly; aber ich fürchte nicht", sagt er.

"Warum nicht?" Ich frage ihn.

„Nun, es ist Old Man Wisner – das ist der Grund", sagt er. „Sehen Sie, es ist sein Geld, mit dem sie jetzt arbeiten", sagt er. „Ihr neuer Graben hat sie mehr als das Vierfache dessen gekostet, was der Ingenieur gesagt hat – ein Graben kostet immer. Sie haben das Wasser verschwendet, wie es Grangers immer tun, und sie streiten sich untereinander. Diese Menschen in den Staaten müssen lernen." wie man die Landwirtschaft wieder von vorne anstellt, wenn sie in so ein Land gehen. Was die Porenaktionäre angeht, denke ich, man könnte sie ganz billig aufkaufen; aber billig oder nicht, der alte Wisner ist mehr dabei, als er jemals gedacht hätte sein", sagt er.

„ Wirst du den alten Mann nicht wegen der aufgeschobenen Zahlungen davonkommen lassen?" sagt ich grinsend.

„Das bin ich natürlich, Curly", sagt er feierlich. „Wenn ich sehe, was er für uns getan hat, sehne ich mich nach einer Chance, ihm eine Gefälligkeit zu erweisen!" sagt er.

Ich fing an zu glauben, dass zwischen den beiden alten Kerlen noch ein bisschen Fell herumfliegen würde, bevor das Spiel hier zu Ende war , und beides war nicht leicht zu beenden.

XII – Wir und ein zufälliger Freund

Bonnie Bell war damit beschäftigt, ihren kleinen Wegen nachzugehen, ihren Garten zu reparieren oder ihre Blumenbeete anzulegen, oder zu lesen oder Bilder zu studieren. Sie fuhr viel mit ihrem elektrischen Brougham und fuhr herum.

Eines Tages ritt sie im Park unterhalb unseres Hauses entlang, als sie sah, wie ein Mädchen zusammen mit einigen anderen und ein oder zwei jungen Männern auf dem Pferd vorbeiritt, das über holprige Hügel hüpfte und sich bei jedem Sprung aufrichtete, als ob der Sattel wehtat. em . Eines der Mädchen saß auf einem gemeinen Pferd, aber es ging ihr recht gut und es schien ihr nichts auszumachen. Aber dieses Pferd bekam Angst vor einem Auto, das Dampf abließ, und als Erstes sprang das Pferd vor ihm hoch und das Mädchen stürzte.

Es gab keinen von ihnen, der sehr gut reiterte, und weil dieses Pferd ein schlechter Schauspieler war, machte es den anderen Angst. Sie rannten alle davon und schienen nicht zu wissen, dass dieses Mädchen heruntergefallen war. Sie setzte sich auf den Kopf.

Bonnie Bell hat das alles miterlebt, und sie steigt in rasantem Tempo aus ihrem Auto, rennt zu dem Mädchen und holt es ab. Sie und ein Polizist nahmen sie in Bonnie Bells Brougham mit. Sie wusste noch nichts, als sie einen Schlag auf den Kopf bekam.

Nun, dieses Mädchen war selbst bildhübsch, mit hellem Haar, blauen Augen und einem irgendwie großen Mund. Sie lächelte, auch wenn sie nichts wusste. Sie lächelte immer. Sie war gekleidet, als hätte sie viel Geld; und sie war zum Reiten vorbereitet – Stiefel und irgendeine Art von Hose.

Bonnie Bell konnte sie nicht zu sich bringen und beschließt, sie zu uns nach Hause zu bringen. Das erste, was ich weiß, ist, dass sie draußen war und nach mir rief.

„Komm schnell her, Curly!" sagt sie. „Komm und hilf mir, sie ins Haus zu tragen."

Also habe ich ihr geholfen. Das Mädchen hatte immer noch ihren Kittel in der Hand und war irgendwie weiß.

„Wer ist sie, Bonnie Bell?" sagt ich; und sie sagt, sie wisse es nicht und sagt mir, ich solle einen Arzt holen.

Aber während ich William dazu brachte, anzurufen – ich konnte diese Dinger selbst nicht viel gebrauchen –, kommt das Mädchen wieder zu sich, ganz klar; und sie richtet sich auf und reibt sich den Kopf.

„Oh, was weißt du darüber!" sagt sie. „Er hat mich erwischt. Vielen Dank. In welche Richtung ist er gegangen?" sie fragt .

„Er war auf dem Weg zur Scheune der Reitschule", sagt Bonnie Bell, „das letzte, was ich von ihm gesehen habe. Deine Freunde gingen alle in die gleiche Richtung. Also dachte ich, das Beste, was ich tun könnte, wäre, dich hierher zu bringen, bis du dich fühltest." besser."

Ich glaube nicht, dass das Mädchen schwer verletzt war, da sie noch jung ist; und solche Mädchen sind hart.

„Na ja", sagt sie, „es war wirklich nett von dir. Und wie soll ich dir danken?" Dann küsste sie Bonnie Bell als Glücksbringer. „Du bist nett", sagt sie, „und ich mag dich."

Wenn Sie mir glauben, war Bonnie Bell etwas schüchtern und ängstlich, da es schon so lange her war, dass eine Frau jemals ein freundliches Wort zu ihr gesagt hatte. Sie wusste zunächst kaum, was sie sagen sollte, bis das Mädchen sie erneut küsste.

„Ich bin Katherine Kimberly", sagt sie. „Wir wohnen direkt über dem Park. Wo ist das?"

„Das ist auch direkt über dem Park", sagt Bonnie Bell – „auf dem Boulevard. Das ist Mr. John William Wrights Haus", sagt sie, „und ich bin Miss Wright. Kann ich Ihnen etwas Tee servieren?" Also ruft sie William an.

Als William den Tee hereinbringt, richten sich die beiden ein und unterhalten sich richtig gesellig. Dieses Kimberly-Mädchen hier hat sich ab und zu den Kopf gerieben, aber es tat ihr nicht viel weh, weil ihr so viele Haare auf den Kopf fielen. Der Tee hat ihr gut getan.

„Ich habe einen Ruck in meine Kokosnuss geschlagen!" sagt sie. „Mensch! Ich wollte welche. Ich werde nie wieder auf dieser langbeinigen alten Giraffe reiten; er ist schließlich nichts weiter als ein Hund – nicht, dass ich Angst hätte, aber ich mag ihn nicht", sagt sie. „Reiten Sie?"

„Möchten Sie vorbeikommen und meine Pferde sehen?" sagt Bonnie Bell. „Wenn Sie Pferde mögen –"

„Mag ich sie? Ich bin verrückt nach ihnen! Kannst du reiten?"

„Oh, einige", sagt Bonnie Bell. „Curly sagt, ich kann."

"Lockig?" Und sie schaut mich an.

„Er ist unser Vorarbeiter", sagt Bonnie Bell. „Sprechen Sie mit ihm, wenn Sie etwas über Reiten wissen wollen – er ist ein Reiter."

„Das war ich einmal, Ma'am", sage ich, „aber nicht mehr. Ich würde jetzt nicht mehr für tausend Dollar auf ein schlechtes Pferd steigen. Ich habe Angst vor Pferden, Ma'am, aber sie hat keine Angst. " „–gemeint ist Bonnie Bell. „Sie glaubt immer noch, dass sie jeden von ihnen reiten kann ."

„Ja", sagt Bonnie Bell; „Und was das betrifft: Wenn ich dich dazu bringen könnte, mit mir zu kommen , würde ich immer auf einem Pferd reiten und nicht in einem Auto oder Boot fahren."

"Boot?" sagt Miss Kimberly. „Oh, natürlich hast du sie auch."

„Komm runter", sagt Bonnie Bell, „und du und ich können uns meine Pferde, mein Boot und alles andere ansehen. Danach bringe ich dich nach Hause."

„Oh, darf ich gehen?" sagt dieses Katherine-Mädchen. „Sehen Sie, ich muss wohl nach Hause, bevor sie es Mama erzählen ."

Nun, kaum war sie auf unserer Veranda angekommen, wusste sie sofort, wo sie war. Hier zeigte sie, dass sie eine geborene Dame und auch ein gutes Mädchen war. Über diesen ersten Blick hinaus ließ sie sich nichts anmerken – sie sah, dass sie in das Haus von uns Can-Nyes gebracht worden war. Dies war das Haus mit der Mauer, wohin niemand aus der Reihe jemals ging.

„Wie schön ist es!" sagt sie. „Weißt du, dass du den schönsten Platz in der ganzen Straße hast? "

Nun, was sie zuletzt sagte, war kein Bluff. Es war nur das Mädchen in ihr, das mit einem anderen Mädchen sprach. Ich sah , wie Bonnie Bell sie noch einmal ansah, irgendwie verblüffend – sie selbst war in jeder Hinsicht frei und freundlich; aber daran war sie in letzter Zeit nicht mehr gewöhnt. Also schaut sie diese Katherine Kimberly etwa eine halbe Sekunde lang aus der Nähe an, bis sie sieht, dass sie auf dem Platz ist.

Dann legt dieses Kimberly-Mädchen ihren Arm um Bonnie Bell. Auf diese Weise gingen sie beide zum Bootshaus hinunter – ihre Arme umeinander gelegt. Als sie nach etwa zehn Minuten zurückkamen, redeten sie so schnell, dass keiner von ihnen hören konnte, was der andere sagte.

"Du meine Güte!" sagt Katherine nach einer Weile. „Ich muss nach Hause gehen. Es ist nicht weit, wissen Sie."

„Ja, ich weiß", sagt Bonnie Bell leise.

„Und du hast gesagt, du würdest mich in deinem Auto nach Hause bringen?"

„Und du willst, dass ich das tue?" sagt Bonnie Bell, irgendwie lustig.

„Ich wünschte, du würdest – wenn du willst. Natürlich könnte ich laufen."

„Tut dir jetzt der Kopf weh?“ von Bonnie Bell.

Das Mädchen sah sie direkt an. Dann wusste ich, dass sie auf dem richtigen Weg war.

„Nein, das ist nicht der Fall “, sagt sie; „Aber mir würde es gefallen, wenn du mich mit deinem Auto nach Hause bringen würdest“, sagt sie. „Ich möchte, dass du reinkommst und meine Mama triffst. Wir wollen hierher kommen, wenn du uns alle lässt. Lässt du uns? Lässt du uns, Bonnie?“ sagt sie.

Ist es nicht lustig , wie viel ruhig und einfach passieren kann? Ich gehe davon aus, dass für Bonnie Bell in dieser letzten Stunde mehr passiert ist als im ganzen Jahr zuvor – und alles durch Zufall, wie die meisten guten Dinge uns passieren. Noch nie hatte eine Frau in diesem Viertel Bonnie Bell besucht, und es sah auch nicht danach aus, als ob sie es jemals tun würden. Wir waren nicht auf der Karte – selbst ich, der überhaupt kein Gehirn hat, wusste das .

Und doch konnte ich sagen, wenn Bonnie Bell Wright mit Katherine Kimberly in ihrem Auto an der Vorderseite dieses Blocks entlang fuhr und sie bei den Kimberlys ausstiegen und hineingingen – und wenn die Kimberlys auch zu unserem Haus kamen – warum, Dann wusste ich, dass wir auf der Karte waren. Ich glaube nicht, dass Bonnie Bell sich darum gekümmert hat. Was in ihrem Herzen war, war vor allem Freude darüber, eine Freundin zu treffen , mit der sie völlig kostenlos reden konnte.

Da ich schon so lange dort lebe, konnte ich natürlich nicht umhin, einige Dinge entlang der Row zu kennen. Ich wusste , dass es dort eine Art Streit darüber gab, wer die Königin der Millionaire Row sei, was dasselbe bedeutete wie die Königin der Gesellschaft dieser Stadt Chicago. Entweder war es diese Frau Henry D. Kimberly oder es war Frau David Abraham Wisner. Die Kimberlys waren im Großhandel mit Leder tätig, während die Wisners im Großhandel mit Rind- und Schweinefleisch und anderen Dingen tätig waren. Mir kam es so vor, als hätten fast alle in der Reihe irgendetwas mit einer Kuh zu tun, in der einen oder anderen Form, mit Ausnahme von uns – da wir es mit Kühen auf den Hufen zu tun hatten, könnte man sagen, dass sie die Grundlage des ganzen Spiels bilden . Aber das ist nicht respektabel, wie ich Ihnen schon sagte. Besser sind Wurst, Häute oder Leder – insbesondere im Großhandel.

Bonnie Bell war still. Sie nahm den Kragen dieses Katherine-Mädchens und betrachtete die kleine Anstecknadel, die sie daran trug.

„Welches Jahr war deins?“ sagt sie.

„Letzten Juni“, sagt Katherine.

sah ich , dass sie beide Schüler desselben Old Man Smith waren, wo Bonnie Bell zur Schule gegangen war . Sie trugen eine Art Anstecknadel, sodass sie sich kannten, wie Freimaurer. Da sie nichts Besseres zu tun hatten, küssten sie sich erneut.

Als Bonnie Bell zum Haus der Kimberlys gefahren war , hatten die Leute Katherines Pferd gefunden, sie jedoch nicht; Also hatte ihre Mutter ganz natürliche Angst. Als sie ihre lange verlorene Tochter mit Bonnie Bell kommen sah, die beide laufen und sprechen konnten, war sie richtig froh und fiel den beiden um den Hals und weinte ein wenig.

„Und wer ist diese junge Dame", sagt sie und meint damit Bonnie Bell, „die so freundlich war, Sie nach Hause zu Ihrer Mutter zu bringen?"

Und sie lächelte Bonnie Bell an, sie war die zweite Frau, die das in Chicago in zwei Jahren tat. Sehen Sie, wenn ein Mädchen gutaussehend ist, hassen Frauen es meistens; die Männer nicht – und das ist der Grund.

„Das ist unsere Nachbarin, Miss Wright, Mama ", sagt Katherine. „Sie wohnen ein Stückchen unterhalb von uns."

Da wurde sie rot im Gesicht, denn jeder auf der Straße wusste von uns und dem hohen Zaun; Dennoch kannte uns niemand persönlich. Aber Katherines Mutter war anders als die meisten dieser anderen Leute. Außerdem brauchte man nur einen genauen Blick auf Bonnie Bell zu werfen, um zu erkennen, dass sie kein gewöhnliches Volk war.

„Sie hat Smith im Jahr vor meinem Einzug verlassen, Mama ", sagt Katherine, „und sie ist in meiner Trauer ; und sie ist hier, seit sie ihr schönes Haus gebaut haben; und sie ist mir lieb und ich liebe sie." Katherine hatte die Art, in einem Atemzug zu reden, wie ein Sprinter, der hundert Meter flach läuft. „Ich möchte, dass du sie auch liebst", sagt sie zu ihrer Mutter.

Und dann nahm die alte Dame Kimberly Bonnie Bell in ihre Arme und küsste sie noch mehr; und der Junge wäre dann beinahe übergeschwappt.

„Kommen Sie rein und trinken Sie eine Tasse Tee", sagt sie.

Also gingen sie ins Haus und der traurige Mann der Kimberlys , der ebenfalls William hieß, brachte ihnen Tee. Sie brauchten es nicht, weil sie bereits voll davon waren ; aber Frauen können viel Tee vertragen. Als sie das tranken und alle drei gleichzeitig redeten, erzählte Katherine ihrer Mutter alles darüber, wie sie vom Pferd geworfen wurde und wie Bonnie Bell ihr das Leben rettete, sie nach Hause trug und sich um sie kümmerte, und brachte sie jetzt zurück.

„ Mama , ihr Platz ist wunderschön", sagt sie. „Sie haben alle möglichen netten Dinge und wir werden anrufen, sobald Bonnie Bell es uns erlaubt."

„Ja, in der Tat", sagt ihre Mutter, die jedes Stück ihrer Tochter unterstützen würde.

„Bonnie Bell", sagt sie, „das ist ein seltsamer Name und ein sehr hübscher."

Bonnie Bell lachte darüber.

„Es ist eines, das mir mein Vater geschenkt hat", sagt sie. „Mein richtiger Name ist Mary Isabel. Mein Vater nannte mich immer Bonnie Bell; und Curly auch ."

"Lockig?" sagt die alte Dame, ohne zu wissen, wer das war – ich.

„Oh, Curly ist ein Schatz", sagt Katherine dann. „Er ist ein Cowboy, oder war es, als er jünger war; aber jetzt ist er nicht mehr jung. Und er kann auf jedem Pferd reiten und Dinge anseilen – ich glaube, er muss der Stallknecht sein."

„ Das ist er tatsächlich nicht", sagt Bonnie Bell. „ Er ist unser Vorarbeiter."

Als Stadtmenschen wussten sie nicht, was das war; also sagte sie es ihnen. Ihnen Kimberlys konnte nicht verstehen, warum sie mich in die Stadt brachten, wo es doch keine Kühe gab. Ich schätze, sie haben viel über mich und Old Man Wright geredet – Bonnie Bell hat mir nämlich so erzählt, als wäre es passiert. Sie erzählte mir, was Katherines Mutter trug, wie ihr William aussah und welche Bilder an den Wänden hingen. Frauen können mehr sehen als ein Mann und können sich besser daran erinnern.

Nun, Sir, es dauerte nicht mehr als eine Woche, bis die alte Dame Kimberly mit ihrem Auto zu unserem Haus fuhr. und sie kam selbst den Weg hinauf und schickte keine dieser kleinen Karten mit der Aufschrift: „Tag, du bist es."

Sie kam in unseren Salon, und unser William ging raus und holte Bonnie Bell für sie, und die beiden mussten regelmäßig Besuch haben, denn Katherines Mutter bestand darauf, unser Ranch-Zimmer zu sehen, was ihr sehr gefiel. Sie sagte, sie würde auf jeden Fall ihren Mann mitbringen, weil er verrückt danach wäre.

„Sag mir ", sagt sie, „wann können wir kommen?"

„Warum", sagt Bonnie Bell, „auf einer echten Ranch gibt es keine Tages- und Nachtzeit, zu der man nicht kommen und willkommen sein kann. Auf einer Ranch ist jeder willkommen, wissen Sie."

Die alte Dame Kimberly schien darüber etwas nachdenklich zu sein; aber sie sagte nichts darüber, dass sie langsam anfängt. Sie sagt:

„Wenn Sie uns kommen lassen würden, wären wir alle so froh, zu Ihnen zu kommen und in Ihrem Ranch-Zimmer zu sitzen – es ist neu für uns und wir mögen es. Ich weiß, dass es meinem Mann sehr gefallen würde. Was

Katherine betrifft, ich „Ich glaube nicht, dass ich sie danach fernhalten kann."

Nun, an diesem späten Nachmittag ruft Katherine erneut an – ungefähr zum achten Mal an diesem Tag – und bittet ihren Vater und ihre Mutter, am Abend vorbeizukommen, um sich unser Ranchzimmer anzusehen. Natürlich hat Bonnie Bell ihnen gesagt, dass sie kommen sollen.

„Na, was weißt du, Curly?" sagt sie zu mir. „Das ist nicht laut Hoyle. Mrs. Kimberly hätte warten sollen , bis ich ihren Anruf erwiderte und bis vielleicht der eine oder andere von uns den anderen zu einem Empfang oder zu einem Abendessen oder so etwas eingeladen hatte."

„Was ist ein Empfang?" sagt ich.

„Etwas, das wir noch nie hatten, Curly", sagt sie. „Es ist ein Ort, an dem die Leute nicht glücklich sind ; aber davon gibt es viele . Vielleicht sind wir heute Abend dem am nächsten gekommen."

Nun, sie kamen alle in dieser Nacht, alle drei – zum zweiten Mal an einem Tag, der ziemlich gut lief; und, wie genug, etwas, was sie in ihrem ganzen Leben noch nie getan hatten.

„ Nein, das tust du nicht!" sagt Mrs. Kimberly, als Bonnie Bell sie in den Salon bringen wollte . „Wir gehen direkt in den Ranchraum und sitzen dort, wir alle – dürfen wir das nicht bitte?"

Also kamen sie herein und der alte Mann Kimberly ging umher und schaute sich den Ort an; und er war wie ein Kind.

„Mein Gott, Wright!" sagt er. „Ich wusste nicht, dass ein Stadtrat so viel Verstand haben kann", sagt er. „Das ist das Richtige", sagt er, „man kann sich auf einen dieser Stühle setzen, ohne ihm die Beine abzubrechen. Und hier ist Tabak griffbereit und überall liegen Streichhölzer herum. Jetzt drüben im Club bekommt man nur noch einen Ein Ort zum Rauchen und ein großer Stuhl und ein Kamin zum Hineinschauen. Ist eine Stadt nicht ein kalter alter Ort, John Wright?" sagt er.

„Nun, sehen Sie", sagt der alte Mann Wright nach und nach, „sehen Sie, die Leute sind ziemlich beschäftigt mit der einen und anderen Sache. Ich weiß, dass sie es alle ganz gut meinen", sagt er, „aber sie sind so beschäftigt damit." In einer Stadt wie dieser haben sie für nichts Zeit."

Das war ungefähr alles, was jemals darüber gesagt wurde, dass wir Nachbarn auf unserer Straße sind. Niemand hat sich dafür entschuldigt, dass er dies oder jenes nicht getan hat. Wir kamen einfach vorbei, so wie wir es immer getan hatten.

„Nun, Alderman", sagt der alte Mann Kimberly nach einer Weile, „Sie wissen sicherlich, wie man lebt. Ich werde jeden Tag oder so abends hier vorbeischauen, weil ich kein Spiel im Club bekommen kann, ohne anzurufen." ein Junge, und hier kann man einfach die Hand ausstrecken und reichlich bekommen."

„Komm rein, so oft du willst, Nachbar", sagt mein Chef; und er füllt seine eigene Pfeife und gibt den Feinschnitt weiter.

Manchmal denke ich, dass sich die Menschen im Grunde genommen sehr ähnlich sind und dass das, was an einem Ort gut ist, auch an einem anderen gut ist. Wir haben diese Leute benutzt, als wären wir alle draußen im Yellow Bull gewesen; Und hier fühlte sich der alte Mann Kimberly besser als seit zwei Jahren und alle waren froh , zu uns zurückzukommen. Was alles sehr bald geschah – und dank ihnen zwei Mädchen.

„Nun", sagt Katherines Vater nach einer Weile, „wenn ich mich entscheiden müsste, wäre ich glaube ich lieber ein Ranchmann im Westen als irgendetwas auf der Welt. Sag mir – was hat dich dazu gebracht, dich zu verkaufen und in den Osten zu ziehen, um dort zu leben? Warum könntest du das?" Bist du nicht zufrieden, wo du warst ?

„Nun", sagt mein Chef und lächelt irgendwie schief, „wir kommen nach Osten, um ein paar der besseren Dinge zu bekommen."

sie beide zu den beiden jungen Mädchen auf dem Sofa. Sie waren so damit beschäftigt zu reden, dass sie nicht wussten, dass sie jemand ansah . Als wir alle still waren, sprachen beide gleichzeitig etwas. „Ich habe meins bei Madeleine bekommen", sagte Katherine; und Bonnie Bell sagt: „Wir braten unsere in Butter." Nur der Herr weiß, worüber sie gesprochen haben; aber es machte keinen Unterschied.

Naja, jedenfalls hatten wir alle eine ganz schöne Zeit in unserem Ranchzimmer mit dem rauchigen Kaminsims, den alten Tischen und Stühlen und dem mit Fell bezogenen Sofa, auf dem die beiden Mädchen saßen.

Nach und nach standen alle auf und sagten, sie müssten nach Hause. Der alte Mann Kimberly streckte meinem Chef die Hand entgegen, und sie schüttelten sich eine ganze Weile die Hand, ohne viel zu sagen.

„Wirst du eines Abends vorbeikommen?" Er fragt Old Man Wright.

Und er sagt:

"Ufer!"

Ungefähr zu diesem Zeitpunkt küsste Katherines Mutter Bonnie Bell noch mehr – sie schien nie müde zu werden, Bonnie Bell zu küssen. Dann gehen die beiden Mädchen zur Haustür, ihre Arme umeinander gelegt. Ich habe sie dort unter dem Licht stehen sehen . Nach und nach nimmt Katherine Bonnie Bells Hand und begutachtet sie. Da sind keine Ringe drauf.

„Bist du schon verlobt, Bonnie?“ sie fragt .

Bonnie Bell wurde dabei irgendwie rot.

„Nein“, sagt sie. "Bist du?"

„Nein. Mama sagt, ich sei zu jung“, sagt sie; "aber dann--"

„Ja“, sagt Bonnie Bell; "aber dann--"

Der alte Mann Wright dreht sich zu mir um, nachdem sie alle gegangen sind.

„Nun, Curly“, sagt er nachdenklich, „ich schätze, wir kommen weiter.“

„Ja“, sage ich; "aber dann--"

XIII – Sie und das Reichweitengesetz

Als sie alle nach Hause gingen, saßen wir drei eine ganze Weile in unserem Ranchzimmer und schauten auf das Feuer. Es war noch nicht Winter, aber manchmal zündeten wir das Feuer im Kamin an. Der alte Mann Wright schien an etwas zu denken oder es zu versuchen. Schließlich sagt er :

„Schwester, hol den feinzinkigen Kamm und kämme den Kopf deines Vaters – nicht wahr, Schwester?" sagt er.

„Kann Ihr Friseur das nicht für Sie erledigen?" ast sie.

„Das tut er; aber kein Friseur kann den Kopf eines Stadtrats wirklich beruhigend kämmen", sagt er, „nicht so wie sein eigenes Kind es kann. Nun könnte ein Stadtrat, der richtig beruhigt ist, dazu gebracht werden, fast alles zu tun, und ihn auf dem Kopf zu kämmen ist wie Kratzen." „Ein Schwein auf dem Rücken mit einem Maiskolben. Probieren Sie es aus, Junge; es könnte sich für Sie wie ein neues Auto oder so etwas lohnen ", sagt er.

Dann nimmt sie den Kamm und fängt an, ihm etwas den Kopf zu kämmen, und er redet weiter mit mir. Offensichtlich hatte er etwas im Kopf; So hatte er es gewohnt zu denken, wenn etwas Schwieriges dazwischenkam.

„Curly", sagt er nach einer Weile zu mir, „was würdest du sagen, wenn wir wieder die Chance hätten, auf der Circle Arrow Ranch einzukaufen?"

„Ich würde sagen, es war das Schönste auf der Welt", sagt ich. „Diese Grangers haben auf Erden keine Chance. Es dauert lange, bis man lernt, den Geist einer Kuh zu verstehen", sagt ich.

„Das nennt man bei Smith Sikeologie ", sagt Bonnie Bell.

„Nun", sage ich, „man kann nicht in nicht vier Jahren einen Kurs in Kuh - Sikeologie machen; es braucht mehr als das auf dem Schießstand, wie Ihr Vater und ich es getan haben. Sie können da draußen im Gelben nichts züchten." Bullen, aber Kühe, und sie wissen nicht, wie sie sie aufziehen sollen. Colonel", sagte ich, „ sind sie nicht aufgeschobene Zahlungen, in Ordnung?"

„Einige", sagt er. „Sie haben dieses Jahr noch nichts bezahlt und es ist längst überfällig. Sieht so aus, als ob es da Ärger geben könnte, nicht wahr?"

„Na dann", sagt Bonnie Bell, „wohin führt uns das? Schauen Sie sich diesen Ort an, schauen Sie sich alle unsere Kosten an." Dann hörte sie auf zu kämmen.

„Mach dir darüber keine Sorgen", sagt ihr Vater. „Wir haben auf andere Weise viel Geld verdient. Ich habe zum Beispiel gerade ein Angebot bekommen, unser gesamtes Land hier unten in Richtung Park für etwa das Dreifache dessen zu verkaufen, was wir dafür bezahlt haben. Das Zweite Kalvarienberg-Regiment möchte verkaufen Errichtet dort eine Kaserne oder eine Waffenkammer oder so etwas. Außerdem will ein französischer Hutmacher da rein, direkt hier unten.

"Was!" sagt Bonnie Bell. „Das würde die ganze Reihe ruinieren. Was meinst du damit?"

„Huh!" sagt ihr Vater. „Das sagen sie alle. Der alte Wisner war verrückt, als er etwas davon hörte – er wollte eine einstweilige Verfügung erlassen Er versuchte es mit uns und schaffte es nicht, loszukommen.

„Nun, Papa, ich glaube auch nicht, dass mir diese Kaserne auf unserem Land gefallen würde. Angenommen, wir denken alle ein wenig darüber nach."

„In Ordnung", sagt er. „Vielleicht gibt es auch andere Möglichkeiten, mit Dave Spaß zu haben. Das ist mir gerade eingefallen. Na ja, ich habe das Grundstück nördlich von ihnen gekauft und überlege, dort ein Altenheim zu errichten", sagt er . „Auf der anderen Straßenseite von dort überlege ich, eine Statue von Kaiser Wilhelm aufzustellen; einige meiner Wähler würden sonntags dorthin kommen und Gottesdienste abhalten", sagt er.

„Gibt es sonst noch etwas, das Ihnen durch den Kopf geht, Colonel?" Ich frage ihn.

„Nun, ich habe gerade eine Chance gesehen, in einer Filmfirma ein wenig zu spekulieren", sagt er. „Ich habe nicht viel investiert – nur zwei-, dreihunderttausend Dollar; aber ich wusste nicht, womit ich nach einer Weile etwas Geld verdienen könnte. Wie würde es dir gefallen, ein Schauspieler in unserer Firma zu sein, Curly ? " sagt er. „Das Schlimmste, was es anrichten könnte, wäre, einen Puncher zu verderben, der sowieso nie besonders gut war."

„Nein", sage ich; „Es ist zu sehr wie Arbeit."

„Na ja, wir könnten noch andere Bilder machen", sagt er zufrieden lächelnd. „Zum Beispiel könnten wir fast jeden Morgen zwei oder drei Kameras direkt gegenüber von Old Man Wisners Haus aufstellen. Wenn Old Man Wisner dann rauskommt, könnten wir ein Foto von ihm machen und ihm zeigen, wie er aussieht, wenn er mal muffelt . Oder wir könnten ein Foto von der alten Dame machen, wie sie in ihr Auto einsteigt oder aussteigt. Keine von beiden hat jetzt mehr eine mädchenhafte Figur.

„Na ja, wir könnten jede Menge Bilder machen. Wenn Sie nicht gerne viel reiten oder so etwas im Kino machen würden", sagt er, „könnten Sie sich dabei fotografieren lassen, wie Sie ein wenig achtlos an unserem Tor lehnen und über die Wisners blicken . " Zaun – zum Beispiel, mit ihrem angeheuerten Mann zu reden ... Sag mir nicht mehr den Kopf, Junge", sagt er. „Ich bin nicht bombensicher, wie du denkst."

„Dad", sagt Bonnie Bell, „ich werde dir nicht mehr den Kopf kämmen."

"Warum?" sagt er.

„Du bist ein gemeiner und rachsüchtiger alter Mann", sagt sie. „Es ist nicht richtig, dass wir unsere Nachbarn so schlecht behandeln ", sagt sie, „und das werde ich nicht zulassen."

„Ich halte mich an meine Gesetze", sagt er ruhig. „Ich muss Wisner geben, was er mir zu geben versucht. Sie kennen das Gesetz, das für uns gut genug war. Das ist das Reichweitengesetz."

„Das ist nicht die Reichweite", sagt sie.

„ Ist es nicht ?" sagt er. „Das sieht irgendwie aus wie ein Ranchhaus. Wenn du mit deinem Kamm auch über meine Kuppel fährst, wirst du, wenn ich mich nicht sehr irre, so etwas wie den Kopf eines Kuhhirten finden. Fühle gut mit deinem Daumen, Bonnie." Bell", sagt er. „Schauen Sie nach, ob Sie dort eine weiche Stelle finden können, etwa in einer Melone. Sehen Sie nach, ob Sie eine Stelle finden können, an der es sich anfühlt, als würde ich mich hinlegen und jeden gelblebigen Hurensohn versuchen zu reiten." „Mir, und ich nehme es nicht übel", sagt er. „Sie haben damit angefangen und es muss zu Ende gebracht werden – das ist das Gesetz. Glauben Sie mir, auf die eine oder andere Weise, der alte Weißkopf da drüben wird irgendwann ein guter Ochse sein, und er wird heraufkommen und meine Ochsen füttern . " Hand."

Bonnie Bell hört auf zu kämmen, geht rüber und setzt sich auf die Lounge und sagt nichts; und ich auch nicht. Wir wussten beide von dem alten Mann, als er hinter irgendjemandem her war. Er war so eine Art Sheriff . Für mich sah es nicht friedlich aus, was jetzt passieren könnte.

"Ganz und gar, mit allem Drum und Dran?" sagt er zu sich selbst. „Mit Leib und Seele – so haben wir es gemacht. Ich mag die Farbe ihrer Haare und Augen nicht. Mit Leib und Seele", sagt er, „sie müssen sich einigen! Ich will keinen Truck mit Dave Wisner, noch seine alte Dame, noch ihr Ochse, noch ihr Esel, noch ihr Diener, noch ihre Magd, noch der Fremde in ihren Toren – alles nördlich dieses Zauns ist uns feindlich und alles südlich davon ist ihnen feindlich. Es gibt keinen Übergang ."

„Ihre Magd und ihr Diener, Papa?" sagt Bonnie Bell.

"Du hast mich verstanden!"

„Was hat ihre Magd oder ihr Diener damit zu tun, Papa?" ast sie. Sie saß jetzt auf dem Sofa, den feinen Kamm in der Hand.

„Er sollte besser nichts damit zu tun haben“, sagte Old Man Wright. „Curly, du bist Vorarbeiter – pass auf, dass keiner von ihnen die Grenze überschreitet.“

„In Ordnung, Colonel“, sage ich; „Befehle sind Befehle.“

XIV – Wie ihr angeheuerter Mann zurückkommt

Es gab nur eine Sache, die die Waffenkammer davon abhielt, direkt auf unseren Blumenbeeten zu stehen. Die schwache Seite von Old Man Wright war, dass er nicht anders konnte, als eine Frau von ihm zu verlangen. Dieses Katherine-Mädchen kommt eines Tages mit der Zeitung in der Hand zu uns und sagt zu ihm:

„Sehen Sie, Colonel Wright", sagt sie, „was steht in der Zeitung? Stimmt das?"

„Wenn es nicht wahr ist", sagt er, „kann es bald der Fall sein."

„Na, Colonel Wright", sagt sie und schaut ihn mit weit aufgerissenen Augen an – und als sie Sie so ansah, konnte kein Mann anders, als sie zu mögen – „Ich wünschte, Sie würden das nicht tun, Sir – bitte!" sagt sie.

"Warum nicht?" sagt er.

„Na ja", sagt sie, „weil."

Er dreht sich um und wirft beide Hände nach oben. Danach sagte er kein Wort mehr darüber. Aber nach einer Weile zog das Kalvarienberg-Regiment woanders hin – auf ein weiteres Land, das er gekauft hatte, wie sich herausstellte. Niemand wusste, was seine Meinung geändert hatte. Es war Katherine, die erste Freundin , die Bonnie Bell in der Stadt hatte.

Weißt du, Katherine kam jetzt regelmäßig zu uns nach Hause; Sie und Bonnie Bell waren ziemlich dicht beisammen. Einmal kam Katherine ganz aufgeregt herein.

„Mein Bruder Tom kommt nächste Woche zurück", sagt sie. „ Ist das nicht in Ordnung?"

"Ist das so?" sagt Bonnie Bell. „Ich würde ihn gerne sehen."

„Tom wird bei uns wohnen", sagt Katherine, „und im Büro in der Innenstadt sein – es sei denn, er heiratet oder so etwas in der Art. Ich wünschte, er würde es tun. Jetzt wünschte ich, er würde sich verloben. Ich würde es gerne sehen." wie er sich verhalten würde. Du kannst nicht erraten, was ich möchte!"

„Nein", sagt Bonnie Bell; „Ich kann nicht."

„Nun, er sieht furchtbar gut aus", sagt Katherine. „Allerdings hat er nicht viel Verstand. Er tanzt, kann Mandoline spielen und ist viel auf der Welt herumgekommen. Er ist gutmütig, aber er raucht zu viel. Morgens ist er manchmal sauer. Aber das geht nicht." Ratet mal, was ich möchte!"

„Nein, das kann ich nicht", sagt Bonnie Bell.

Dann küsste Katherine sie und nahm ihre Hände.

„Warum", sagt sie, „es würde mir wahnsinnig gefallen, wenn du und Tom es zusammen schaffen könnten", sagt sie. „Ich denke, es wäre herrlich – absolut herrlich! Dann wären wir Schwestern, nicht wahr?" Bonnie Bell wurde sehr rot.

„Warum, wie du redest!" sagt sie. „Ich habe deinen Bruder noch nie gesehen und er hat mich noch nie gesehen."

„Ich habe ihm gesagt, dass du reizend bist", sagt Katherine. „Ich werde ihn irgendwann vorbeibringen."

„Ich weiß nicht, wie ich das zulassen könnte, nach dem, was Sie gesagt haben", sagt Bonnie Bell; „Aber wenn er so nett ist wie du, springe ich direkt in seine Kehle. Könntest du mich um etwas mehr als das bitten?"

Dann kicherten sie, hielten Händchen, aßen Süßigkeiten, tranken Tee und redeten, beide mit vollem Mund.

„Oh, schauen Sie sich das neue Auto der Wisners an!" sagt Katherine nach einer Weile und rennt zum Fenster.

Ihr Auto fuhr gerade auf den Bürgersteig am Straßenrand. Von meinem Platz aus konnte ich es sehen. Ihr Fahrer öffnete die Tür und Old Lady Wisner stieg aus; dann ein junger Mann. Sie verschwanden beide sofort hinter dem Zaun und waren von dort aus nicht mehr in ihren Garten zu sehen.

Die Mädchen waren inzwischen so weit gekommen, dass sie manchmal über die Wisners redeten . Bonnie Bell sagt jetzt:

„Warum rufst du nicht die Wisners an? mehr ?"

„Oh, weil", sagt Katherine. „Wir sind natürlich befreundet, denn die Familien leben schon so lange hier; aber Mrs. Wisner und Mama waren seit dem letzten Charity-Ball-Geschäft nicht mehr besonders herzlich."

„Das weiß ich nicht", sagt Bonnie Bell.

„Oh Herr! Ja", sagt Katherine. „Sie haben eine Weile nicht gesprochen. Weißt du, Schatz, die Wisners gehören zu unseren besten Leuten. Aber dann ist Mama eine Tochter der Revolution und eine Kolonialdame und ein Patriotensohn oder so etwas in der Art. Mrs . Wisner, sie ist nur eine Tochter und keine Dame; sie hat also keinen ganz so hohen Rang wie Mama . Einige sagten, sie habe ihre Vorfahren auch vorgetäuscht, als sie hereinkam. Wie auch immer, als sie es für die Damen versuchte , warfen sie sie nieder. Mama war damals auch Regentin oder so etwas von den Damen – nicht, dass ich glaube, dass Mama irgendetwas tun würde, was nicht fair wäre. Aber die alte

Dame Wisner hat sie damals wieder auf die Beine gestellt, und seitdem ist es schwer, sie zu beeindrucken. Wir versuchen es nicht. "

„Nun", sagt Bonnie Bell, „ist das nicht seltsam? Ich dachte, alle in der Reihe wären freundlich, außer – außer –"

„Außer den Wisners ?" lachte Katherine. „Aber machen Sie sich keine Sorgen. Es gibt viele Unterschiede in der Reihe. Sie haben ihre Meinungsverschiedenheiten. Sehen Sie, sie wollen alle Anführer sein."

„Ich weiß", sagt Bonnie Bell. „In jedem Rudelzug musste immer ein altes graues Tier mit der Glocke sein."

"Das ist es!" sagt Katherine. „Nun, all diese Anführer unserer besten Leute wollen die Glocke tragen und weitermachen. Das ist es, was Frau Wisner will – und vielleicht Mama , obwohl sie eine andere Art hat, Dinge zu tun. Mama ist eine Liebe! Du auch , Schatz; und ich wünsche Tom und dir –"

„Ich habe mich nur gefragt, wer gerade aus ihrem Auto gestiegen ist", sagt Bonnie Bell. „Aber der Zaun –"

„ Ist der Efeu auf deiner Seite deines Zauns nicht hübsch?" sagt Katherine.

Bonnie Bell stand vor ihr und blickte auf ihr Quadrat.

„Schau her, Kitty Kimberly, du bist so süß wie nur möglich und ich liebe dich, aber versuche nicht, den Bluff über diesen Zaun aufrechtzuerhalten. Sie haben ihn gebaut, um uns zu halten – um uns zu halten –"

„Na ja, vielleicht", sagt Katherine. „Aber das können sie nicht."

„Sie haben es gebaut, um uns unseren Platz zu zeigen", sagt Bonnie Bell, so mutig sie auch sein mag. „Das haben sie nicht gedacht – sie wussten es nicht –"

„Es war grausam", sagt Katherine, jetzt rot im Gesicht, sie war so wütend darüber. „Ich bin froh, dass du diesen Zaun erwähnt hast – ich konnte es nicht; aber alle meine Leute sagten, es sei das Gemeinste, was je gemacht wurde. Es war vulgär! Es war niedrig! Das sagt meine Mama. Du hast uns immer leid getan , aber wir wussten nicht wie – Aber Schatz, ich bin froh, dass du den Efeu darauf gepflanzt hast. Das zeigt, dass du verzeihst."

„Das sind wir nicht", sagt Bonnie Bell. „Davon sind wir weit entfernt – zumindest mein Vater. Er ist furchtbar, wenn man ihm in die Quere kommt. Er gibt nicht auf – er wird niemals aufgeben!"

„Das wissen wir alle", sagt Katherine. „Jeder in der Reihe tut es."

„Ich weiß nicht, wie viel Sie wissen", sagt Bonnie Bell. „Ich weiß nicht, wie viel die Leute über uns geredet haben."

„Nun, eines kann ich dir sagen", sagt Katherine. „Wir haben einiges von dem Gespräch gehört, und ich möchte sagen, dass es den Wisners nicht zugute kommt. Außer ihnen gibt es noch andere in der Stadt. Sag mir, Schatz, bist du nicht ganz Amerikaner?"

„Ja", sagt Bonnie Bell. „Ich kann eine Tochter der Revolution und eine Kolonialdame sein, und ein Patriotensohn und alles andere, was die Vorfahren betrifft."

"Könnten Sie?" sagt Katherine. „Dann schätze ich eher, dass du das tun wirst!"

„Wir kehren oft zu den Carrolls in Maryland zurück", sagt Bonnie Bell. „Sehen Sie, meine Mutter heiratete meinen Vater und ging in den Westen, und dort draußen schenkten wir solchen Dingen nicht viel Aufmerksamkeit das Heer und die Marine."

„Wie vollkommen lieb!" sagt Katherine. „Wir fangen dich als Tochter an ; das wird die alte Dame Wisner wütend machen, aber sie kann nicht anders – Mama wird sich darum kümmern. Dann machen wir dich als nächstes zu einer Dame – das wird helfen." Und wenn Sie in zwei oder drei weiteren dieser Kolonialgeschäfte sind , zu denen die Wisners keinen Zugang haben – nun, dann werde ich mich zumindest wohler fühlen.

Papa nicht verübeln , dass er den Wisners gegenüber grausam ist ", sagt sie nach einer Weile. „Wer sind eigentlich die Wisners ? Carrolls – hm! Ich schätze, das ist ungefähr so gut, als würde man aus Iowa kommen und sein Abendessen in einem Eimer tragen, während man in einem Korb anfängt, Wursthüllen zu verkaufen. Ich glaube nicht, dass es ein Packer ist." Viel nein . Wir sind in Leder.

„Aber auf Wiedersehen", sagt sie jetzt. „Ich muss nach Hause. Ich muss Mama sagen , dass sie mit den Papieren anfangen soll. Bald werde ich Tom vorbeibringen."

Eine Zeit lang passierte um unser Haus herum nicht viel. Ich habe niemanden von den Wisners gesehen und es war mir auch egal. Irgendwie aus Gewohnheit bin ich hin und wieder am Zaun auf und ab gegangen, nur um ein Auge darauf zu haben. Das tat ich eines Abends und ging zurück zu unserer Garridge , denn es schien mir, als hörte ich dort unten ein Geräusch. Es war nicht weit vom Ende der Mauer entfernt, die in der Nähe des Sees lag. Ich setzte mich hin und wartete. Mir kam es so vor, als würde jemand versuchen, ein Loch in die Wand zu schlagen. Ich konnte es plätschern hören, als würde jemand einen Meißel oder ein Brecheisen benutzen, sanft und leicht, als wollte er nicht gehört werden. Ich wartete ab, was passieren würde.

Nach und nach sah ich, wie auf unserer Seite der Mauer ein Ziegelstein herausfiel. Ich habe es einfach aufgehoben und dort hingelegt und darauf gewartet, jedem, der hinter dem Ziegelstein herkommt, den Kopf einzuschlagen, wenn er nicht erklären kann, worum es geht.

Der Kerl auf der anderen Seite arbeitete weiter. Er zog jetzt Ziegel auf seiner Seite heraus. Nach und nach konnte ich Licht durchschauen – es war noch nicht ganz dunkel im Hof. Er zog die Ziegel heraus und machte ein ziemlich kleines Loch in Bodennähe.

"Hallo!" sagt er, sanft wie. „Bist du das, Curly?“ sagt er.

„Wer bist du und was willst du?“ sagt ich.

„Ich bin der angeheuerte Mann, Jimmie“, sagt er. „Ich bin zurückgekommen.“

„Zum Teufel!“ sagt ich. „Nun, ich kann nicht mit dir reden. Warum bist du zurückgekommen? Wo warst du?“

„Draußen im Westen“, sagt er, „auf der Circle Arrow Ranch.“

"Was ist das!" sagt ich. „Was meinst du?“

„Genau das, was ich gesagt habe. Ich habe da draußen trainiert. Ich habe herausgefunden, dass ich mich ein wenig anseilen kann und nicht immer vom Pferd gefallen bin. Sehen Sie, der alte Mann besitzt viel in dieser Firma.“

„Warum hast du mir nicht gesagt, dass du da rausgehst ?“ sagt ich. „Und wie kommt es, dass diese Leute dich zurücknehmen?“

„Sie konnten nichts dagegen tun“, sagt er. „Ich habe dir gesagt, dass ich zu viel von ihnen habe. Du solltest sehen, wie die Dinge da draußen laufen! Sie mussten mich zurücknehmen.“

„Nun, warum bohrst du ein Loch in unseren Zaun?“ sagt ich. „Hör auf damit! Willst du in einem versunkenen Garten begraben werden, statt auf der einsamen Prärie ? Lass unseren Zaun in Ruhe.“

„Dein Zaun? Es ist unser Zaun. Weiß ich nicht alles darüber? Es war verdammt schade, Curly.“

„Was geht dich das etwas an?“ sagt ich zu ihm.

sich so lächerlich macht .“ Er stellte sich jetzt dicht an der Wand auf und blickte hindurch. Er redete weiter: „Wenn ich die Ziegel auf meiner Seite wieder einbaue und du auf deiner, wer weiß dann, dass das Loch da ist?“

„Wir haben Efeu auf unserer Seite“, sage ich. „Er ist grün und reicht fast bis zur Maueroberkante. Aber ich weiß jetzt nicht, warum du dieses Loch durchbrochen hast.“

„Curly", sagt er, „ich möchte Peanut durchlassen, damit er ab und zu einen guten freundschaftlichen Kampf mit meinem Hund führen kann. Manchmal ziehe ich ein paar Steine heraus. Ich denke, Peanut wird den Rest erledigen . "."

„ Peanut wird keinen Besuch mehr machen", sage ich; „Und ich habe den Befehl, keinen Lastwagen mit jemandem auf Ihrer Seite des Zauns zu haben."

Er schwieg eine ganze Weile und sagte dann:

„Ist das so, Curly?" sagt er.

„Das ist es auf jeden Fall", antwortete ich ihm. „Wenn etwas anfängt, kann man den alten Wright nicht aufhalten, bis es geklärt ist. Manchmal zahlt er die Beerdigungskosten", sage ich, „aber wenn jemand mit ihm zusammenarbeitet, habe ich nie gesehen, dass er keine Anzeichen dafür zeigt, dass er aufgibt. " „Er kann nicht", sage ich; „Keiner von diesen Wrights kann das."

„Meinst du, dass sie alle so sind, Curly?"

Ihr ganzes Gefolge , mich eingeschlossen", sage ich, „und die Diener in unserem Tor, und unser Ochse und unsere Söldnerin und alle unsere Söldner."

„Sogar die Magd vor deinen Toren?" wie er von mir.

"Ufer!" sagt ich. „Ihr Besonderes und Schlimmstes von allen."

„Aber Sie nehmen an diesem Krieg nicht teil?" sagt er.

„Genau das mache ich", sage ich zu ihm. „Dafür ist ein Vorarbeiter da. Du stopfst besser das Loch zu und bleibst auf deiner eigenen Seite des Zauns."

Er schwieg eine Weile und sagt dann:

„Ich bin verdammt, wenn ich das tue!"

„Auf Wiedersehen, Jimmie", sage ich.

„Oh, scheiße!" sagt er. „Ich werde dich von Zeit zu Zeit sehen."

Ich habe keine Antwort gegeben, außer die Steine wieder in das Loch auf unserer Seite zu stecken.

Aus meinen eigenen Gründen, da ich Old Man Wright nicht verärgern wollte, habe ich ihm nichts über dieses Loch im Zaun gesagt. Ich habe Bonnie Bell auch nichts davon gesagt, dass der angeheuerte Mann zurückgekommen sei ; Denn am letzten Tag oder so ging es ihr ganz gut, sie war aufgeweckter und fröhlicher als zuvor. Das lag natürlich daran, was Katherine ihr über ihren

Bruder Tom erzählt hatte. Natürlich hört jedes Mädchen gerne, wenn ein junger Mann vorbeikommt. Soweit jeder von uns das beurteilen konnte, könnte Tom Kimberly in Ordnung sein.

Bonnie Bell verspürte jetzt auf einmal den Wunsch, mit ihrem Boot auf den See zu fahren, und sie besteht darauf, dass unser Chauffeur und sie und ich hinuntergehen und das Boot reparieren müssen. Uns gefiel es keinem von uns besonders, aber sie meinte, sie sei schon so lange nicht mehr am See gewesen und wolle noch einmal hin, bevor es zu kalt werde.

Ich hatte keine Ahnung von Booten, aber manchmal ging ich zum Bootshaus und schaute Bonnie Bell zu, während sie am Motor oder so etwas herumbastelte. Eines Tages ging ich gegen Mittag zum Bootshaus hinunter und erwartete, sie draußen am Dock zu treffen. Plötzlich höre ich da draußen Stimmen, eine davon ihre. Dann blieb ich stehen und fragte mich, wer auf unseren Steg hätte gelangen können .

Wisners gab es keine Möglichkeit mehr, zu unserem Dock zu gelangen, weil die Tür zu ihrem Bootshaus zugenagelt war. Die Mauer verlief bis zu ihrer Garage hinab , und ihre Garage blickte auf das Bootshaus, das weiter unten lag. Die einzige Möglichkeit, von zu Hause aus zu unserem Dock zu gelangen, bestand darin, in ein Boot zu steigen und vom See aus umzufahren. Dann wäre es einfach gewesen.

Ich sagte, ich hätte Bonnie Bells Stimme gehört. Sie redete; Mit wem sie sprach, wusste ich nicht.

"Es ist alles falsch!" sagt sie. „Sie nehmen zu viel an. Natürlich habe ich Sie aus dem See gezogen – das würde ich jedem tun; aber Ihre Arbeitgeber sind keine Freunde von uns. Selbst wenn sie es wären, hätten Sie kein Recht auf der Welt, mit mir zu sprechen.“

Dann hörte ich eine andere Stimme. Ich wusste, dass es Jimmie war, ihr angeheuerter Mann. Er sprach seine Stimme, und ich hörte ihn klar und deutlich.

„Ich weiß, dass ich keines auf der Welt habe“, sagt er, „aber ich muss es tun.“

"Du darfst nicht!" sagt sie. "Geh weg!"

„Das werde ich nicht“, sagt er. „Ich kann nicht anders! Ich sage dir, ich kann nicht anders.“

Da ich Vorarbeiter war, griff ich jetzt nach einem Ziegelstein oder so etwas. Ich konnte nicht umhin zu hören, was sie sagten.

Man hatte ihn wegbeordert; Und doch redete er hier mit Bonnie!

XV – Das Gebot, das gebrochen wurde

Ich stand dicht an der Tür des Bootshauses und wollte gerade aussteigen, aber was der angeheuerte Mann zu Bonnie Bell sagte, war so nervös, dass ich aufhören musste. Außerdem wollte ich hören, was sie sagen würde, um ihm seinen Platz zu zeigen.

„Von der ersten Minute an, als ich dich sah", sagt er, „konnte ich nicht anders. Ich habe damals geschworen, dass ich dich eines Tages treffen würde, und irgendwann –"

"Ist das der Weg?" Ich hörte sie leise sagen.

„Das ist die einzige Möglichkeit, die ich habe", sagt er. „Wenn es einen besseren gäbe, würde ich ihn dann nicht nutzen? Aber welche Chance hatte ich? Ich musste einen Weg finden; sonst wäre ich kein Mensch geworden."

Sie musste einfach dastehen und ihn ansehen. Ich konnte es nicht sehen.

„Ich musste einen Weg finden, es dir zu sagen ", sagt er. „Welchen Anteil hatte ich an diesem törichten Streit? War das meine Schuld? Ich bin jetzt nur noch ein Diener; aber geben Sie mir eine Chance, da auszubrechen. Warum, als ich draußen im Westen war –"

„Warst du draußen im Westen?" sagt sie plötzlich.

„Ja, im Yellow Bull Valley, unter den Kuhhirten – unter den echten Menschen. Du bist selbst aus diesem Tal gekommen."

„Ja, das haben wir", sagt sie; „Und wir wären viel besser dort geblieben."

„Da hättest du nicht bleiben können ", sagt er. „Und außerdem, wenn du dort geblieben wärst , hätte ich dich nie getroffen, und du mich auch nicht."

„In der Tat! War das mein ganzes Glück – den Diener des Feindes meines Vaters zu treffen?"

„Das gehört mir! Ich bin nicht dein Feind. Aber angenommen, ich gehe jetzt zu deinem Vater und sage ihm – was würde er tun?"

„Vielleicht würde er dich umbringen", sagt Bonnie Bell schlicht; „Sonst würde Curly es tun."

„Ich würde keinem von beiden einen Vorwurf machen", sagt er. „Ich will nicht herumschleichen. Ich gehe wieder weg –"

„Warum bist du zurückgekommen?" Sie sagt.

„Weil mir im Herzen schlecht war. Weil ich dachte, ich könnte ab und zu hinüberschauen und dich sehen. Aber als ich zurückkam, war hier dieser verfluchte Zaun und ich konnte dich nicht mehr sehen. Ich dachte, ich würde es tun verrückt werden. Vielleicht habe ich das; ich weiß es nicht."

„Mit oder ohne Zaun", sagt Bonnie Bell, „wie könnten sich unsere Kreise kreuzen, Ihre und meine?"

„Kreise!" sagt er. „Kreise! Was sind Kreise? Ich habe mein ganzes Leben lang dieses Gerede von Kreisen gehört", sagt er. „Ich habe es überall um mich herum gesehen. Es ist Fäulnis – Fäulnis! Es ist mein Pech, so weit über mir eines zu finden."

"Mein Geld?" sagt sie verächtlich. „Ich habe viel davon."

Darauf sagte er lange Zeit kein Wort.

„Hast du das wirklich eine Minute lang von mir gedacht?" sagt er schließlich.

„Du hältst es für selbstverständlich, dass ich überhaupt an dich gedacht habe?" sagt sie.

„Ich hätte es nicht gewagt ", sagt er – und es klang durch die Tür wie die Wahrheit. „Beurteile mich nicht so!"

„Wie kann ein Mädchen das erkennen?" sagt sie. „Männer reden so mit Mädchen –"

„Haben sie mit dir gesprochen? Wer war es?"

„Meine sozialen Möglichkeiten", sagt sie langsam und verbittert, „scheinen auf den Gärtner unseres Nachbarn beschränkt zu sein."

"Nicht!" sagt er. „Oh, nicht! Ich möchte nicht, dass du verletzt wirst, nicht einmal durch deine eigene Zunge."

Ich hatte noch nie zuvor gehört, dass ein Mann einem Mädchen eine solche Ansprache gehalten hätte. Es war wirklich interessant und ich war froh, dass ich zugehört habe.

„Wie kann ein Mädchen das erkennen?" sagt sie, als würde sie mit sich selbst reden.

„ Sie kann Shorely nicht alles auf einmal sagen", antwortet er. „Ich würde dich nie bitten, mehr zu tun, als zu warten. Ich würde am liebsten weggehen und wegbleiben, bis ich an deiner Haustür hereinkommen und willkommen sein könnte", sagt er. „Ich würde dich nicht bitten, jetzt eine Sache zu entscheiden. Aber was mich betrifft, ich habe alles schon vor langer Zeit entschieden."

Sie sagte nichts.

„Was Ihr Geld betrifft", sagt er nach einer Weile, „hören Sie mir zu. Schauen Sie mich an – schauen Sie genau hin . Schauen Sie mir in die Augen. Bin ich nicht ehrlich? Sagen Sie mir – wenn Wahrheit wie meine mit Betrug verwechselt werden kann, was dann? Hat irgendein Mensch auf Erden eine Chance?"

Sie antwortete nicht und er fährt fort, als wäre er näher gekommen – ich weiß nicht, aber was er getan hat.

„Schau mir in die Augen", sagt er. „Schau mich genau an. Vielleicht hilft mir das etwas, denn an der Küste kannst du sehen, wie sehr ich –"

"Nicht!" sagt sie. "Nicht!"

Ich glaube nicht, dass sie ihm überhaupt in die Augen geschaut hat.

„Ich würde dich nicht anfassen", sagt er. „Ich würde deine Hand nicht berühren – ich würde den Saum deines Kleidungsstücks nicht berühren. Es wäre nicht richtig. Es ist vielleicht nicht richtig für mich, daran zu denken, dich wiederzusehen; aber dieses eine Mal ist es richtig."

Sie antwortete überhaupt nicht. Er kam zu dem, was ihn zu beunruhigen schien.

„Ist es das Geld?" sagt er noch einmal. „Was ist Geld, wenn man nichts anderes hat?"

„Nicht viel", sagt sie; "nicht sehr viel."

„Ich habe es nicht begehrt", sagt er. „Es ist ein weiteres Gebot, das ich gebrochen habe. Ich habe das begehrt, was meinem Nächsten gehörte. Ich habe dich begehrt – nicht mehr, so sehr! Wenn du und ich da draußen eine Hütte auf dem Yellow Bull hätten und vierzig Hektar zum Anfang mit", sagt er, „da draußen, wo die Sonne die ganze Zeit scheint und der Wind süß ist und die Berge um dich herum aufragen –"

"Nicht!" sagt sie noch einmal. „Nicht! Bitte geh weg – das kann ich nicht ertragen."

Ich konnte es auch nicht ertragen; also öffnete ich die Tür.

XVI – Wie ich Vorarbeiter war

Sie sprangen auseinander – oder noch weiter auseinander –, als ich hinausging. Sie hielten sich nicht an den Händen, aber sie musste ihn angeschaut haben und er sie.

„Miss Wright“, sage ich leise – das erste Mal in meinem Leben, dass ich sie Miss Wright genannt habe – „Miss Wright“, sage ich, „kommen Sie herauf zum Haus.“

„Curly“, sagt sie, „oh, nicht – nicht!“

Aber sie sah, dass ich keine Waffe hatte.

„Kommen Sie schnell rüber!“ sagt ich zu ihm.

„Du hast es belauscht!“ sagt er. „Du hast mitgehört, was ich gesagt habe?“

„Alles“, sage ich. „Das war meine Aufgabe. Von all den niederträchtigen Dingen, die ein Mensch jemals in seinem Leben getan hat, hast du jetzt genau das getan. Ich habe alles gehört.“

"Stoppen!" sagt er. „Das halte ich keine Minute aus.“

„Du hältst es noch viel länger aus“, sage ich. „Wenn du mir noch einmal den Zaun zeigst , bringe ich dich um!“

"Lockig!" sagt er. „Warum, Curly!“ – als wäre er überrascht. „Ist es so?“

Frauen kümmern können . Es ist meine eigene Schuld, dass das passiert ist. Ich hätte auf ihr Klo aufpassen sollen . Ich hätte dich nie auf unserem Dock zulassen dürfen. “ , geschweige denn, sich mit dir zu vermischen. Ich dachte, du wärst mehr ein Mann als dieser“, sagt ich.

Als ich das sagte, sprang Bonnie Bell auf, warf ihre Arme um meinen Hals und hielt mich mit beiden Händen fest.

„Curly“, sagt sie, „hör auf! Das lasse ich nicht. Hör auf, sage ich!“

„Das und noch viel mehr wirst du haben“, sage ich zu ihr, „bis die Sache geklärt ist. Lass mich mit ihm allein. Haben dein Vater und ich nicht unser Leben für dich aufgegeben? Das ist ein guter Handel, du.“ Wir versuchen es zu schaffen; uns gegen so einen niederträchtigen Feigling einzutauschen. Sie haben diesen Zaun gebaut, nicht wir. Die Hölle könnte zufrieren, bevor dein Vater oder ich jemals darüber hinwegkommen würden; aber hier redest du so, wie du es getan hast ihr angeheuerter Mann – der sich hierher geschlichen hat, um dich zu treffen.“

Er gab nichts zurück, obwohl er nicht sofort sprechen konnte.

"Mach langsam!" sagt er. „Curly, sei vorsichtig! Ich hatte keine andere Chance."

„Gibt es sonst noch eine Chance?" Sagte ich. „Wofür? Mit einem Mädchen schlafen, das nicht viel Erfahrung hat – mit ihr schlafen, weil sie eine Menge Geld hat? Ich habe in meinem Leben schon einiges an Dreck erlebt", sage ich , „aber das ist der niedrigste Tiefpunkt, den ich je gesehen habe", sage ich.

„Und Bonnie Bell", sage ich – sie hielt mich immer noch um den Hals, hielt meine Arme fest, und ich wollte ihr nicht wehtun – „wie soll ich es dem alten Mann sagen? Du weißt, dass ich kommen muss." „Du, das Mädchen, das wir so sehr geliebt haben, Bonnie Bell", sagte ich, „wir hätten nie gedacht, dass du dich unter dein eigenes Niveau einstufen würdest."

„Das hat sie nicht!" sagt er, dann plötzlich. „Es war nicht ihre Schuld. Sie hat mir nichts versprochen, und das wissen Sie. Sie ist an nichts schuld, und das wissen Sie auch. Sie hat kein Wort gesagt, das sie vorher nicht sagen konnte." die ganze Welt. Was willst du mehr? Sie ist ein zu gutes Mädchen, um das Schlimmste davon zu ertragen. Ihr Vater ist ein zu guter Mann, um auch das Schlimmste davon zu ertragen. Sie würde es nie zulassen."

„Das wird sie nicht tun müssen", sage ich. „Darum kümmere ich mich. Das ist meine Sache."

„Curly", sagt sie, „was wirst du tun? Liebst du meinen Vater überhaupt nicht – oder mich? Du bist wie ein anderer Vater für mich. Und ich habe dich geliebt und werde es immer tun, was auch immer." was du mir antust.

Ich konnte ihre Arme nicht senken – ich war nicht sehr stark, weil ich nachdachte.

„Wenn du es meinem Vater erzählst ", sagt sie, „würdest du ihm das Herz brechen. Vertusche es für mich, Curly – ich habe nichts versprochen. Aber, oh, Curly, ich wollte niemandem Schaden zufügen; und Ich werde nie mehr glücklich sein .

„Sie sehen, was Sie getan haben!" sage ich nach einer Weile zu ihm.

Er wurde jetzt weiß statt rot.

„Wie soll ich das wieder gutmachen? Ich kann es nicht ertragen, sie so reden zu hören", sagt er.

„Wessen Sache ist es, wie sie redet?" sagt ich zu ihm. „Verdammt! Welches Recht hast du, hierher zu kommen und sie für eine Minute unglücklich zu machen? Wusstest du nicht, wie sehr wir sie liebten?"

„Jeder tut es", sagt er. „Bis ich sterbe, werde ich das tun. Wie kann ich ihr besser helfen als du? Und wenn ich ihr jetzt wehgetan habe", sagt er, „so tue Gott mir das und noch mehr. Aber ich habe es erklärt." „Ich werde kein Wort zurücknehmen. Ich habe damals nicht gelogen und werde es auch heute nicht tun."

Er schien spielbereit zu sein. Doch solange es nur ums Gerede geht, kann man nicht immer sagen, wie groß der Bluff eines Mannes ist.

„Wenn es sie glücklich macht, dass ich weggehe und nie wieder zurückkomme", sagt er, „werde ich das tun. Ich möchte kein Spiel spielen, außer auf dem Platz. Fange nichts an, was dazu in der Lage ist." „wird nie wieder repariert werden", sagt er.

„Jetzt hat es angefangen", sage ich. „Vielleicht kannst du ein Mädchen ausreden, aber wir können nicht."

„Was wirst du tun, Bonnie Bell?" sage ich zu ihr, und ich nahm nun ihre Hände in meine. „Du hast mich gehört, und du hast ihn gehört. Was willst du, ihn oder uns – uns, die dich geliebt haben und dir alles gegeben haben, was wir hatten, oder ihn, diesen Feigling hier, der von hinten kommt – unseren schlimmsten Feind angeheuerter Mann? Du musst dich entscheiden."

Da spürte ich, wie sie sich von meinem Hals löste. Sie hatte mich die ganze Zeit fest im Griff, sodass ich nichts tun konnte. Ich sah auf sie herab und sie war ganz locker und weiß. Ich vermute, dass sie ohnmächtig wurde, obwohl ich das noch nie zuvor bei jemandem gesehen habe.

Ich legte sie auf die Bretter und mir war jetzt so kalt, dass ich kein Wort sagen konnte . Ich habe mich schon früher so gefühlt. Dann gibt es kein Gesetz. Aber er war weiß wie sie.

„Curly", sagt er, „was haben wir dem armen Kind angetan?"

„Sie ist nicht dein Porenkind", sage ich; und als ich sie in meinen Armen hielt und ich hilflos war, wurde mir heiß in den Augen. „Sie ist unser Porenkind. Halt die Klappe und geh nach Hause!"

Er ging nicht nach Hause, sondern holte etwas Wasser in seinen Hut.

„Es ist grausam, grausam – es war alles grausam für sie, die das Beste verdient, was das Leben geben kann. Kannst du mir nicht glauben, Mann?" sagt er.

Sie konnte uns jetzt nicht hören, und selbst das Wasser, das ich ihr ins Gesicht goss, weckte sie nicht. Ich würde nicht zulassen, dass er sie berührt.

„Herr, hilf uns allen!“ sage ich. „Im Moment ist es schwer zu sagen, was das Beste ist. Sagen Sie mir “, sagte ich, „gab es etwas, das ich nicht gehört habe? Hat sie Ihnen irgendetwas versprochen?“

„Kein Wort“, sagt er – „kein Wort.“

„Das ist ein Glück“, sage ich. „Der Circle Arrow hat nie sein Wort gebrochen. Ich bin froh, dass sie dir nichts versprochen hat“, sage ich.

„Jetzt ist nichts mehr wichtig“, sagt er.

Er setzte sich wieder auf die Fersen und sah mich auf eine Weise an, die ich nicht ertragen konnte – während wir uns beide über sie beugten und versuchten, sie zur Ruhe zu bringen.

„Ich bin besser als du denkst“, sagt er nach einer Weile. „Das alles geschah, weil die Dinge kreuz und quer liefen .“

„Du hast das Spiel so seltsam gemacht, wie du es gespielt hast“, sage ich zu ihm. „Der Kreispfeil spielt weit offen, mit allen Karten auf dem Tisch. Es ist höllisch, wie das Glück manchmal in einem quadratischen Spiel läuft! Die Haustür ist der Ort für einen Mann, der mit einem Mädchen spricht – wie Katherine Kimberly, die hereinkommt, oder ihr Bruder Tom.“

„Kennt sie ihn?“ sagt er plötzlich.

„Das ist unsere Sache“, sage ich. Ich übergoss Bonnie Bell immer noch mit Wasser.

„Ja“, sagt er, „das stimmt. Er ist nicht der Diener deines Feindes.“

Ungefähr zu diesem Zeitpunkt begann Bonnie Bell, ihre Hände zu bewegen, und ich hob sie auf meine Knie. Sie saß da und sah ihm ins Gesicht.

„Junge“, sage ich, „du brauchst dir nicht die Augen zu reiben und zu fragen : ‚Wo bin ich?‘ Ich sage es dir. Du steckst mitten in einem höllischen Durcheinander!“

XVII – Er und die Haustür

Ich schickte das Kind die Treppe hinauf in sein Zimmer, um darüber nachzudenken. Dann setzte ich mich in unser Zimmer auf der Ranch, um nachzudenken, denn ich wusste kaum, was ich tun sollte.

Während ich dort saß, kam Old Man Wright persönlich aus der Innenstadt und war so froh, dass ich an Land war, dass er sich einen neuen Teufel für seinen Nachbarn Wisner ausgedacht hatte.

„Nun, Curly", sagt er, „was weißt du?"

„Ich kenne nichts Angenehmes", sage ich.

„Huh!" sagt er. „Magst du das Essen hier nicht mehr, oder was ist das?"

„Mir gefällt nichts mehr an dem Ort", sage ich. „Ich wünschte, du würdest den Circle Arrow sofort abschotten und wir würden alle dorthin zurückkehren", sage ich. „Natürlich würdest du das nicht tun, aber . " Da übersehen Sie eine große Wette, Colonel.

Er sieht mich ernst an.

„Ist es so schlimm , Curly?" sagt er. „Manchmal habe ich selbst das Gefühl , dass ich das nicht kann , obwohl ich so beschäftigt bin, dass ich es vielleicht besser aushalte als du. Aber was für einen Kick hast du? Du hast nichts zu tun – nimm alles in den Griff, ich habe noch nie einen Vorarbeiter gesehen."
„Das hatte weniger", sagt er.

„Huh!" sagt ich. „Das ist alles, was du weißt."

„Weiß ich nicht alles, was es zu wissen gibt?" er fragt mich.

„Nein, das tust du nicht", sage ich. „Muss ich nicht über unseren Grenzzaun fahren und ist das nicht der schlimmste, den ich je in meinem Leben bereist habe?"

„Lass dich davon nicht stören, mein Sohn", sagt er. „Darüber werde ich mir Sorgen machen."

das nun sagte, begann ich daran zu denken, was er mein ganzes Leben lang für mich getan hatte; darüber, wie er alle Rechnungen bezahlt, die Verantwortung übernommen und mir meinen Lohn gegeben hat. Ich wollte ihn jetzt nicht auf die Palme bringen, indem ich ihm erzählte, was ich ihm gerade sagen wollte. Ich wusste , wenn ich ihm sagen würde, dass sein Mädchen sowieso gegen seinen Willen gehandelt hatte, würde es ihn fast umbringen – und was das betrifft! Aber ich argumentierte, dass ich es ihm sagen musste. Dann dachte ich, dass das, was ein Cowpuncher absichtlich zu dem Schluss kommt, höchstwahrscheinlich das Falsche sein könnte. Wohin führt mich das? Zum ersten Mal in meinem Leben wusste ich nicht, ob ich meine eigene Wette unterstützen oder senken sollte.

Der alte Mann hat es jedenfalls eine Weile hinausgezögert. Er geht zum Tisch und fängt an, seine Pfeife zu stopfen.

jetzt nicht zwangsvollstrecken, wenn ich wollte – sie haben ihre aufgeschobene Zahlung für dieses Jahr bezahlt. Der alte Wisner, er hat Unterstützung von drei Banken bekommen und ist durchgekommen. Das geht." Nur noch eine Zahlung. Es wird nicht lange dauern, bis irgendjemand auf der Strecke bleibt, aber wir werden es nicht sein.

„Nein", sage ich; „Das werden die Grangers sein."

„Es sind nicht sie, die das Schlimmste davontragen werden – es ist Old Man Wisner", sagt er. „Was uns betrifft, wir können nicht mehr dorthin zurückkehren – wir sind jetzt Stadtmenschen. Ich muss hier bleiben, um Old Man Wisner eine Weile zu beobachten, und du musst diesen Zaun überqueren."

„Wo ist Bonnie Bell?" sagt er dann.

„Huh!" sagt ich. „Wo ist sie? Das würde ich auch gerne wissen."

„Schließlich", sagt er, während er raucht und in den Kamin blickt, „das Mädchen hat mich in letzter Zeit zum Rätseln gebracht. Sie sieht nicht gut aus. Mal ist sie oben und mal unten – ihre Taten verfolgen nichts." Wenn ich es nicht besser wüsste , würde ich sagen, dass sie verliebt ist. Das kann nicht sein, denn es gab keine Chance."

„Nun", sage ich, „es gibt noch andere Arten von Zahlungsaufschüben, nicht wahr, Colonel?"

„Vielleicht", sagt er seufzend. „Wir lassen es so laufen, wie es ist; viel können wir nicht ändern. Meistens findet ein hübsches Mädchen irgendwo oder irgendwie jemanden; oder irgendwann –"

„ Ist das nicht die Wahrheit Gottes, Colonel!" sagt ich.

Ich war kurz davor, ihm alles zu erzählen, was ich wusste.

„Wenn sie nur vor den Haien sicher wäre!" sagt er. „Wenn ich einen jungen Mann finden würde, von dem ich dachte, er sei hinter ihrem Geld her, nicht hinter ihr – ich weiß nicht, was ich mit ihm machen würde!"

„Ich weiß, was Sie tun würden, Colonel", sage ich; und ich war froh, dass ich es ihm nicht gesagt hatte.

„Na ja, vielleicht. Das Problem besteht darin, einen jungen Mann zu finden, der auch nur halbwegs so gut ist wie sie, mit Leuten hinter ihm und einer

Möglichkeit, seinen Lebensunterhalt zu verdienen. Siehst du, Curly, darüber kannst du nicht viel erzählen Dinge, die zehn oder zwanzig Jahre in der Zukunft liegen. Ein Porenmensch kann Geld bekommen, oder ein reicher Mann kann Geld verlieren. Jetzt hat ihre Mutter mich geheiratet, als ich überhaupt keine Chance auf der Welt hatte, jemals jemand zu sein oder Geld zu haben; aber wir kamen miteinander klar und war richtig glücklich – jedenfalls war ich es – und ich war damals noch nicht reich.

„Ich bin jetzt schrecklich reich, Curly", sagt er, „obwohl ich es nicht weiß, weil ich glücklicher bin. Es langweilt mich. Ich habe mich heute zum Beispiel nach einer Möglichkeit umgesehen, etwas mehr Geld zu investieren; Nicht viel, nur etwa die Hälfte der hier eingegangenen letzten aufgeschobenen Zahlung – alles Geld von Old Man Wisner – und ich habe in den Zeitungen gesehen , dass wir in Amerika keine nennenswerten Kaliwerke haben und dass Kali an Land wert ist jede Menge Geld – was auch immer Kali ist. Also habe ich mir die Dinge angeschaut und bin zu dem Schluss gekommen, ein paar Hunderttausend Dollar in die Herstellung von Kali zu investieren. Ich habe einen guten Mann mit Spezialkenntnissen, der weiß, wie man es aus Seetang herstellt , oder etwas, das roh wächst und reichlich vorhanden ist, schätze ich. Ich schätze, wir werden bald vierzig bis fünfzig Prozent herstellen, vielleicht auch mehr. Das ist es, was mich stört – ich kann kein schwieriges Spiel zum Spielen finden. Ich kann' Ich kann mich kaum für das Leben interessieren.

„Ich habe mich noch ein wenig umgesehen und festgestellt , dass es in diesem Land keine Färbereien gibt – die Art von Farbstoffen, die dort aus Steinkohlenteer hergestellt werden , der aus Steinkohle hergestellt wird. Dennoch haben wir jede Menge Kohle und ich besitze mehrere Kohlefabriken." Minen draußen in Wyoming. Ich habe einen anderen Mann mit Brillen, und ich würde mich nicht wundern, wenn wir bald viele Farbstoffe herstellen würden, so wie sie früher importiert wurden.

„Nun", sagt er und stopft seine Pfeife erneut, „ich würde gerne so herumalbern und ab und zu ein paar weiße Schecks einwerfen – ein paar hunderttausend Dollar. Wie auch immer, ich würde es mögen, wenn." Hin und wieder könnte ich verlieren – aber dann ist da noch der Junge."

„Es kommt ihr doch klar, Colonel, nicht wahr?" sagt ich.

„Das stimmt", sagt er. „Ich spiele das Spiel; sie verwendet den Gewinn. Sie wird eines der reichsten Mädchen in der ganzen Stadt sein."

Es scheint, als hätte ich es nicht geschafft, ihm zu sagen, was ich sagen sollte. Jedes Mal kam er an die gleiche Stelle und redete über den Jungen. Er wusste nicht so viel wie ich. Ich wusste, was Old Man Wisner zum glücklichsten Mann der Welt machen würde – er würde sich so fühlen, wenn er wüsste, dass sein angeheuerter Mann mit unserem Mädchen in Konflikt geraten war! Er hätte das auf jede erdenkliche Weise gefördert, wenn er etwas darüber gewusst hätte. Das würde ihm gefallen . Ich dachte auch daran, wie Bonnie Bell diesen angeheuerten Mann angesehen hatte. Also setzte ich mich hin, obwohl ich noch kein Wort gesagt hatte und es auch nicht wagte. Es kam mir einfach so vor, als könnte ich es dem alten Mann nicht sagen.

Es ging schon bald auf die Nacht zu und ich hatte überhaupt keine Pause gemacht. Ich setzte und setzte und hatte keine Nerven. Nach und nach war es an diesem Abend zu spät, etwas zu sagen.

Wir hörten Bonnie Bell die Treppe herunterkommen und gingen zur Tür, um sie zu treffen, wie wir es immer taten, weil wir das gerne taten; Sie war so hübsch, als sie zum Abendessen bereit war. Die Bediensteten schauten nicht besonders zu ihrem Vater und mir auf, aber sie sprangen ständig für sie durch die Reifen.

Sie trug jetzt ein blassblaues Kleid aus einer Art weicher Seide und trug alle ihre Diamanten, denn sie glänzte am ganzen Körper. Ihr Haar war hochgesteckt und hatte ein kleines Band daran, und ein kleiner Haufen davon ragte hinten auf ihrem Kopf hervor. Ihr Hals war tief ausgeschnitten, so wie man sie in dem Hotel trug, in dem wir einst lebten, und ihr Kleid hatte keine Ärmel. Sie hatte Ringe an den Fingern, aber keine Glöckchen an den Zehen – nur kleine blaue Hausschuhe; und ihre Socken waren blassblau, wie wir sehen konnten, als sie die Treppe herunterkam.

Ich gehe nicht davon aus, dass es auf der Welt eine schönere Frau gab als damals – man macht sie nicht schöner. Wir standen da und schauten sie an, wir zwei Kuhhirten, beide in Kleidung, die ständig durcheinander geriet, und mit Tabak in den Taschen. Wir konnten kein Wort sagen. Wir hatten Angst vor ihr, sagte ich; Das würde man oft tun, wenn man Bonnie Bell ansah, sie war so hübsch. Doch sie wusste nicht, dass sie so aussah.

„Tochter", sagt Old Man Wright und geht langsam auf sie zu, als hätte er Angst vor ihr, „du bist heute Abend sehr schön", sagt er. „Was macht dich blass? Du bist ein wirklich schönes Mädchen. Dass du deinen alten Vater küsst, bevor er reingeht und sich zum Essen mit dir anzieht?"

Sie sieht mich und dann ihn an und weiß, dass ich über das Gespräch mit dem angeheuerten Mann nichts gesagt habe. Sie war blass und lächelte nicht. Sie ging zu ihrem Vater, als wäre sie müde – sie hatte in dieser Nacht nicht viel Farbe im Gesicht – und legte einfach ihre Arme um den Hals ihres Vaters und legte ihren Kopf auf seine Schulter und sagte kein Wort Wort. Sie weinte nicht; sie ließ einfach ihren Kopf liegen.

Ich sah , wie er seinen Arm locker um ihre nackten Schultern legte – er berührte sie kaum, aus Angst, sie könnte zerbrechen; und er sagte kein Wort.

Er war so ein Mann, dass fast jede Frau am liebsten ihre Arme um seinen Hals legen und ihren Kopf auf ihn legen würde, wenn sie in Schwierigkeiten wäre.

„Was ist los, Schatz?" sagt er schließlich.

„Warum, nichts, Papa", sagt sie. „Ich liebe dich – das ist alles. Du glaubst es, nicht wahr?"

„Wirst du das immer, Schwesterchen?" sagt er, irgendwie komisch.

„Immer", sagt sie leise. „Jetzt", sagt sie, „lauf los und zieh dich schick an. Hast du vergessen, dass die Kimberlys heute Abend mit uns zum Abendessen kommen? Curly, du musst dir unbedingt dunkle Klamotten anziehen, weißt du."

Sehen Sie, ich gehörte zur Familie. Ich habe ihnen vielleicht viel Ärger gemacht, aber sie ließen mich nie irgendwo essen , außer die ganze Zeit bei ihnen zu sein. Mittlerweile hatte ich von Bonnie Bell einiges gelernt – darüber, wie man eine Serviette nicht zu hoch aufstellt, oder wie man mein Brot nicht in kleine Stücke zerbricht und sie auftürmt, oder wie man meinen Kaffee ausgießt oder wie man sie verwendet derselbe Löffel für Kaffee und andere Kleinigkeiten oder um meinen Teller für den letzten Tropfen Suppe, der darin war, hochzuschieben – ach, mehrere solcher Tricks; obwohl ich wusste, dass das Spiel sehr kompliziert war und ich noch nicht alles gelernt hatte.

Sie schaut mich an, als ich zur Tür hinausging, und ich schüttelte den Kopf, um zu zeigen, dass ich nichts gesagt hatte. Sie ließ sich, ganz in ihrer Seide und ihren glänzenden Ringen und anderen Dingen, direkt auf unserem alten Versteck nieder. und sie betrachtete unser Gemälde vom Yellow Bull Valley und dem alten Ranchhaus. Ich habe sie dort zurückgelassen, ganz in ihren Diamanten, die Haare hochgebunden – ungefähr das reichste Mädchen in Chicago und, wie genug, das elendeste Mädchen dieser Zeit. Aber sie hatte damals nichts gegen mich.

Als wir zurückkamen und alles so gut wie möglich hergerichtet hatten, saß sie immer noch da. Sie war hübsch – Herr, wie hübsch! –, aber traurig.

Sie steht jetzt auf und fängt an zu lachen und schnell mit dem alten Mann zu reden, und nach und nach, bevor etwas kaputt ging, kamen der alte Mann Kimberly und die alte Dame Kimberly herein.

„Die jungen Leute werden bald vorbei sein", sagt er; „Wir haben nicht auf sie gewartet , weil ich nur den alten Bourbon probieren wollte, den ich hier finde und nirgendwo anders finden kann. Wo haben Sie ihn her, Colonel?" sagt er.

Mittlerweile nannten ihn fast alle Colonel, zuerst ich und dann Katherine.

„Wir hatten ein paar Fässer draußen auf der alten Ranch", sagt der Chef. „Ein wenig davon ist bei dem Massaker entkommen . Ich freue mich, dass es dir gefällt."

Jetzt ist es Zeit für das Abendessen, das immer pünktlich serviert wurde. Auf der Ranch im Camp ruft der Koch immer „Essenhaufen!" für die Hände. Auf der heimischen Ranch ist er wählerischer und sagt: „Komm und hol es dir!" wenn das Abendessen fertig ist. Aber hier, in unserem neuen Haus, kam unser Butler William immer herein und sagte es so leise, dass man ihn kaum hören konnte: „Das Abendessen ist serviert, Miss Wright." Aber da die Kinder etwas zu spät kamen, findet Old Man Kimberly Zeit, noch einen Schluck zu nehmen.

„Warum, Wilfred!" sagt seine Frau zu ihm: „Ich bin überrascht!"

„Es ist lustig, wie überrascht du bist", sagt er und lacht in seinem Hemd. „Aber ich freue mich, dass Sie meinen Ruf aufrechterhalten, indem Sie sagen, dass Sie überrascht sind."

Irgendwie war es bei ihnen wie bei vielen Leuten in den Staaten – die Frauen wirken immer feiner, feinfühliger als die Männer; Dennoch scheinen sie Männer zu mögen, die nicht wählerisch sind. Der alte Mann Kimberly war ein guter Kerl; aber wenn man sie ansieht, würde man sich fragen, warum sie ihn geheiratet hat. Sie stellte sich immer aufrecht hin, weg von einem Stuhl oder einer Sofalehne, und ihr Gesicht war klar geschnitten, wie eines dieser Cameo-Gesichter auf Manschettenknöpfen. Katherine war in gewisser Weise wie ihr Vater, und außerdem eine gute Sorte.

„Wie süß du heute Abend aussiehst!" sagt Old Lady Kimberly nach einer Weile zu Bonnie Bell.

Sie schien immer den Wunsch verspürt zu haben, Bonnie Bell zu berühren und sie ab und zu zu küssen – sie mochten sich von Natur aus – ganz besonders Bonnie Bell, weil sie nie eine eigene Mutter hatte, ganz besonders.

Aber nach einer Weile kam unser William zur Tür und stand da, als wäre er ein Vorstehhund und hätte ein paar Vögel gefunden; und sagt er, mit einer Pause dazwischen, wie er es immer tat:

„Miss Kimberly – ähm ! Mr. Thomas Kimberly – ähm !"

XVIII – Wie sich Tom geschlagen hat

Ich schätze, wenn Katherines Bruder, Tom Kimberly, gewusst hätte , wie sehr wir auf einen Blick auf ihn warteten , wäre er vielleicht etwas aufgeregt gewesen; Aber als unser William ihn und Katherine hereinbrachte, schien er nicht verunsichert zu sein.

Er war ein ziemlich großer junger Kerl, vielleicht etwa vierundzwanzig Jahre alt, schlank und mit einem breiten Mund. Er hatte reichlich braunes Haar, das er ohne Scheitel aus der Stirn zurückkämmte. Er war so gekleidet, wie es Städter zum Abendessen tun, und seine Krawatte war nicht nachlässig gebunden, sondern sehr vorsichtig. Er sah einem Bild in einer Schneiderei sehr ähnlich. Seine Hände schienen ihn nicht einmal so zu stören wie meine manchmal – ich wünschte oft, ein Mann könnte vierzig Taschen haben, in die er alle seine Hände stecken könnte.

Als er Bonnie Bell sah , strahlte er. Katherine eilte zu ihm und legte ihre Hand auf Bonnie Bells Arm.

„Schatz“, sagt sie zu Bonnie Bell, „ich habe meinen Bruder Tom mitgebracht; und ich möchte, dass du ihn magst und ich möchte, dass er dich mag.“

„Das wird das Einfachste sein, was Sie wissen“, sagt er lächelnd.

Er hatte richtig gute Zähne. Bonnie Bell reichte ihm die Hand, den Arm ausgestreckt, und ich fand nicht, dass sie ihm sehr heftig die Hand schüttelte; aber er tat es. Er sah sie weiterhin an, als wäre er fasziniert . Es war deutlich zu sehen, dass der Junge ihn in der ersten Runde in der Klemme hatte.

Wir gingen gleich weiter in den großen Speisesaal. Dies war das erste Mal, dass die Kimberlys unser Haus besuchten, mit Ausnahme von Keksen, Tee und Dingen im Salon oder im Ranch-Zimmer. Als Frau Kimberly in unser großes Esszimmer kam, warf sie einen Blick von oben bis unten. Vielleicht hatte sie die ganze Zeit gedacht, dass es wie das Ranch-Zimmer sei. Das zeigte, wie wenig sie über Bonnie Bell wusste.

Sie wurden zu zweit arrangiert, solange die Frauen lebten – dieser Tom und Bonnie Bell natürlich zusammen; und Mrs. Kimberly und Old Man Wright; und dann Katherine und ich und Old Man Kimberly. William half der alten Dame Kimberly und Bonnie Bell, sich niederzulassen, als hätten sie Rheuma, und ich tat, was ich konnte, für Katherine, da sie und ich ziemlich gute Freunde waren. Der alte Mann Kimberly fand seinen Cocktail ohne Hilfe. Schon bald machte er sich auf den Weg, um eine angenehme Zeit zu verbringen, er.

Wir hatten ein gutes Esszimmer – groß, mit weißen Verzierungen – und einige Teppiche, die bis zu zweitausend Dollar pro Stück kosteten, und Stühle, die zum Tisch passten, und jede Menge Bilder.

Ich war jetzt viel unter unseren besten Leuten und mir ist aufgefallen, dass man nicht gut ist, wenn man nicht ein paar Bilder von Schafen in seinem Haus hat. Jeder Künstler, der nur ein Naturtalent ist, muss Schafe malen; Dennoch ist das die gemeinste Anermalie, die es gibt, und ich verstehe nicht, warum ein besonderer Kuhhirte Schafe in seinem Haus haben sollte. Aber wir haben es getan, weil es richtig war – obwohl ich noch nie Schafsfleisch gegessen habe. Außerdem ein paar Gondeln, von einigen Italienern, in der Nähe der Schafe.

Wenn Sie ein gutes Haus haben, müssen Sie außerdem ein Bild über die Dämmerung an einem See haben, mit einem umgestürzten Baum darauf und etwas Unkraut und einem Kranich, der da steht, als hätte er keine Freunde. Wir hatten auch eines dieser Kranbilder.

Als die alte Dame Kimberly sah, dass wir wie alle anderen Schafe, Gondeln, Unkraut und Kräne in unserem Haus hatten, schien sie sich wohler zu fühlen. Ich erzählte Katherine einige Dinge, die ich über Kunst herausgefunden hatte, und sie wäre fast an ihrer Suppe erstickt und sagte, ich sei furchtbar lustig, obwohl ich es ernst meinte.

„Alles, was du hast", sagt sie, „ist absolut herrlich."

„Sie hat es geschafft", sage ich, was wahr ist. Der alte Mann und ich hätten, wenn wir allein gelassen worden wären , nie auch nur ein Bild von Schafen im ganzen Haus gehabt.

Sie waren schon oft bei Abendessen in Städten dabei, wo nicht alles in großen Schüsseln auf dem Tisch stand, wie auf einer Ranch, sondern nur ein bisschen auf einmal; Sie müssen also regelmäßig raten, ob Sie von den Dingen, die später kommen, genug zu essen bekommen. Wir waren ziemlich gut ausgebildet, Old Man Wright und ich, seit wir in unser neues Haus gekommen sind, denn Bonnie Bell und William und alle anderen betreiben ein reguläres Stadtsystem für uns.

Bonnie Bell war so unkompliziert, wie Mrs. Kimberly es bei ihr zu Hause getan hätte . Sie musste kein Wort zu William sagen; Er war ein Butler – ich schätze, er war so gut wie jeder andere in der Reihe. Ich schätze, er wurde als Waise geboren, er sah so traurig aus.

Wir hatten eine Schildkrötensuppe, die besser ist , als man denkt, um eine Schildkröte anzusehen. Danach gab es Fisch, den ich nicht benennen konnte. Dann gab es Enten und Kartoffeln, zusammengegart, so dass man sie nicht unterscheiden konnte, und jede Menge andere Vögel mit aufgesetzten

Sachen; und Luzerne, vielleicht mit Kerosin darauf. Nach einer Weile kommt Weichkäse mit Erdbeeren und noch weicherer Käse mit kleinen geschnittenen Zwiebeln, falls Ihnen das besser gefallen hat – ich kann mich jetzt nicht mehr an alle Dinge erinnern oder wie sie zustande kommen, aber wir waren ein paar Stunden dort und bekamen reichlich zu essen, bevor wir aufhörten. Außerdem bekam Old Man Kimberly viel zu trinken. Er sagt zum Chef:

„Sie werden mich entschuldigen, Colonel", sagt er, „aber ich kann nicht umhin, ein Wort zugunsten Ihrer Weinauswahl zu verlieren."

Und dann – „Wilfred!" sagt seine Frau, als wäre es unhöflich zu sagen, dass dir Dinge gefallen.

Da Katherine die ganze Zeit mit mir redete und Tom außer Bonnie Bell nichts sehen konnte, war die ganze Party meiner Meinung nach ziemlich gut geeignet.

Nach dem Abendessen, während wir im Ranch-Zimmer saßen – das allen so gut gefiel – und Sherry oder Kaffee oder beides oder vielleicht Scotch trinken konnten, sagte Mrs. Kimberly immer wieder zu dem alten Mann :

„Wilfred, ich bin überrascht!"

„ Ich bin es auch , meine Liebe", sagt er, „überrascht, dass wir noch nie die ganze Zeit hier waren. Du kannst uns jetzt als Steadys bezeichnen", sagt er.

Wir hatten in der Mitte des Hauses, außerhalb des Ranchraums, einen langen Raum mit einem Klavier darin, einem glatten Boden und Teppichen, die man leicht wegschieben konnte. Für sie würde nichts helfen , aber sie müssen jetzt tanzen gehen. Manchmal spielte Katherine Klavier und manchmal Bonnie Bell; Sie konnte ein Klavier spielen , wann immer sie wollte. Sie konnte nicht viel spielen, weil Tom die ganze Zeit mit ihr tanzen wollte – Truthahntrott, glaube ich, oder Foxhops oder so etwas in der Art.

Scheint, als könnte sie das auch, denn sie hatte Unterricht in der Innenstadt. Als Katherine Old Man Wright dazu brachte, mit ihr zu tanzen, war niemand mehr da, der mitspielen konnte; Also stellten wir eine Spieluhr in Gang, und Katherine ließ mich auch auf einer Maultrommel spielen.

Tom Kimberly beherrschte sicherlich alle fortgeschrittenen Tanzschritte; Das war eine Sache, die er tun konnte. Während er und Bonnie Bell tanzten, konnte ich sehen, wie alle alten Leute sie ruhig ansahen. Es war offensichtlich, dass es ihm bei Bonnie Bell sehr schlecht ging. Ab und zu schaute er Old Man Wright an – auch aus der Nähe. Was Bonnie Bell betrifft, sie war freundlich, wie sie es immer war; aber es schien mir, dass sie nicht so viel lachte wie sonst. Wir alle zeigten unsere Waren .

Als sie zum Abschied kamen, umarmte Katherine Bonnie Bell fester als je zuvor, und der alte Mann Kimberly hielt eine ganze Weile ihre Hand.

„Du wirst Mitleid mit einem alten Mann haben, nicht wahr", sagt er, „und uns oft besuchen? Das musst du wirklich."

„Ja, meine Liebe", sagt Frau Kimberly; „Kommt und bringt uns manchmal in Schwung. Es war sehr schön zu sehen, wie ihr jungen Leute euch so viel Spaß macht – und euch alten Leuten auch", sagt sie und lacht über ihren Mann, der vielleicht etwas erleuchtet ist.

Als sie weggingen, wurde mir klar, dass unser Haus besser geworden war , als sie erwartet hatten. Auch Bonnie Bell hätte es mit Sicherheit mehr als gut gemacht, wenn sie für sie auf der Inspektion gewesen wäre , genau wie Tom Kimberly bei uns . Ebenso denke ich, dass unsere Schaf- und Gondelbilder auch gut gemacht werden müssen . Wir konnten nicht gerade als Heiden eingestuft werden – es sei denn, ich und Old Man Wright waren es.

Wir sagten Bonnie Bell nichts davon, und bald darauf gab sie ihrem Vater einen Gute-Nacht-Kuss und ging nach oben in ihr Zimmer. Der alte Mann und ich machten uns eine Weile daran, über alles nachzudenken.

„Was hältst du von ihm, Curly?" sagt er nach einer Weile zu mir.

„Nun", sage ich, „es ist nicht so, als ob die Katze ihn hereingebracht hätte. Er sieht gut aus", sage ich, „und er kann tanzen; und er ist ein recht angenehmer Kerl. Ich habe es nur irgendwie verstanden." für Leute, die Cocktails statt reinen Schnaps trinken und dabei ihre Haare nach hinten streichen .

„Nun", fuhr er fort, „man muss die Unterschiede an verschiedenen Orten berücksichtigen. Reiten und Rodeln sind in Chicago nicht so wichtig wie Essen und Tanzen – nicht unter unseren besten Leuten", sagt er. „Damit muss man rechnen. Einem Mädchen könnte es noch viel schlechter gehen."

„Für Bonnie Bell gibt es niemanden , der gut genug ist", sage ich, „aber ich dachte nur, dass es mir gefällt, wenn ein Mann etwas über Reiten und Schießen und so etwas weiß." als Tanzen."

„Curly", sagt er, „du hast gesagt, dein Vater sei ein Hartschnecke?"

„Ja", sage ich.

„Ein hartgesottener Presbyterianer?" sagt er. „Jedenfalls müssen Ihre Eltern ziemlich anspruchsvoll gewesen sein. Seien Sie jetzt nicht zu streng mit jungen Leuten."

„Hören Sie mir zu, Colonel", sage ich. „Angenommen, Sie hätten zwei von ihnen hier – einen, der weder Familie noch Geld hat, sondern ganz natürlich die Arbeit auf der Ranch annimmt, und einen, der tanzen und essen kann.“ Wie Sie sagen. Einer dieser Männer teilt sein Haar auf einer Seite und einer kämmt es zurück, ohne Scheitel. Welcher von ihnen würde Ihnen am besten gefallen?“

„Ich müsste beide Männer sehen und sie einschätzen“, sagt er. „Aber warum fragst du? Der andere junge Mann, von dem du sprichst, ist noch nicht aufgetaucht. Außerdem ist es für Tom ein Vorteil, dass er nicht für Geld heiraten muss. Gott sei Dank, das ist er nicht.“ Ich denke an ihr Geld – nicht an einen Dollar; ich denke nur an sie, so wie sie ist. Er ist weg – das ist, was er ist.“

„Das ist so“, sage ich; „Das ist sicher so. Aber was ist mit ihr?“

„Sie alle nutzen ihr Risiko“, sagt Old Man Wright nach einer Weile feierlich. „ Wie auch immer , man kann es in Ordnung bringen, eine Frau geht das Risiko ein. Sie ist ihr ganzes Leben lang in einem Glücksspiel. Sie ist selbst ein Glücksspiel, und sie muss an einem Glücksspiel teilnehmen, von dem Moment an, in dem sie anfängt zu torkeln, bis zu dem Zeitpunkt, an dem sie ihre Hände falten. Sie Ich kann nicht sagen, ob ihr Mann bleiben wird; sie kann nicht sagen, ob ihr Mann es gut machen wird; sie kann nicht sagen, wie sich ihre Kinder entwickeln werden – auch das ist alles ein Glücksspiel.

„Gib dein Bestes, Curly, und gib dein Bestes, es gibt keine Möglichkeit, eine Frau vor diesen Glücksspielen zu schützen. Wenn ich darauf warte, dass genau der richtige Mann vorbeikommt, der sich nicht die Haare nach hinten kämmt, wie soll ich das tun?“ Ich weiß, dass er jemals kommen wird? Wenn er kommt, hat er vielleicht ein Auge auf ihr Bankkonto, oder vielleicht misst er 100 cm an seiner Hose. So oder so – für ein Mädchen ist das alles ein Glücksspiel.

„Nein“, fuhr er fort; „Das Einzige, was sie schließlich tun kann, ist, ihren eigenen Kopf und ihr eigenes Herz einzusetzen. Es liegt nicht in der Natur der Sache, dass man nach vorne schauen und sehen kann, wie sich das Spiel für ein Mädchen entwickelt – das hat sie.“ Wir müssen ihr dabei zusehen, wie sie es tut. Ich wünschte, es wäre nicht so. Ich habe ihre Mutter so sehr geliebt, und sie sieht ihrer Mutter so ähnlich – warum, ich wünschte – warum, ich Ich wünschte – Verdammt, ich wünschte, es wäre nicht so ein vorwurfsvolles, alles befeuerndes, ganz bestimmt riskantes Glücksspiel für den Jungen!“

Es war keine Zeit für mich, jetzt etwas über einen angeheuerten Mann zu sagen! Nach und nach hörte der alte Mann auf, ins Feuer zu schauen, stand auf und ging zu Bett.

XIX – Sie und Bonnie Bell

Es war ein wirklich guter Ort für mich – wahrscheinlich nicht. Hier war ich, Vorarbeiter bei vollem Lohn, und musste auf Augenhöhe mit dem Chef spielen, ganz zu schweigen von der langen Zeit, die ich für ihn gearbeitet hatte. Natürlich sollte ich ihm alles über den angeheuerten Mann von Wisners erzählen; aber wie könnte ich?

Es stellt sich die Frage, ob mir der Chef am besten gefiel oder Bonnie Bell, was für einen Mann kein fairer Platz ist. Jeder Mann neigt dazu, in einem solchen Fall die Frau bevorzugen zu wollen. Um auf die Fälle einzugehen, stellte ich fest, dass ich Bonnie Bell viel mehr mochte, als ich je gedacht hätte. Ich war ein Teil ihres Vaters, weißt du, und ich konnte es nicht ertragen, sie unglücklich zu sehen.

Das Problem mit einem Cowpuncher ist, wie ich schon sagte, dass er keinen richtigen Verstand hat. Das ist mir früher nie aufgefallen, denn um ein Puncher zu sein, braucht man kein Gehirn, solange man auf der Ranch bleibt. Aber hier brauchte ich sie jetzt dringend.

Jeden Tag ging ich über den Zaun. Aber daran war nichts zu machen, denn die Ziegel steckten größtenteils wieder im Loch, und der angeheuerte Mann, der all die Mühe gemacht hatte, blieb auf seiner Seite – ich habe ihn nie mehr gesehen.

Bonnie Bell sagte kein Wort zu mir und ich auch nicht zu ihr. Ich dachte, sie sollte zu mir kommen und alles besprechen; aber sie tat es nicht. Ich wusste , dass sie kein Wort zu ihrem Vater gesagt hatte, und ich wusste, dass ich es auch nicht getan hatte.

Tom rief er in der ersten Woche dreimal an. Ich mochte ihn irgendwie nicht besonders , obwohl ich wusste, dass ich es tun sollte. Bonnie Bell wusste, dass sie es auch tun sollte. Ihr Vater wusste, dass er es auch tun sollte. Wenn jemals jemand an einem Spiel wie diesem teilgenommen hat, bei dem alles für ihn vorbereitet war, dann war es Tom.

Der alte Mann Wright dreht sich eines Abends, als wir in unserem Zimmer am Feuer saßen , zu mir um und sagt zu mir:

„Nun, Curly, wie amüsierst du dich jetzt in dieser harten und unterdrückten Position, die dir das Leben gegeben hat?“

„Es gefällt mir nicht, Colonel“, sage ich; „überhaupt keine, jedenfalls nicht
.“

„Warum treten Sie dann nicht einer Cowboy-Gewerkschaft bei?“ er fragt .
„Pshaw! Das ist eine gute Stadt und ich mag sie ziemlich. Das Spiel hier ist

leicht zu schlagen – einfacher als in Wyoming. Zum Beispiel habe ich neulich ein paar Waldstücke draußen in Arizona gekauft – einem Ort , wo Ich war noch nie dort und möchte auch nicht dorthin, weil dort unten das Zeckenfieber herrscht, das skandalös ist, und Bewässerung, was ein Verbrechen ist. Nun ja, ich habe mich nur für dieses Holz entschieden, weil ein Freund wollte, dass ich mitkomme ihn; und da ich dachte, ich wüsste nichts davon, gab ich zu, dass ich dieses eine Mal auf jeden Fall verlieren würde – ich konnte eine Kiefer nicht von einer Fichte unterscheiden, um mein Leben zu retten.

„Huh!“ sagt ich. „Ich nehme an, dann kommt jemand vorbei und bietet dir vielleicht das Doppelte deines Geldes dafür?“

„Nein, das haben sie nicht“, sagt er. „Ich hatte gehofft, dass sie es tun würden, aber sie taten es nicht. Nein, es war der alte Onkel Sam, der durch diesen Teil des Staates kam, und er sieht, wo wir auf einer Bergkette das beste Holz haben, das noch übrig ist.“ da drin, und er gibt zu, dass er verhindern sollte, dass das Holz jemals gefällt wird; also kauft er es uns für das Vierfache dessen ab, was wir dafür geben – nicht das Doppelte. Uncle Sam zahlt mit echtem Geld.“

„Huh!“ „Ich hatte noch nie so viel Mühe wie Sie, Colonel, ein Spiel zu finden, bei dem ich Geld verlieren konnte. Ich nehme an, vielleicht haben Sie damit auch ziemlich viel Geld verdient?“

„Ein bisschen vielleicht. Ich habe anfangs nur wenig investiert – zwei-, dreihunderttausend Dollar, nicht viel. Ich hatte so gehofft, ich könnte etwas Geld verlieren, um mich irgendwie zu ermutigen, wissen Sie. Aber Es nützt nichts, Curly!“ Und er seufzt richtig heftig.

„Sie haben mein Mitgefühl , Colonel“, sage ich. „Wenn Sie jemals Hilfe brauchen, um das Spiel interessanter zu machen, lassen Sie mich einfach loslegen und Ihre Hand für Sie nehmen – ich garantiere Ihnen in meiner Akte, dass ich …“ Ich werde Ihnen die Augen öffnen, wie Sie Geld verlieren können.

„Alles klar, Curly“, sagt er. „Ich werde Sie irgendwann fragen und vielleicht Ihre Wetten verdoppeln. Das mache ich immer, wenn mein Anwalt oder mein Börsenmakler mir Tipps gibt. Es ist der sicherste Weg auf der Welt, an diesem hier und jetzt an der Börse ein Vermögen zu verdienen.“

„Zum Beispiel sagten sie mir neulich, ich solle an Land gehen und eine Menge Blue Mountain Steel kaufen, das sicherlich von den Interessen von JP Morgan unterstützt wurde und viele Kriegsaufträge erhalten würde. Also habe ich es nicht getan . “ „Ich habe stattdessen Steel Boat Electric Common gekauft. Ich wusste nichts darüber, aber irgendjemand muss ihnen ein paar Kriegsbefehle geben, U-Boote oder so. Mir ist aufgefallen, dass unser

Lagerbestand in den letzten Wochen um etwa zweihundert Prozent gestiegen ist. „Ich weiß nicht, warum es so gelaufen ist", sagt er. „Es stört mich sehr, Curly. Allerdings habe ich auch nur ein paar Hunderttausend hineingesteckt."

„Ich lege zwei Drittel von allem, was ich in dieser Stadt verdiene, für den Namen des Kindes beiseite, Curly", sagt er. „Es ist ein Fünf-Prozent-Treuhandfonds für immer. Es wird immer schrecklicher, wie hoch ihr Fonds ist! Und das Beste, was ich tun kann, ich kann nicht anders, als dass er mit der Zeit wächst. Es scheint kein Nein zu geben." Eine Art und Weise, wie wir pleite gehen und uns wieder ehrlicher Arbeit widmen können, wie zum Beispiel der Aufzucht von Kühen – obwohl es in der Welt, ob Krieg oder nicht, wirklich nützlich ist, vier Kälber wachsen zu lassen, wo vorher keine im Salbeigestrüpp waren. "

Er saß dort eine Zeit lang da und blickte ernst ins Feuer, dann kam er wieder an denselben alten Ort zurück.

„Curly", sagt er, „wenn es auf diesem menschlichen Fußschemel ein geschaffenes Lebewesen gibt, das ich hasse und verachte und das jeder He-Man auf der Welt hasst und verachtet, dann ist es der Mann, der ein Mädchen wegen ihres Geldes heiratet." Schauen Sie sich diese Herzöge und die Dinger an, die hierher kommen und unsere amerikanischen Mädchen heiraten. Ich habe nie einen Herzog erschossen, aber ich werde es tun, wenn einer von ihnen hier reinfliegt und so etwas mit unserem Mädchen anfängt.

„Vielleicht kommt er nicht", sage ich. „Das kann man nie sagen."

Männer eines Mädchens vorbeikommen. Wenn sie reich ist, werden die Männer vorbeikommen. Sie fallen vom Himmel. Sie kommen aus der Erde. Sie brechen durch den Zaun ein –"

"Was ist das?" sagt ich. „Oberst, was meinen Sie mit Zäunen?"

„Ich möchte damit sagen, dass es keinen Zaun auf der Welt gibt, den man bauen könnte, um junge Männer von einem hübschen Mädchen fernzuhalten, das Geld hat."

„ Ist das nicht die Wahrheit Gottes, Colonel!" sagt ich. „Wie kommst du darauf?"

„Wie? Wie konnte ich den Zaun durchbrechen, der damals in Maryland um Bonnie Bells Mutter errichtet wurde, und sie von dort wegtragen ? und meinen Zaun durchbrechen und mein Mädchen entführen, so ein Risiko eingehen wie ihre Mutter – ich sage dir, das bringt mich direkt ins Schwitzen."

„Nun, Colonel", sage ich, „ich denke, wenn ein junger Mann hierherkommt, egal, ob er durch die Haustür hereinkommt oder unter den Zaun kriecht, muss er sowohl ein gewisses Einkommen vorweisen als auch sonst in Ordnung sein." Wege?"

Er ließ sich einige Zeit überlegen, bevor er antwortete.

„Das ist eine wirklich schwierige Frage, Curly", sagt er. „Ich würde einen armen Mann nicht ausschließen, wenn ich an Land wäre, wenn er auf dem Platz wäre. Es wäre nicht so schwer zu entscheiden, wenn sie kein Geld hätte; aber sie hat es, und es kann nicht mehr lange geheim gehalten werden." ."

Er steht auf und geht eine Weile auf und ab und redet.

„Ich erkläre, wenn ich ein junger Mann wäre , würde ich niemals von einer reichen jungen Frau verlangen, mich zu heiraten. Ich hätte Angst, sie zu fragen , aus Angst, sie würde mich entdecken oder mich beschuldigen, wie dem auch sei." Ich kann keinem jungen Mann für sie zustimmen, weil ich ihm nicht vertrauen konnte. Und ich kann keinem reichen jungen Mann für sie zustimmen, weil keiner von ihnen Soweit ich gesehen habe, ist es überhaupt nichts wert .

„Es sieht schrecklich aus, Colonel, ein reiches und schönes Kind zu haben ."

„Ja", sagt er; „Und es ist auch kein Scherz."

„Nun, Colonel", sage ich, „nehmen Sie die Häuser in dieser Reihe, in denen wir leben. Wie viele junge Männer gibt es dort, die wir zählen können?"

Er schüttelte den Kopf.

„Es gibt überhaupt keinen, der es wert wäre, erwähnt zu werden – glauben Sie mir!" sagt er.

Ich habe ihm geglaubt. Damit blieb nur noch Tom für den Eintrag bei den Bonnie Bell Stakes übrig. Es sah so aus, als könnte er nicht verlieren.

XX – Was unser Wilhelm getan hat

Niemand sagte zu Bonnie Bell ein Wort über Tom Kimberly – weder ihr Vater noch ich; Denn sie war so still und verschlossen, als könnten wir auf keinen Fall einbrechen . Wir mussten es loslassen, als ob es auf dem Brett lag. Eine Sache, verliebt zu sein oder nicht – was auch immer es war – hatte Bonnie Bell sehr verändert. Sie war nicht mehr dasselbe Mädchen.

Früher hatte sich Bonnie Bell nicht so sehr um ihr Klavier gekümmert, sondern um Dinge im Freien, aber jetzt hat sie es sich zur Aufgabe gemacht, dieses hilflose Ding zu durchnässen – manchmal traurig und einsam, und dann wieder so sehr, dass sie es fast kaputt gemacht hätte Schlüssel. Dann, vielleicht nachdem sie die Füllung ein paar Mal herausgeklebt hatte, schaute sie mit den Händen im Schoß aus dem Fenster – und vergaß ihre Hände so sehr, dass sie da lagen, so klein sie auch waren auf dem Rücken, mit nach oben gedrehten Fingern und sogar mit den Daumen. Es tat mir leid.

Andererseits unterbrach sie tagelang die Musik und las Bücher, meistens auf der Fensterbank, mit gesenktem Kopf, als sei es harte Arbeit.

„Was liest du, Schatz?“ sagt ich eines Tages. „Mir scheint, dass es sich um eine Pechgeschichte handelt. Und warum hast du dir angewöhnt , Bücher verkehrt herum zu lesen?“

"Unsinn!" sagt sie. „Ich habe meine Sikeologie aufgefrischt “, sagt sie. „Das war eines unserer Abschlussstudien – das letzte Jahr, das ich bei Smith's hatte, wissen Sie.“

"Wofür ist das?" „Sagt es etwas darüber, ob es nächsten Dienstag regnen wird?“ Ich frage sie.

„Nun, es ist etwas, das wir brauchen, um uns beizubringen, die Probleme des Lebens zu meistern, sobald sie auftauchen, Curly“, sagt sie.

„Zeigt es einem, wie man einem jungen Kerl ins Gesicht schaut“, sage ich – „einem, der die Haare nach hinten gekämmt hat und keinen Scheitel daran hat und der La Paloma auf einem Banjo oder einer Gitarre spielt, und raten Sie mal, woran er denkt.“ , Bonnie?“ sagt ich.

Sie wurde leicht rot und klopfte mit dem Fuß auf den Teppich.

„Was meinst du, Curly?“ sagt sie.

Mantel verlassen .“

„Nun, Curly“, sagt sie, „wenn du auf meine Hochzeit wartest , brauchst du vielleicht zuerst den langen Mantel für deine Beerdigung.“

„Huh!“ sagt ich. „Huh! Ist das so? Du kennst deinen Vater nicht“, sage ich.

„Was meinst du, Curly?“ sagt sie, scharf.

„Er wird dich nicht dein ganzes Leben lang beherbergen, Junge“, sage ich. „Er kann es sich jetzt nicht leisten.“

„Ich schätze, Papa macht sich keine großen Sorgen“, sagt sie.

„Bist du so erschöpft, Junge?“ sagt ich zu ihr. „Sehen Sie mal: Ich bin, sagen wir mal, die Hälfte Ihres Vaters. Über bestimmte Dinge habe ich kein Wort zu Ihnen gesagt. Außerdem habe ich zu Ihrem Vater auch kein Wort darüber gesagt.“

„Ich weiß es, Curly“, sagt sie und sieht mich plötzlich an. „Ich liebe dich dafür. Du bist ein großartiger Mann, Curly!“

„Ich bin ein besorgter Mann“, sage ich. „Ich habe meinen Job bei deinem Vater wieder aufgenommen.“

„Fühlst du dich auch so, Curly?“ sagt sie und sie sah verängstigt aus. „Und ist das meine Schuld?“

„Ich mache Land und es ist Land“, sagt ich.

„Aber du hast kein Wort gesagt.“

"Nein noch nicht."

„Nicht, Curly!“ sagt sie, ganz schnell. „Tu es nicht – oh, bitte tu es nicht!“

Dann legt sie ihre Hand auf meinen Arm und schaut mir in die Augen.

Sie hat mich sofort in den Bann gezogen. Ich konnte ihre Hand nicht von meinem Arm nehmen. Ich konnte nicht anders, als es dort zu streicheln.

„Ach, scheiße!“ sagt ich zu ihr. "Komm jetzt!"

In diesem Moment kam unser William zur Tür herein, stand da und hustete, wie er es immer tat, wenn ihm etwas durch den Kopf ging.

„ Ähm !“ sagt er, traurig wie.

„Was ist los, William?“ sagt Bonnie Bell und schaut sich zu ihm um.

„Bitte verzeihen Sie, Ma'am, aber könnte Hi kurz mit Mr. Wilson sprechen?“

Sehen Sie, er nannte mich Mr. Wilson, das war mein Nachname. Es stand in der Bibel, sonst hätte ich es wahrscheinlich vergessen .

„Oh, alles klar“, sage ich; und ich stand auf und ging mit ihm hinaus.

Als ich herauskam, stand er in seinem kleinen Flur und hat dort unseren Bostoner Hund Peanut mit einem Stück Seil an ein Stuhlbein gebunden.

Peanut bellte mich freudig an und dachte, ich würde ihn vielleicht mit nach draußen nehmen.

„ Entschuldigen Sie, Sir", sagt William ganz traurig, „aber dieser kleine Hund erregt meinen Verdacht, Sir."

"Was ist das?" „Was verdächtigen Sie ihn? Unterschlagung vielleicht?"

William beugt sich dann hinunter und löst etwas, das Peanut an seinem Kragen befestigt hat. Es war ein Umschlag. Es stand kein Name drauf.

„Das ist das dritte, das Hi auf ' im ' gefunden hat ", sagt William. „Hallo, ich habe die anderen beiden in meinem Schreibtisch. Hallo, ich weiß nicht, für wen sie bestimmt sind , Sir."

sie geschickt ? Wird irgendjemand unser Haus in die Luft jagen, es sei denn, wir legen zwölftausend Dollar unter einen Stein auf dem Bürgersteig?"

„Das ist es, was er fragen möchte , Sir. Er war beunruhigt", sagt William. „Hallo, dachte ich Ich bitte Sie, Sir, dass Mr. Wright nicht zu Hause ist .

„Warum haben Sie Miss Wright nicht gefragt ?" sagt ich.

„Hallo, ich wollte sie vielleicht nicht beunruhigen."

Wir standen da, mit diesem Brief in unseren Händen, und schauten ihn uns an.

„Sie sagen, Sie wissen nicht, wo dieser Hund war?" sagt ich.

„Oh nein, Sir, ganz im Gegenteil. Ich bezweifle nicht, dass er schon oft das – ähm ! – ähm ! –" durchgemacht hat.

Ahum durchgemacht , William?" sagt ich. „Warum hast du ihn gehen lassen? Du weißt, dass es gegen Befehle verstößt."

„Hallo, ich kenne Hany ziemlich gut „Ein Verstoß gegen meine Pflichten", sagt er. „Im Gegenteil, ich habe diesen Peanut-Hund genau beobachtet, Sir." Doch manchmal ist er nicht da . Er ist der Meinung, dass die Notizen von der anderen Seite des Zauns kommen, Sir. Aber hat zu ihrer Kleidung und zu ihrem Inhalt, Sir, hallo , ich versichere Ihnen , hallo schüchtern unwissend ; Und genau aus diesem Grund hat Hi Sie gebeten, vorbeizukommen und sich das anzusehen. Hit ist gerade bei 'und, Sir.'

Ich nahm ihm alle drei Briefe weg und öffnete sie, da ich der Vorarbeiter war; Aber als ich anfing zu lesen, erzählte ich William nicht, was sie waren. Ich habe nur laut gelacht, so sehr ich konnte.

Petunien ausgegraben ", sage ich.

Ich ging zurück in den Raum, in dem Bonnie Bell war. Ich sah sie eine Weile an.

„Miss Wright", sage ich – das zweite Mal, dass ich sie so nannte – „Ich habe das Spiel mit Ihnen auf dem Platz gespielt, nicht wahr? Sie haben mir dafür gedankt."

„Ja, Curly; ja", sagt sie, „Warum?"

„Hast du mit mir auf dem Platz gespielt?"

„Ja, Curly, das habe ich."

„Ich habe dir gesagt, du sollst hinter dem Zaun nichts mehr zu tun haben, nicht wahr?"

„Ja. Das habe ich nicht."

„Ist das so, Bonnie Bell Wright?" sagt ich. „Was ist das dann?"

Ich drückte ihr die Notiz in die Hand – die, die ich gelesen hatte. Es war meine Aufgabe, das zu tun, so wie es zu mir kam.

„Lies es", sage ich zu ihr.

Soweit ich mich erinnern kann, lief es ungefähr so:

Warum kommst du nicht wieder? Wann werde ich dich sehen? Ich bin jeden Tag am selben Ort und warte und warte. Bitte! Bitte! Bitte!

Es war nicht ohne Namen unterschrieben, sondern nur mit „Der Mann von nebenan".

Bonnie Bell wurde bleich, als sie das las.

„Curly", sagt sie, „das habe ich noch nie gesehen."

Ich habe ihr geglaubt. Sie wäre lieber gestorben, als mich direkt anzulügen. Vielleicht würde sie etwas lügen – das würde fast jede Frau tun –, aber nicht direkt von der Schulter zwischen den Augen. Also habe ich ihr jetzt geglaubt.

„Lesen Sie den nächsten", sage ich.

„Hast du meine Briefe gelesen, Curly?" sagt sie. Sie sah mich jetzt wütend an.

„Eine davon habe ich gelesen ", sage ich, „und einen Teil der nächsten. Ich habe nicht nur die erste Seite davon gelesen. Die andere habe ich überhaupt nicht gelesen. Aber ich habe genug gelesen."

Auf der ersten Seite dieses zweiten Briefes stand noch etwas:

Ich habe gewartet und gewartet [sagte es]. Ich hätte dir nie so begegnen dürfen – ich hätte nie sagen sollen, was ich getan habe. Ich bin zutiefst betrübt über all das, denn ich würde mich nicht einer Tat schuldig machen, die Ihnen Schmerzen bereitet. Wie könnte ich, wenn ich –

Genau dort endete die erste Seite und begann die zweite Seite.

„Hast du alles gelesen, Curly?" sagt sie noch einmal zu mir.

„Nein, nur die erste Seite", sage ich . „Diesen letzten haben wir gerade Peanuts Halsband abgenommen. Er hat sie rübergebracht ."

Sie las gerade den letzten Brief – den, den ich nie gesehen hatte. Ihr Gesicht wurde irgendwie weich. Ihre Augen wurden größer und heller und irgendwie auch weicher.

Sie faltete die Briefe zusammen, legte sie auf ihren Schoß und sah zu mir auf.

„Du hast nicht alle meine Briefe gelesen, Curly?" sagt sie.

„Nein", sage ich; „Und ich werde nie mehr lesen. Es darf nicht mehr sein, Bonnie Bell. Das weißt du."

„Ja", sagt sie; "Ich weiß, dass."

Aber irgendwie wirkte sie nicht so unglücklich, wie sie es hätte sein sollen. Das konnte ich sehen.

„Wie ist Peanut durch den Zaun gekommen, Curly?" sagt sie schließlich.

„In der unteren Ecke in der Nähe der Garridge ist ein Loch . Ich dachte , es wäre verschlossen ein geselliger Kampf mit ihrem Hund. Ich schätze, Peanut hat das so überstanden. Es war einfach genug, Dinge an seinem Hals zu befestigen. Ob es eine ehrliche Sache war, er wusste, was er tat – nun, das solltest du wissen. "

Sie sagte dazu nichts.

„ Ein ehrenhafter Mann", sage ich, „würde gerne an der Haustür vorbeikommen, Bonnie Bell."

„Er war an diesem Streit nicht beteiligt", sagt Bonnie Bell; Endlich ruhig. „Warum ihm die Schuld geben?"

Das hat mich heiß gemacht.

„Warum ihm die Schuld geben?" Ich brach aus: „Habe ich ihn nicht gesehen? Habe ich ihn nicht gehört? Kann ich es jetzt nicht sehen? Er ist überhaupt kein Teil eines Mannes, sonst hätte er es nicht so gemacht. Jetzt", sagt er Ich: „Ich muss es dem alten Mann sagen. Ich habe gehofft, dass ich das nie tun muss. Aber jetzt muss ich es tun. Die sicherste Wette, die du je gemacht hast, ist, dass die Hölle platzen wird!

Dann drehte sie sich schnell um und sprang auf, und ihr Gesicht war so weiß, dass es mir Angst machte. Sie kam wieder hoch, legte ihre Arme direkt um meinen Hals und sah mich an.

„Schatz", sage ich, „du hast uns falsch dargestellt – furchtbar falsch! Jetzt müssen wir Männer die Sache so gut wie möglich in Ordnung bringen."

„Hör auf, Curly!" sagt sie und schüttelt mich an der Schulter. „Halt! Er ist – er ist ein guter Mann. Er ist – er ist ehrlich. Er meint es gut. Geben Sie ihm eine Chance."

„Er hat keine Chance verdient", sage ich, „und er wird auch keine bekommen."

„Es war das Beste, was er tun konnte! Er hatte keine Chance, öffentlich hierher zu kommen – keine Chance auf der Welt. Vielleicht wollte er sich nur verabschieden – ach, woher weißt du das?"

„Hat er in diesem letzten Brief „Auf Wiedersehen" oder „Guten Morgen" gesagt, Bonnie Bell?" Ich frage sie. „Nicht, dass es so oder so einen großen Unterschied macht."

„Ich werde dir nicht sagen, was er gesagt hat, Curly", flammte sie jetzt auf. „Ich sage nur, er hat sein Bestes gegeben. Er hat um seine Chance gebeten – das ist alles."

„Seine Chance! Der angeheuerte Mann des schlimmsten Feindes, den wir haben! Seine Chance! Seine Chance! Welche Chance hat er dir gegeben? Wie fair spielt er das Spiel, bei dem all dein Glück auf dem Spiel steht? Oh, Bonnie, das tust du nicht." kümmerst du dich um ihn?" sagt ich. „Und du?"

Sie sagte kein Wort und ich drehte mich zur Tür um.

„Wohin gehst du, Curly?" sagt sie und kommt hinter mir her.

„Ich gehe in die Innenstadt", sage ich zu ihr.

"Warum?"

„Um deinen Vater zu sehen", sage ich. „Ich muss ihm alles darüber erzählen und es jetzt tun."

Dann rannte sie schnell auf mich zu und legte ihre Arme wieder um meinen Hals.

„Oh, Curly! Curly!" Sie sagt; und sie weinte jetzt. „Oh, was habe ich getan? Es wird Papa umbringen, wenn irgendetwas davon ans Licht kommt – ich konnte es nicht ertragen. Ich kann es nicht ertragen, daran zu denken, Curly. Ich kann nicht! Ich kann nicht!"

„Warum kannst du nicht, Bonnie?" sagt ich.

„Weil, Curly" – sie packte mich wieder bei den Armen und weinte heftig – „weil – – ich muss es dir sagen – ich muss es tun, Curly. Ich kann nicht anders! Ich habe es nicht getan." Ich wollte, dass es passiert – ich habe dagegen gekämpft, um es zu verhindern, so lange ich konnte – ich wollte nicht, dass es so ist. Es war schwer – so furchtbar schwer. Ich habe alles versucht, was ich konnte, aber ich kann nicht „Ich kann nicht *anders*, Curly! Ich kann nicht! Ich kann nicht! Es hat keinen Zweck!" Sie rennt einfach weiter, immer und immer wieder.

„Was ist los, Bonnie?" sagt ich. „Liebst du ihn?"

„Ja, ja; es ist wahr! Das tue ich, Curly – ich liebe ihn!"

XXI – Die Denkweise ihres Vaters

„Soweit ich es mir vorstellen kann, Curly", sagt Old Man Wright kurz nach dem, was zwischen mir und Bonnie Bell passiert ist, „soweit ich es mir vorstellen kann, hat Old Man Wisner dafür geworben, dass die alte Circle Arrow Range ein toller kleiner Ort ist." für den ehrlichen Granger, der Bananen, Ananas und andere tropische Früchte anbaut.

„Das ist es nicht ", sage ich, „außer Tomaten – und die in Blechdosen."

„Der ehrliche Freibauer", sagt er, „muss nach der Beschreibung des alten Wisner nie etwas so Alltägliches wie Brot und Butter essen, nicht nachdem er einen Teil des Landes für 450 Dollar pro Acre gekauft hat." Danach lebt er von Vogelzungen und Omelette- Souflay , und alles, was er tun muss, ist, sich auf seine große Veranda zu setzen und zuzusehen, wie seine brüllenden Herden wachsen und sich um 85 Dollar pro Tier vermehren – und die Preise steigen ständig. Ain Ist das nicht in Ordnung, Curly? So etwas ist doch nie passiert, als du und ich diesen Bereich besaßen, oder?"

„Nicht schwer", sage ich.

„Nein", sagt der alte Mann und verfällt in einen dieser Denkzauber. „Nein, das haben sie nicht."

Dann, nach etwa einer halben Stunde, sagt er:

„Das können sie auch nicht. Das wird den alten Geizhals Dave Wisner etwa drei oder vier Millionen Dollar kosten", sagt er. „Er hat sein Leben, sein Vermögen und seine heilige Ehre für dieses Bewässerungsprogramm eingesetzt, und er wird Glück haben, wenn er mit einem davon durchkommt, bevor ich es abbreche."

„Colonel", sage ich, „Sie und er erinnern mich an zwei alte Galloways draußen auf dem Schießplatz, die Kopf an Kopf stehen und etwa ein paar Stunden am Stück schieben – nur dass Sie beide schon ein paar Stunden schieben." Jahre."

„Uh-huh!" sagt er. „Aber ich bin richtig fröhlich; und ich habe noch nicht das Gefühl, dass mein Hals nichts nachgibt", sagt er; und er reibt mit der Hand daran auf und ab.

„War Tom Kimberly in letzter Zeit hier?" fragte mich der alte Mann ganz plötzlich , gleich darauf, obwohl ich ihm nichts gesagt hatte.

„Er war heute Nachmittag hier", sage ich. „Er fragte nach Miss Bonnie. Sie sagte, sie sei krank, hätte eine Erkältung und könne niemanden sehen."

„Ich gebe Tom sechzig Tage Zeit, um Bonnie Bell einen Heiratsantrag zu machen", sagt er. „Wenn er es nicht tut , muss ich es tun. Es ist nicht anzunehmen, dass das Mädchen eine schlimme Erkältung haben wird, die sechzig Tage anhält; deshalb wird sie manchmal zu Hause sein, wenn er vorbeikommt. Ich Ich weiß, was seine Mutter und sein Vater darüber denken, und ich weiß auch, wie ich mich fühle. Vielleicht können wir Tom nach einer Weile dazu bringen, sein Haar zu scheiteln, oder eine männliche Angewohnheit annehmen, wie zum Beispiel Tabak kauen , anstatt die leichte Gitarre anzufassen. Einfach so Wenn ich ihn mir ansehe, würde ich sagen, dass er sich mit einem dieser kleinen Rasiermesser wie eine Hacke rasiert hat. Soweit ich weiß, trägt er vielleicht Strumpfbänder. Dennoch verändert die Zeit viele Dinge.

„Er heiratet in gekrönte Häupter, wenn er in unsere Familie kommt", sagt er und fährt fort, „weil ich hier Stadtrat bin, und wenn meine Sommersprossen bestehen bleiben, werde ich wahrscheinlich weiterhin Stadtrat bleiben. Manchmal wünschte ich, ich würde es tun . " In den Papieren steht, dass ich pleite war und auf die Ersparnisse angewiesen war, die mir ein treuer alter Diener – das bist du, Curly – in meiner Notzeit mitgebracht hatte. Aber ich fürchte, dafür ist es jetzt zu spät, obwohl es an der Zeit ist, es auf die Probe zu stellen Diese Dinge liegen vor der Trauerfeier zur Hochzeit und nicht danach."

„Oberst", sage ich, „angenommen, ein junger Mann käme vorbei , der weder Familie noch Geld hat, sondern sein Haar teilt, sich mit einem echten Rasiermesser rasiert und keine Strumpfbänder trägt und so weiter." Tabak und sah ziemlich heiser aus – was würden Sie denken?"

„Ich würde denken, dass hier in Chicago das Jahrtausend gekommen ist", sagt Old Man Wright. „Ich werde nicht leugnen, Curly, wenn ich einen jungen Mann gefunden hätte, der im Sitzen reiten und Tabak kauen könnte, hätte ich nicht zweimal an ihn denken müssen – vorausgesetzt, er spielte ein offenes Spiel und verhielt sich so er wusste, was er wollte.

„Wir scheinen nicht zusammenzukommen", sage ich verzweifelt.

"Zusammenkommen!" sagt er. "Wie meinst du das?"

„Oh, nichts", sage ich.

XXII – Ich und ihr Grenzzaun

Ich musste es mir selbst eingestehen – ich hatte die Nerven verloren. Ich habe mehr als fünfzehn Mal versucht, herauszukommen und Old Man Wright von den Peanut-Briefen ihres angeheuerten Mannes an Bonnie Bell zu erzählen, aber es gelang mir nicht – jedes Mal sah ich ihr Gesicht zwischen ihn und mich kommen.

Ich behielt das Loch im Zaun im Auge. Ich saß gerade da und reparierte die Ziegel, um sie einzubauen, als ich auf der anderen Seite des Zauns jemanden reden hörte. Durch den Zaun konnte man niemanden sehen, nicht mehr , als wenn er tausend Meilen entfernt wäre ; Aber man konnte sie durch das Loch reden hören. Ich konnte erkennen, wer einer von ihnen war – es war die Stimme der alten Lady Wisner. Sie hatte die Stimme einer Frau, die eine Nase wie ein Adler hat . Aber ich konnte nicht sagen, mit wem sie sprach, denn zunächst schien niemand viel zu antworten.
„James", sagt sie – „James, was machst du da?"
Niemand antwortete, aber ich war mir sicher, dass sie jetzt mit ihrem Gärtner sprach. Er war also zu Hause!
„Wer hat dieses Loch gemacht? Wer hat das getan, James?" sagt sie noch einmal. „Wer hat dieses Loch in die Wand gemacht?"
Dennoch antwortete er nicht mit Nein; und sie fuhr fort:
„Ich verstehe! Es müssen einige dieser schrecklichen Wrights gewesen sein, die dort oben wohnen. Wie können sie es wagen, unseren Zaun zu durchbrechen? Ich werde sie verklagen lassen! "
„Oh nein, das wirst du nicht. Es wurde von dieser Seite aus gemacht – das kann ich dir sagen."
Ich kannte seine Stimme. Er war es.
„Wer auch immer es getan hat", fuhr er fort, „ich werde es schließen. Ich habe neulich ihren Hund in unserem Garten gesehen. Haben Sie ihn heute hier gesehen?"
„Nein – derselbe schreckliche kleine Köter?" sagt sie. „Sie sind die schlimmsten Menschen, James! Ich bin auf jeden Fall froh, dass du nichts mit ihnen zu tun haben willst, nicht einmal mit ihrem Hund. Aber das konntest du natürlich nicht."
„Nein, das schien nicht der Fall zu sein", sagt er.
"Wie meinst du das?" sagt sie, barsch . „Was ihr Dienstmädchen betrifft, ich war unaussprechlich schockiert, James, als ich feststellte, dass du dich selbst bisher vergessen hast –"
„Mehr würde ich nicht sagen", sagt er.

„Ich werde alles sagen, was ich will, und Sie werden sich bitte daran erinnern, wer Sie sind! Die David Wisners können es sich nicht leisten, verstanden zu werden, dass sie in irgendeiner Weise mit der Familie Wright in Verbindung stehen. Nicht einmal unsere Diener können Arost besuchen. Ich vermute schon seit einiger Zeit.

„Nun, das ist klar genug", sagt er. „Ich sehe keinen Sinn darin, es einfacher zu machen. Es hat keinen Sinn, es unter die Lupe zu nehmen."

„Wenn ich einen Diener hätte", sagt sie mit der rechten Spitze, „der sich die besten von ihnen ansehen würde, würde ich ihn entlassen, sobald ich es wüsste. Ich habe ein Auge auf Emmy geworfen, mein Dienstmädchen im zweiten Stock." , auch. Ich kann nur sagen, dass Sie alle besser vorsichtig sein sollten, oder, das Erste, was einige von Ihnen wissen –"

„Natürlich", sagt er, „das kann ich mir vorstellen", sagt er. „Es ist die Hölle, zur Unterschicht zu gehören!"

„Was meinst du, James?" sagt sie feierlich: „Ich dulde keine Obszönitäten von dir! Außerdem redest du wie ein Sozialist, und das will ich nicht dulden."

„Sozialist, was? Nun, ich gebe zu, wenn ich alles Geld der Welt hätte", sagt er, „würden weder Mauer noch Gitter für mich einen Unterschied machen. Und das würden sie auch nicht tun, wenn ich keins hätte." "

„James, du schockierst mich immer wieder unbeschreiblich!" sagt sie keuchend. „Was für Worte von jemandem in Ihrer Lebensposition!"

Dann sagte er nicht viel, sondern knurrte nur, als wäre er verrückt.

„James", sagt sie, „was zum Teufel machst du – was isst du da?"

„Ich esse guten alten Tabak", sagt er. „Ich habe die Marke im Westen entdeckt und seitdem keine andere mehr verwendet."

„James! James!" sagt sie. „Du sollst das dreckige Gras kauen! Das ist unmöglich!"

„Nein, ist es nicht ", sagt er. „Sie beobachten mich und ich werde Ihnen zeigen, wie weit es von der Unmöglichkeit entfernt ist. Ich kaue es und es gefällt mir, genau wie jeder andere Sozialist; und ich möchte, dass Sie verstehen, gnädige Frau, dass ich mein eigener Mann bin, Tabak und alles, solange ich hier bleibe. Wenn es dir nicht gefällt, feuere mich wieder!"

Sie fing wieder an zu keuchen, so wie ich es schon einmal gehört hatte.

„Es ist dir egal!" sagt sie. „Dir ist nichts heilig!"

Die beiden ließen mich raten. Ich hatte von Frauen mittleren Alters gehört, die sich in Chauffeure verliebten . Warum also nicht Gärtner? Irgendetwas ging zwischen den beiden vor sich, warum sollte sie sonst so verdammt eifersüchtig sein? Und warum sollte er so verdammt frech zu ihr sein? Ich fragte mich, was der alte Mann Wisner denken würde, wenn er wüsste, was ich jetzt über seine Frau wusste. Hat das nicht sogar etwas für Aufregung gesorgt? Ich würde es ihm natürlich nicht sagen; Aber war es nicht besser als alle, in die ich in so viele Geheimnisse verwickelt wurde?

Diese Leute hatten schließlich nicht so viel gegen uns; denn dieser angeheuerte Mann war ein lustiger Vogel und spielte auf beiden Seiten des Zauns. Ich habe gesehen, dass er ein Sozialist war, klar – aber, Herr, sie, mit diesem Gesicht!

XXIII – Tom und sie

Tom Kimberly , er kommt jetzt regelmäßig zu uns nach Hause. Jeden Tag schickte er Blumen in Bündeln, als ob er irgendwo eine Blumenfarm besäße. Bonnie Bell stellte sie im Esszimmer, im Musikzimmer, in den Empfangssalons, im Treppenhaus und in den Schlafzimmern auf – und sogar in unserem Ranchzimmer.

„Was auch immer die Zeitungen über schlechte Ernten sagen , Schwesterchen", sage ich eines Morgens, als ein Strauß roter Rosen, etwa so groß wie ein Bündel aus einem Selbstbinder, hereinkommt, „die Blumenernte ist dieses Jahr am Ufer reichlich, nicht wahr ? „ Ebenso scheint es mit der Zeit immer besser zu werden."

„Er ist ein guter Junge", sagt sie nach einer Weile, „ein guter Junge. Und er kommt aus einer so guten Familie, und ich mag alle seine Leute so sehr. Und Katherine – was könnte ich ohne Katherine tun?"

„Uh-huh!" „ Natürlich, wenn du die Schwester eines jungen Mannes magst, solltest du ihn heiraten. Das liegt auf der Hand, nicht wahr?" sagt ich.

„Und Papa mag sie alle – Mr. Kimberly und Toms Mutter."

„ Shore , das tut er! Aus all diesen Gründen solltest du den Jungen heiraten. Vergiss die Liebe."

„Sie sind die besten Menschen, die wir in dieser Stadt getroffen haben", sagt sie, „und es gibt in keiner Stadt bessere. Sie sind nicht nur charmante, sondern auch gute Menschen. Sie haben alles, was man sich nur wünschen kann." Lockig."

„Ja", sage ich; „Es liegt also auf der Hand, dass du diese Familie heiraten solltest", sage ich. „Hier sind die besseren Dinge, derentwegen wir hierherkommen. Liebe ist nicht drin."

Sehen Sie, ich war die Hälfte ihres Vaters. Wir beide hatten sie als Baby gemeinsam großgezogen. Ich konnte dem alten Mann nicht sagen, was ich wusste, aber ich musste mit ihr reden, wie ihr Vater geredet hätte . Ich ließ zu, wenn sie ganz schnell Tom Kimberly heiraten würde, würde das irgendwie verhindern, dass die Dinge so aus dem Ruder laufen, wie sie könnten, und mich davon abhalten, Old Man Wright von dem Mann von nebenan erzählen zu müssen. Ich wusste jetzt viel mehr über ihn, als ich es ihr nicht sagen würde. Ich dachte, sie würde ihn vergessen.

Nun ja, sie saß den ganzen Tag trübselig herum, mit einem grünen Gedichtband auf dem Schoß; und sie hatte einen Brief in ihren Händen. Es kam auch nicht auf dem Peanut-Weg, sondern vom Postboten. Es war quadratisch.

„Sag mir, ist das von Tom Kimberly, Bonnie?" sagt ich.

„Es geht Sie absolut nichts an, Mr. Curly Wilson", sagt sie; „Und ich würde es dir unter keinen Umständen sagen. Aber es ist so."

„Lass es mich sehen", sage ich.

"In der Tat!" Sie sieht mir direkt ins Gesicht.

„Sag mir kein Wort, Schwesterchen", sage ich. „Ich bin nicht so hart, wie du denkst."

„Er kommt heute Abend vorbei", sagt Bonnie Bell nach einer Weile zu mir.

„Um seine Antwort zu bekommen?" asts ich; und sie nickte dann.

„Nun, Colonel", sagte ich an dem Abend zu dem alten Mann, als er hereinkam und wir vor dem Abendessen einen Schluck tranken, „ich glaube, ich habe das Ding endlich in Ordnung gebracht. Es war ein harter Zug für mich, da ich halbherzig war." ein Vater für ein Mädchen wie unseres; aber ich habe es getan.

„Ist das so, Curly?" sagt er. „Nun, es war eine lästige Pflicht für uns beide, nicht wahr ? Na ja, wie!"

Als Old Man Wright etwas trank, sagte er nie: „So geht's!" Er sagte nur „Wie!" Das ist westlich. Wenn ein Mann sagt: „So geht's!" Er kommt aus dem Osten und versucht sein Bestes, es zu verbergen.

"Wie!" sagt ich. „Und dem jungen und glücklichen Paar viel Gesundheit."

"Was ist das?" sagt er plötzlich. „Ist irgendetwas passiert? Sie hat nichts zu mir gesagt. Warum ist sie so verschlossen zu mir, Curly, und so freizügig zu dir?"

„Oh, das ist eine Art, wie ich mit Frauen umgehe", sage ich.

„Sie kommen alle und erzählen mir von ihren Sorgen. Das liegt daran, dass ich rote Haare und ein offenes Gesicht habe."

„Sag mir, was hat mein Mädchen deinen roten Haaren und deinem offenen Gesicht anvertraut?" sagt er. "Ich würde gerne wissen."

„Haben Sie in den letzten Wochen viele Blumen bemerkt?" sagt ich.

„Mir ist nichts anderes aufgefallen", sagt er.

„Und dir ist dadurch nichts in den Sinn gekommen?"

„Oh ja, das tat es; nur wollte ich dem Kind nichts sagen – ich wollte in einer Zeit wie dieser nicht versuchen, sie in irgendeiner Weise, Form oder Weise zu beeinflussen. Nur habe ich es ihr ruhig gesagt." Vor einiger Zeit war Tom Kimberly der einzige junge Mann , den ich in der Stadt gesehen habe und dem ich überhaupt erlauben würde, vorbeizukommen. Ich sagte ihr nur, dass der alte Mann mein bester Freund sei und dass ich Toms Mutter so gern mochte, wie ich nur konnte Frau mit grauen Haaren.

„Trotzdem habe ich gesagt, dass graue Haare für eine Oma in Ordnung sind. Nun, Curly", sagt er, „ich war überaus rücksichtsvoll und taktvoll. Ich habe kein Wort gesagt, um Bonnie Bell wissen zu lassen, was ich über Tom Kimberly denke. Ich." Ich glaube daran, einem jungen Mädchen die Freiheit zu geben, seinem eigenen Verstand und Herzen zu folgen.

„Uh-huh! Ja, das tust du!" „Die Wahrheit ist, Colonel, Sie glauben daran, die ganze Ranch hier so zu leiten, wie Sie es im Westen getan haben. Wenn Sie sich jetzt nur aus diesem Spiel heraushalten und mich darin in Ruhe lassen würden, würden Sie feststellen, dass die Dinge zu Ende gehen würden . " „Haufen besser", sagt ich.

„Aber ich habe nur gesagt, dass ich kein Wort gesagt habe", sagt er. „Sie kann mit dem Heiraten tun und lassen, was sie will –"

„Nur damit sie Tom Kimberly geheiratet hat", sage ich. „ Ist das nicht alles?"

„Nun", sagt er schließlich, „vielleicht ist es das, ja."

Ich stand auf und verließ das Zimmer. Ich würde nicht mehr mit ihm reden. Er war nie konsequent mit sich selbst und jedes Mal, wenn ich mit ihm sprach, wurde es für mich schwieriger, meinen Job zu behalten.

Aber wie auch immer, Tom kam an diesem Abend vorbei. Er würde nicht in das Ranchzimmer gehen; Aber er hielt eine Art Vortrag über Musik, das eine oder andere, und führte Bonnie Bell hinaus ins Musikzimmer. Aber sie spielte nicht und er auch nicht. Von dort müssen sie in unser Blumenhaus gegangen sein, das Wintergarten genannt wird . Ich habe dann lange Zeit nichts gehört. Der alte Wright geht endlich ins Bett, fröhlich, als hätte er alle Kanarienvögel im Laden aufgegessen. Ich war nicht so am Ufer.

Es war meiner Meinung nach nicht richtig, an diese jungen Leute zu denken; Aber ich saß unruhig da, wusste, was los war und wie viel es bedeutete, und fragte mich die ganze Zeit, worüber die beiden jungen Leute eigentlich redeten. Es löste auch bei mir ein gewisses verträumtes Gefühl aus, und ich begann , mich mit dieser ganzen verdammten Frage von Mädchen und jungen Männern auseinanderzusetzen. Mir wurde langsam klar, dass Old Man Wright und ich unser ganzes Leben lang nur an dieser einen Stunde in unserem Wintergarten gearbeitet hatten . Es war für sie – das war alles. Wenn sie sich jetzt entscheiden würde , wäre sie glücklich, und wir auch. Aber wenn nicht, welchen Nutzen hatte dann das ganze Geld ihres Vaters und die ganze Arbeit ihres Vaters?

Welche Chance auf Glück gäbe es für ihn auf dieser Welt, wenn sie nicht glücklich wäre? Er liebte das Mädchen von Kopf bis Fuß, so wie er ihre Mutter geliebt hatte. Er war in sie versunken. Wenn die Dinge nicht gut liefen, würde es für ihn sehr schwer werden. Er würde nie über etwas hinwegkommen, was Bonnie Bell unglücklich machen würde.

Was Tom also gegen zehn oder elf Uhr in unserem Wintergarten tat, war, das Glück von Bonnie Bell und ihrem Vater zu regeln – und mir, wenn man so sagen kann, ich zählte.

„Nun", sage ich mir schließlich, „so wird das Spiel in den Städten gespielt. Das Mädchen muss sich mit einer Menge Dingen auseinandersetzen, die in Wyoming nicht so sehr stören. Das ist nicht dasselbe wie . " wenn Bonnie Bell Pore wäre und er auch Pore wäre. Es ist eine gute Übereinstimmung – wenn überhaupt eine Übereinstimmung gut genug für sie sein kann. Sie wird es vergessen."

Ich konnte sie gerade noch da stehen sehen, ganz in ihrer blassblauen Seide und ihren kleinen blassblauen Pantoffeln, die Haare zu einem Band zusammengebunden, so wie damals, als sie an jenem Abend die Treppe herunterkam, lächelnd, aber immer noch wach . als sie wusste, dass Tom kommen würde. Ich konnte sie sehen – Ach, scheiße! Was hat ein Cowpuncher mit so etwas zu tun? Ich wünschte, ich wäre draußen auf dem Schießstand, wo ich hingehörte.

Ich saß dort, ich weiß nicht wie lange – vielleicht bin ich ein- oder zweimal eingeschlafen –, als ich hörte, wie sich die Haustür leicht schloss , und wusste, dass jemand draußen war – ich wusste nicht, wer es war. Danach habe ich lange gewartet, aber niemand kam herein und niemand sprach.

Nach und nach hörte ich ihr Kleid rascheln, und sie kam in unser Zimmer, wo ich saß.

Sie war weiß wie ein Geist – ich habe noch nie jemanden gesehen, der so weiß war wie sie. Sie wusste nicht, dass ich da war, und sie schlug die Hände vors Gesicht und schrie fast, als ich mich bewegte. Dann ging sie zu unserer Rohlederlounge, setzte sich hin und hielt ihre Hände so fest zusammen, dass ich sehen konnte, dass ihre Knöchel weiß waren. Sie wusste, dass ich da war, aber sie schien mich nicht zu sehen.

Ich habe kein Wort gesagt. Wenn eine Frau die Dinge auf diese Weise streitet, ist es nicht an der Zeit, sich einzumischen. Ich wünschte, ich wäre da raus, aber ich habe mich nicht getraut. Sie stellte sich hin, schaute ins Feuer und rang die Hände. Wann immer Sie ein Pferd sehen, das seinen Schwanz ausreißt, ist es erledigt. Immer wenn Sie eine Frau sehen, die auf diese Weise ihre Hände ringt, ist sie voll dabei; und sie leidet am Ufer. Aber ich musste dort bleiben und sie leiden sehen.

„Bonnie", sage ich, „was ist?"

Sie richtete ihren Blick auf mich, und ihr Blick war weit geöffnet und schrecklich.

„Curly", sagt sie, „ich stecke in Schwierigkeiten. Es ist schrecklich! Ich weiß nicht –"

„Was ist schrecklich?" „Was ist passiert, Bonnie, Mädchen? Sag es dem alten Curly, und er wird zu keiner lebenden Seele ein Wort sagen. Ich bin bei dir, bei jedem Spiel – nur schau nicht mehr so hin." "

„Curly", sagt sie, „es ist da! Ich – ich wusste nicht –"

„Was ist gekommen?" „ Sagt es dem alten Curly, nicht wahr? Ich werde helfen, so gut ich kann."

Sie blieb eine Weile stehen, und als sie sprach, war es nur ein Flüstern.

„Ich – ich bin eine Frau!" sagt sie. „Ich wusste es nicht! Ich bin – ich bin eine Frau. Ich bin kein Mädchen mehr. Ich bin eine Frau …"

Sie stand nun auf und stand da, gerade, als wäre sie aus Marmor geschnitzt, und ihr seidenes Kleid hing ihr um die Beine, und sie rang noch immer mit den Händen, und ihre Augen waren weit geöffnet. Aber sie weinte nicht.

„Ich wusste es nicht", sagt sie. „Ich hätte nie gedacht, dass es so sein würde. Ich wusste es nicht."

„Du wusstest nicht was, Schatz?" sagt ich. „Es gibt eine Menge Dinge, die wir alle nicht wissen. Aber kann dein alter Freund Curly jetzt irgendetwas für dich tun? Hör zu, Schwesterchen, ich liege dir sehr am Herzen", sage ich. „Erzähl es dem Alten Curly, kannst du nicht, was ist schief gelaufen? Dein Vater, er ist gerade ins Bett gegangen. Soll ich gehen und ihn holen?"

„Nein, nein, nein! Um Himmels willen, nein! Ich kann ihn nicht sehen – ich könnte es ihm nie sagen."

„Es muss erzählt werden", sage ich.

Dann nickte sie schnell und sagte nichts.

„Es geht mich eigentlich nichts an", sage ich, „aber du und er – Nun ja –"

„Ihr Männer –" Sie brach zusammen. „Ihr Männer – was wisst ihr über ein Mädchen? Was habt ihr Männer mir angetan?"

„Wir haben in der Welt Gottes, des Allmächtigen, alles getan, was wir für Sie tun konnten", sagt ich. „Wir hätten mehr für Sie getan, wenn wir gewusst hätten , wie."

„Ah, ist es so! Du hast mich zum unglücklichsten Mädchen der Welt gemacht."

Ich konnte kein Wort dazu sagen. Es ging durch mich hindurch wie ein Messerschnitt. Ich war froh, dass Old Man Wright nicht da war, um es zu hören. Da sah ich , dass er und ich versagt hatten. Wir konnten nie ein anderes Spiel spielen, denn dies war das einzige Mädchen, das wir hatten.

„Du hast mich hierher gebracht", sagt sie, „und ich war wie eine Gefangene. Aber ich habe getan, was ich konnte."

„Hat es dir hier nicht gefallen?" sagt ich. „Wir haben viel für Sie getan. Magst du uns nicht?"

„Wie du, Curly?" sagt sie. "Ich liebe dich Ich liebe dich!"

Sie kam jetzt, nahm mich bei den Schultern und schüttelte mich. Ich wusste vorher nicht, dass sie so stark ist.

„Ich liebe dich – ich liebe euch beide", sagt sie. „Ich würde jede Minute für dich sterben", sagt sie. „Ich würde jetzt versuchen, für jeden von euch mein Herz herauszuschneiden – wenn es dazu kommt. Ich habe es jetzt, heute Abend, versucht. Ich habe es eine Stunde lang versucht – zwei Stunden lang. Ich wusste vorher nicht, was es bedeutete."

„Er hat dich gefragt , Bonnie?" sagt ich.

„Ja, ja", sagt sie. „Der arme Junge! Ich mag ihn so sehr – ich habe Mitleid mit ihm."

„Mein Gott! Bonnie, hast du ihn nicht abgewiesen?" sage ich. „Das hast du nicht getan? Du hast dem Porenmenschen nicht das Herz gebrochen ?" sagt ich. „Warum hast du –"

"Warum haben Sie!" sagt sie hinter mir her. „Ich habe dir gesagt, dass er es mir deutlich gemacht hat."

„Was hat er deutlich gemacht, Bonnie?" sage ich. „Ich nehme an, er hat sich irgendwie geliebt? Es steht mir nicht zu, darüber zu sprechen."

"Ja ja!" Sie sagt es scharf und hoch. „Das hat er. Ich weiß jetzt, was es bedeutet, eine Frau zu sein und verliebt zu sein. Das wusste ich vorher nie. Aber es war nicht – es war nicht für ihn! Er hielt mich fest – ich war eine Frau – und es war nicht so. t für ihn. Wie kann ich lieben – Was kann ich tun? Ich liebe euch alle, Curly – ich liebe euch alle! Ich liebe Tom auf eine

Weise; und es tut mir leid, weil er gut ist. Aber das ist' „Ich bin keine Frau. Es war nicht für ihn – es war nicht für ihn!"

Sie flüsterte mittlerweile.

„ Also ist er sofort gegangen?" sagt ich.

Sie nickte.

„Vielleicht habe ich ihm das Herz gebrochen. Ich habe deines und das meines Vaters und meines gebrochen – alles nur, weil ich nicht anders konnte, als eine Frau zu sein. Und ich bin die unglücklichste Frau der Welt. Ich möchte sterben! Ich Ich weiß nicht, was ich tun soll. Ich möchte ehrlich sein und weiß nicht wie.

„Bonnie", sage ich nach einer Weile langsam, „ich weiß jetzt alles darüber. Du warst verrückt und bist jetzt verrückt. Du hast dich immer wieder an diesen unauffälligen Schleicher von nebenan erinnert. Das hast du." „Ich habe einen hochmütigen Gentleman wie Tom abgewiesen – und aus welchem Grund hast du das getan? Du hast nicht auf dem richtigen Weg gehandelt, Bonnie Bell Wright", sage ich. „Es ist nicht nötig, dass ich jetzt alles erzähle, was ich über ihn weiß . Ich könnte dir noch viel mehr erzählen.

„Nein", sagt sie und weinte jetzt; „Es war eine böse Sache von mir, jemals auf ihn zu hören. Ich habe Unrecht getan", sagt sie. „Aber was muss ich tun?" sagt sie: „Muss ich mein Leben lang lügen? Das kann ich nicht."

„Na ja, manche Frauen sind dazu in der Lage – nur ein bisschen“, sage ich. „Vielleicht würdest du die Sache mit dem Mann von nebenan hinter dir lassen, wenn du verheiratet wärst und ein paar eigene Kinder hättest. Das würdest du tun.“ „Ich bin glücklich mit Tom. Wir wären alle glücklich. Du würdest es vergessen – natürlich würdest du es vergessen. Frauen sind so gebaut“, sage ich. „Ich glaube, ich weiß es!“

„Lockig –“ Und obwohl sie genauso aussah wie immer, jung und weiß und schön und nur dazu geeignet, von irgendjemandem geliebt zu werden, hatte ihr Gesicht etwas an sich, das sie alt aussehen ließ, wirklich alt, wie eine von ihnen Statuten in unserem Vorgarten.

Sie war dreiundzwanzig und hübsch wie alles, was jemals aus Marmor gemacht wurde – und weiß wie alles aus Marmor; aber sie sah tausend Jahre alt aus, als sie damals dort stand. Da war etwas in ihrem Gesicht, das aus

einer weit zurückliegenden Vergangenheit herabzusteigen schien. Sie war –
nun ja, ich schätze, sie war das, was sie sagte – eine Frau!

„Curly", sagt sie, „manche Frauen können es vielleicht vergessen. Es ist der
einfachste Weg – vielleicht machen es die meisten. Die durchschnittliche
Frau lebt so. Aber ich kann nicht, Curly; ich kann nicht – das ist es nicht."
Das liegt mir nicht im Blut. Frauen wie ich müssen ihrem eigenen Herzen
folgen, Curly – egal, was das bedeutet.

einer Weile wiederkommen; aber ich wusste die ganze Zeit, dass ich nicht
ewig lügen konnte. Ich wusste, dass ich Ich könnte einen Mann lieben – einen
Mann –, aber es war nicht für ihn. Ich bin wie mein Vater und wie meine
Mutter, Curly. Willst du das Leben aus mir herausquetschen? Willst du mich
dazu bringen, etwas zu tun, was wir tun? Was würden wir alle bereuen,
solange wir gelebt haben?"

Dann hörte sie auf zu reden; aber sie drehte sich irgendwie um und fuhr fort:

„Es ist nur eine kleine Weile her, Curly", sagt sie. „Es ist nur so kurze Zeit
vergangen! Ich weiß nicht, ob ich darüber hinwegkomme – ich weiß nicht,
ob ich es vergessen kann. Aber, oh, Curly, lass mich für eine Stunde mein
Herz öffnen – nur für dieses Mal." Lass mich eine Frau sein!... Aber es war
nicht für ihn!"

Und jetzt flüsterte sie wieder.

„Ich bin ein Dieb, Curly!" sagt sie nach einer Weile. „Ich habe dein Leben
und das deines Vaters gestohlen. Ich habe alles genommen, was du mir
gegeben hast. Ich habe es nicht verdient."

„Oh ja, das tust du", sage ich; „Du hast alles verdient, was wir für dich getan
haben. Wir haben dich geliebt, Schatz, und das tun wir jetzt."

„Aber du kannst nicht mehr, Curly", sagt sie. „Ich war ein Dieb. Ich habe
eure Leben gestohlen – von euch beiden großen, großartigen Männern. Aber,
oh! gebt mir meine Stunde – die eine Stunde meines ganzen Lebens."

„Ich habe ihn auch bestohlen – von Tom", sagt sie. „Ich habe ihm
genommen, wofür ich nicht bezahlt habe und kann es nicht. Das kann ich
nie. Zumindest kann ich es nicht, bis ich – meine Stunde gehabt habe."

„Eine Frau muss sich ihr ganzes Leben lang mit Dingen auseinandersetzen,
Curly", sagt sie; „Und immer sagt sie: ‚Na, lass es sein!' Sie erträgt ihre
Verluste, Curly, und manchmal vergisst sie es. Aber wenn sie jemals vergisst,
was heute Abend in meinem Herzen ist – wenn sie das vergisst –, dann ist
das Leben für sie nie wieder der Mühe wert. Dann gibt es nichts zu tun –
alles ist eine Täuschung und ein Betrug. Wenn es das ist, was das Leben
bedeutet, möchte ich nicht mehr leben .

„Bonnie“, sage ich, „so darfst du nicht reden.“ Ich zog sie jetzt irgendwie auf mein Knie, strich ihr Haar zurück und sah sie an. „Höre dich an – du, der du morgens so früh aufstandest und auf der ganzen Ranch jubelte – deine Wangen waren rot von der Sonne, deine Haare wehten und deine Augen waren wie die eines Rehs! Nun, da war nichts als Leben Dann ist die Welt für dich nichts anderes als einfach nur am Leben zu sein.“

„Ich war damals keine Frau, Curly“, sagt sie. „Ich wusste es nicht.“

„Ich habe es auch nicht getan“, sage ich; „Und ich weiß es jetzt nicht.“

„Das geht nicht“, sagt sie. „Es ist schrecklich! Ich – ich denke, ich werde jetzt gehen.“

Dann nahm sie sich von meinem Knie; Und das Erste, was ich weiß, ist, dass sie weg war.

Ich blieb dort und betrachtete den Ort, an dem sie gewesen war. Ich wusste, dass es dort jetzt die Hölle zu bezahlen gab!

XXIV – Wie Bonnie Bell uns alle verließ

Ich bin in dieser Nacht überhaupt nicht ins Bett gegangen. Ich konnte sowieso nicht schlafen . Ich saß dort im Ranchraum und dachte nach und versuchte herauszufinden, was ich tun sollte. Ich kam zu dem Schluss, dass das vielleicht davon abhängen würde, was Bonnie Bell tun würde; und ich konnte nicht sagen, was das war, denn sie selbst schien sich darüber nicht im Klaren zu sein.

Gegen Tagesanbruch, vielleicht schon früher, als ich dort ankam – vielleicht hatte ich ein- oder zweimal geschlafen – hörte ich das Geräusch eines Autos, das nicht weit von uns wegfuhr. Ich nehme an, dass es bei den Wisners war ; Vielleicht gingen oder kamen einige ihrer Leute. In der Stadt verhalten sich die Leute anders als auf einer Ranch und die Nacht verläuft ungefähr genauso wie der Tag.

Ich hatte all diese Dinge so intensiv studiert und versucht herauszufinden, wie ich das Spiel spielen müsste, dass ich Old Man Wright nicht bemerkte, als er an diesem Morgen hereinkam, ungefähr zu der Zeit, als er normalerweise zum Frühstück aufstand . Er machte sich keine Sorgen, schien aber sehr glücklich zu sein, als ob in seinem Kopf etwas klar wäre.

„Nun, Curly“, sagt er, „du bist schon früh auf den Beinen, nicht wahr ? Was macht dich heute Morgen so neugierig darauf, die kleinen Vögel singen zu hören?“

Er füllt seine Pfeife. Ich habe nichts gesagt.

„Nun“, sagt er nach einer Weile, während er raucht und aus dem Fenster schaut, „ich glaube, ich bin jetzt wieder ein liebevoller Vater. Vielleicht werde ich bald Opa – wer weiß das? Ich habe nie daran gedacht, es zu sein.“ ein Opa in meinen Geburtstagen“, sagt er; „Aber so ist das Leben.“

„Was meinen Sie, Oberst?“ Ich frage ihn.

„Nun“, sagt er, „ich bin vielleicht noch kein richtiger Opa, aber ich schätze, es reicht. All diese Blumen und so etwas – und diese späte Vorstandssitzung gestern Abend. Wann ist der Tag?“

Er sieht immer noch sehr zufrieden aus. Was könnte ich ihm dann sagen?

„Schade“, sagt er, „du hättest nicht aufbleiben können, um die frohe Nachricht zu hören, Curly!“ sagt er. „Ich gehe davon aus, dass Tom Kimberly Ihnen oder mir gern davon erzählt hätte; aber ich wusste, wie die Sache lief sich selbst . Es dauert manchmal mehrere Stunden, bis junge Leute Dinge festlegen und einander erzählen, die in nur einer Minute erzählt werden könnten. Heiratsantrag ist eine industrielle Verschwendung, so wie es üblich ist.

"Gut gut!" er geht weiter. „Ich bin froh, dass mein kleines Mädchen so glücklich sein wird. Sie ist ein gutes Mädchen und sie liebt ihren Vater. Manchmal denke ich sogar, dass sie dich wirklich mag, Curly", sagt er. „Ich verstehe nicht, warum. Du bist ein wirklich unbedeutender Mann, Curly", sagt er. „Ich verstehe nicht, warum ich dich behalte."

Dann wusste ich, dass es ihm gut ging. Er würde mich auf keinen Fall abschrecken , aber manchmal scherzte er gern darüber .

„Nun", sagt er nach einer Weile, „was sagst du selbst dazu, Curly?"

„Ich sage, sie liebt dich so sehr wie jedes andere Mädchen es jemals getan hat. Sie liebt mich auch, obwohl ich auch nicht weiß, warum."

„ Shore, das tut sie!" er nickt. „Und sie wird das Richtige für uns beide tun – das ist Ufer."

"Ist es?" sagt ich. „Nun, wer weiß, was das Quadratische auf der Welt ist? Manchmal ist es schwer zu sagen, was es ist."

„Das ist so", sagt er nachdenklich. „Manchmal ist es so. Ich hätte vielleicht einen anderen Mann besser gemocht als Tom, wenn es einen anderen Mann gegeben hätte; aber das gibt es nicht. Ich bin froh, dass sie ihn genommen hat. Es wird ihm gut gehen." Er ist ein guter Junge und seine Leute sind gut. Er wird gut rauskommen – machen Sie sich keine Sorgen."

„Nein", sage ich; „Ich schätze, es nützt nichts, sich Sorgen zu machen, Colonel."

"Wie meinst du das?" sagt er. „ Ist das nicht in Ordnung?" sagt er.

„Das bleibt abzuwarten", sagt ich.

„Sie akzeptiert ihn, nicht wahr?"

„Wenn ich es wüsste, würde ich es dir sagen ", sage ich; „Aber ich weiß es nicht für Shore."

„Natürlich", sagt er zu mir, „würde das Mädchen nicht sehr offen mit dir darüber reden, vor allem, weil du im Bett warst ."

"War ich?" sage ich. „Oh, schon gut, wenn ich im Bett wäre! Wenn ich gestern Abend hier nicht eine Weile mit Bonnie Bell gesprochen habe, dann ist alles erledigt, und ich bin froh, das zu wissen."

„Na, wo ist sie jetzt?" sagt er. „Ich bin hungrig, als alle rauskommen; und du weißt, ich kann nichts essen, bis sie zum Frühstück herunterkommt – ich muss sie mir direkt gegenüber an den Tisch setzen, so wie ihre Mutter es immer getan hat. Oh, hm ! Ich nehme an, eines Tages wird sie dort nicht mehr sitzen. Nur du und ich werden dort sitzen und uns anschauen wie zwei verdammte alte Idioten. Dafür gibt es Väter, Curly", sagt er. „Das ist das Beste, was sie aus der Auslosung herausholen können.

„Nun, dafür habe ich gelebt, seit sie kniehoch war – nur um sie glücklich zu machen; nur um ihr, wie ihre Mutter es mir gesagt hat, den Platz im Leben zu geben, den sie zu sich genommen hat. Nein kleines Kattunkleid und einen breiten Hut für Miss Mary Isabel Wright, schätze ich, Curly. Ihr Spiel ist jetzt anders. Them Better Things kommt jetzt auf sie zu, schätze ich, Curly. Sie hat die Ranch verlassen und spielt ein größeres Spiel – und sie hat gewonnen. Nun, ich werde ihnen beiden sagen, wie froh ich bin; aber ich wünschte, sie wäre zum Frühstück heruntergekommen, denn ich werde richtig hungrig.

Sie ist nicht gekommen. Ich konnte ihm noch nichts sagen, da ich nicht genau wusste, was die Wahrheit war; Bonnie Bell hatte mir nicht gesagt, ob sie Tom akzeptierte oder nicht, sondern nur gesagt, dass er wieder zurückkommen würde. Ich wünschte, sie würde herunterkommen und mir dieses Ding abnehmen, denn ich bekam kalte Füße, genauso wie du geboren wurdest.

Er geht auf und ab, wird immer hungriger und singt „Tom Bass He Was a Ranger!" Aber sie kam nicht. Schließlich ruft er unseren William; und sagt er zu William:

„Schicken Sie Annette hoch, um Miss Bonnie zu fragen, ob sie zum Frühstück bereit ist."

„Ja, Sir; sehr gut, Sir. Es wird alles ziemlich kalt, Sir", sagt William; und er ging weg.

Er kam ein paar Minuten später zurück, stand in der Tür und sagte sein „Ahum ! " wie er es immer tat, und der alte Mann drehte sich zu ihm um.

in der Mitte von Miss Wright steht, dass Miss Wright nicht hereingekommen ist."

„Nicht reinkommen! Was meinst du?"

„Sie ist nicht in ihrem Zimmer, Sir. Der Mide glaubt, dass sie in der Nacht nicht in ihrem Zimmer war."

„Was ist das? Was ist das?" sagt er. „Curly, hast du nicht gerade gesagt, dass sie hier war? Bist du nicht aufgestanden, nachdem ich da war?"

„Ich habe sie gegen Mitternacht gesehen", sage ich, „vielleicht später; ich weiß es nicht. Ich dachte, sie wäre zu Bett gegangen. Ich habe sie nie ausgehen hören. Sie hätte nicht ausgehen können – ich hätte sie gehört. " ."

„Du hättest sie gehört! Mit dir selbst im Bett? Was meinst du?"

Der alte Mann drehte sich nun zu mir um und sah mein Gesicht. Er kam ganz nah an mich heran.

"Wo warst du?" sagt er. "Wie meinst du das?"

„Colonel“, sage ich, „sie war nach Mitternacht hier. Ich war heute Nacht überhaupt nicht im Bett.“

„Was hat sie zu dir gesagt? Warum bist du nicht zu Bett gegangen? Wo ist sie? Was hast du getan?“

„Ich habe nichts getan“, sage ich. „Ich habe tagelang versucht, mit dir zu reden, und es ist mir nicht gelungen. Ich wusste nicht, was ich tun sollte. Ich wollte mich nicht in die Angelegenheiten eines Mädchens einmischen.“ Geschäft und dieses Ufer gehört ihr.

"Es gehört ihr?" sagt er, kalt und hart. „Ich stecke auch da drin. Da drin ist etwas, das raus muss. Komm!“ sagt er.

Er winkte mir und ich folgte ihm die Treppe hinauf zu dem Teil des Hauses, der Bonnie Bell gehörte – im zweiten Stock und an der Ecke zum See. Sie hatte ein schönes, großes Schlafzimmer mit breiten Fenstern, alles Holz war weiß und alle Seidenstoffe waren in einer Art Hellgrün gehalten.

Wir gingen ins Zimmer; und er klopfte nicht. Der Raum war leer! In ihrem Bett hatte man nicht geschlafen. Auf einem Stuhl lag geglättet ihr hellblaues Kleid, an das ich mich erinnerte.

„Das ist das, das sie zuletzt getragen hat“, sage ich und zeige darauf. „Sie hat es geändert.“

„Sie ist – sie ist weg!“ sagt ihr Vater. „Gegangen – ohne mich zu fragen – ohne es mir zu sagen! Wo ist sie hin? Sag es mir, Curly. Hat – hat irgendjemand – – Mein Mädchen – wo ist sie? Sag es mir!“

Dann packte er mich an den Schultern und schüttelte mich; und ich bin auch kein Huhn.

Dann warf ich einen Blick auf das Bett und sah, dass etwas auf dem Kissen lag. Ich habe es ihm gezeigt. Es war ein Brief.

Wenn Sie jemals gesehen haben, wie ein Mann erschossen wird, wissen Sie, wie es ihm ergeht. Er wird eine Zeit lang stehen bleiben, als wäre er nicht so schlimm verletzt. Dann verzieht sich sein Gesicht vor Überraschung und er beginnt langsam zusammenzubrechen. So tat es der alte Mann Wright, als er den Brief las. Es war, als wäre er angeschossen worden und hätte versucht aufzustehen, konnte es aber nicht, nur für kurze Zeit.

„Sie ist – sie ist weg!“ sagt er, als würde er mit jemand anderem reden. „Sie ist weggelaufen – vor mir! Sie ist weg, Curly!“ Er sagt es noch einmal, und dieses Mal so laut, dass man es einen Block lang hätte hören können . „Unser Mädchen ist hier geblieben – hat schließlich ihren Vater verlassen! Curly, sag mir, was war das? Konnte sie – hat sie – Wie konnte sie?"

Ich nahm ihm den Zettel aus der Hand, als er mich nicht sah. Es sagte:

Vater [Ich wusste noch nie, dass sie ihn so nennt] Vater, ich gehe weg. Ich bin ein Dieb. Ich habe dein Herz gebrochen und das von Curly und Tom. Ich bin das böseste Mädchen der Welt; und ich werde dich niemals um Verzeihung bitten, denn ich verdiene sie nicht. Du darfst mich nicht mehr suchen . Ich gehe weg. Auf Wiedersehen!

Nun, das war alles. Der Brief war völlig nass – und ein Mann kann nicht weinen.

„Curly", sagt ihr Vater zu mir, „warum, Curly, das kann nicht sein! Sie versteckt sich – sie macht nur Witze; sie würde das nicht mit ihrem alten Vater machen. Sie hat mir schreckliche Angst gemacht. Komm, lass uns sie finden." , und sag ihr, dass sie das nicht mehr tun darf. Es gibt Dinge, die ein Mann nicht ertragen kann."

„Colonel", sage ich, „wir müssen es aushalten. Sie ist weg und das ist kein Scherz."

"Woher weißt du das?" Er hat mich jetzt wild angemacht. „Verdammt! Was weißt du? An meinem Mädchen ist nichts falsch – du wagst es nicht, mir das zu sagen! Sie konnte nichts falsch machen; es war nicht in ihr."

„Nein", sage ich; „Sie würde nichts tun, außer das, was sie für richtig hielt, denke ich. Aber wissen Sie, Sie und ich, wir haben sie überhaupt nicht kennengelernt. Ich habe sie erst letzte Nacht um halb eins oder ein Uhr gekannt." "

„Was meinst du? Was hat sie gesagt?"

„Sie sagte mir, sie müsse eine Frau sein."

Er stand auf und sah mich an; Und jetzt sah ich, dass ich durchkommen musste, denn das Mädchen konnte nicht mehr gerettet werden.

„Oh, verdammt, Colonel", sage ich, „ich hätte die ganze Zeit wissen müssen , dass das Ding rauskommen würde – es würde eines Tages kaputt gehen . Ich hätte es Ihnen natürlich sagen sollen. "

"Wie meinst du das?" sagt er; und er hat mich noch einmal in seinen Händen gefangen – er ist auch stark.

„Lassen Sie mich frei, Colonel!" sage ich. „Niemand kann mich anfassen – ich werde es nicht zulassen. Ich habe mein ganzes Leben lang für Sie gearbeitet, und ich habe das Richtige getan, so gut ich wusste. Lassen Sie mich los!“

Er ließ locker los, behielt mich aber im Auge.

„Ich möchte fair sein“, sagt er und flüsterte halb: „Ich möchte fair sein; aber der Mann, der das getan hat, muss sich mit mir abfinden! Sag mir, hast du und sie gegen mich geplant?“

„Ich habe nichts geplant“, sage ich. „Ich habe nur gehofft, dass sie alles vergisst, heiratet und sesshaft wird.“

„Was vergessen? Hatte sie irgendwelche Affären, von denen du wusstest?“

Dann nicke ich . Ich war froh, es aus meinem Kopf bekommen zu haben.

„Ja“, sage ich; "Sie tat."

„Wer war es, Curly?“ sagt er, ruhig.

„Es war der Mann von nebenan – der angeheuerte Mann der Wisners “, sagt ich.

Ich hätte lieber Old Man Wright erschossen und ihn anständig getötet, als zu sagen, was ich damals getan habe.

„Du bist ein verdammter Lügner!“ sagt er ausführlich und leise zu mir.

„Colonel“, sage ich, „das können Sie weder mir noch einem anderen Mann nennen, und Sie wissen es.“

„Ich rufe es dir zu!“ sagt er. „Mein Mädchen hätte das nicht tun können .“

„Ich wünschte, ich wäre ein Lügner, Colonel“, sage ich; „Aber das tue ich nicht . Ich gebe dir einen Tag, um das zurückzunehmen, und du wirst dich auch nicht mit Beweisen befassen. Ich habe lange für dich gearbeitet. Ich habe das Mädchen genauso geliebt wie dich.“ Es ist nicht Ihre Aufgabe, mir das wegzureden . Ich muss sagen, ich wusste das schon seit einiger Zeit und habe versucht, es zu stoppen – es war meine Aufgabe, es zu stoppen. Ich habe hundertmal versucht, es zu sagen Du hast mir davon erzählt, aber ich konnte nicht, ohne sie und dich auch beinahe umgebracht zu haben. Sie hat mich gebeten, es dir nicht zu sagen, und – zum Teufel! Ich habe sie genauso geliebt wie du.“

„Wie weit ist es gegangen, Curly?“ sagt er. Er kam jetzt herüber und klopfte mir mit der Hand auf und ab, während er wegschaute, was seine Art zum Ausdruck brachte, dass es ihm leid tat. „Kümmere dich nicht um mich, Curly“, sagt er. „Ich bin verrückt! Du darfst mir nichts ausmachen, aber erzähl mir jetzt alles, was du weißt. Ich weiß, du könntest keinen von uns anlügen, wenn du es versuchen würdest.“

„Ja, das könnte ich auch", sage ich; „Aber ich habe es nicht versucht. Aber ich konnte einfach nicht zu dir gehen und dir das alles erzählen, denn ich wusste, was es für dich bedeuten würde."

„Es geht schon eine ganze Weile ruhig weiter und ich habe alles getan, was ich konnte, um es zu stoppen. Es begann vielleicht, als sie ihn aus dem See zog – ich weiß es nicht. Sie trafen sich nicht oft. Ich habe es gehört." Sie unterhielten sich einmal auf dem Dock, und ich sagte ihm, ich würde ihn verjagen, wenn er über den Zaun käme oder noch ein Wort zu ihr sagen würde. Sie bettelte dann für ihn, aber ich habe ihr nie etwas versprochen. Ich wusste, dass es meine Aufgabe war als Ihr Vorarbeiter, der sich darum kümmert, also bin ich nicht zu Ihnen gegangen.

„Weiter", sagt er. "Sag mir!"

„Sie sagte ihm lange Zeit nichts – sie traf ihn nicht, nicht nachdem sie gesagt hatte, dass sie es nicht tun würde. Dann schickte er Briefe – an das Halsband unseres kleinen Hundes gebunden – zwei oder drei Briefe; Vielleicht vier oder fünf, soweit ich weiß. Er war verrückt nach ihr. Die ganze Zeit über gestand er ihr und mir gegenüber ein, dass er das, was er getan hatte, nicht tun sollte. In seinen Briefen sagte er, er solle nicht den Blick heben zu ihr – er wusste , er hätte zur Vordertür und nicht zur Hintertür gehen sollen, und er sagte genau das. Aber er sagte, wie es ein Mann tun würde, dass er nichts dagegen tun könne .

„Soweit ich weiß, hat sie nie auf seine Briefe geantwortet. Ich weiß nicht, ob sie ihm überhaupt jemals etwas gesagt hat. Soweit ich weiß, haben sie nie viel geredet, nur das eine Mal, als ich Ich habe sie gehört . Aber was etwas betrifft – ja, es geht schon eine ganze Weile so. Und ich habe es gewusst; ich wusste, dass ich gehen und es dir sagen sollte. Und die ganze Zeit habe ich konnte nicht, weil ich sie liebte und sie mich aufforderte, es nicht zu sagen.

„Hat sie dir jemals etwas erzählt? Glaubst du, dass sie sich überhaupt um ihn gekümmert hat? Weißt du", fährt er fort, „ich habe ihn nie gesehen, um ihn zu kennen. Ich weiß nicht, wer er ist. Ich kannte ihn kaum." war auf der Erde am Leben. Gott verzeih mir! Ich hätte es wissen müssen . Ich habe ihr einmal gesagt, sie solle nicht mit diesem angeheuerten Mann reden; aber wenn ich mir etwas dabei gedacht hätte, hätte ich ihn dann vielleicht getötet."

„Ja, und ich hätte es Ihnen sagen sollen , Colonel", sage ich. „Es lag nur an der Art und Weise, wie die Dinge passiert sind, und weil sie mich gebeten hat , es nicht zu tun."

„Sie hatte dieses Geheimnis von ihrem Vater!" sagt er, langsam. „Wer kann sagen, was im Herzen einer Frau ist?"

„Das ist es", sage ich; „Jetzt hast du es verstanden. Sie war eine Frau – sie hat es mir gesagt."

„Was hat sie noch gesagt, Curly?"

„Einmal kam sie weinend zu mir und sagte: ‚Curly, ich liebe ihn!' – sie meinte den Mann von nebenan. Und ich weiß jetzt, dass er nicht in der Lage war, ihr die Füße abzuwischen."

„Old Man Wright" setzte er sich dann ruhig hin. Ich konnte ihm nicht helfen, ich musste zusehen, wie er es nahm. Es war furchtbar.

„ Sie hat das gesagt – sie liebte ihn? Wie lange ist das her?"

„Ein paar Wochen vielleicht", sage ich. „Da hatte ich nie den Mut, es dir zu sagen. Ich hoffte, sie würde erkennen, wie dumm es von ihr war, sich um einen billigen Gärtner zu kümmern – ich dachte, sie würde es tun." Zu stolz dafür. Und dann habe ich zugegeben, dass sie Tom Kimberly heiraten würde, und das würde sie verändern und alles würde gut ausgehen. Die ganze Zeit habe ich gehofft und versucht, sowohl sie als auch dich zu retten . Ich war fast verrückt, Colonel. Und die ganze Zeit über war ich natürlich nur ein verdammt dummer Cowpuncher ohne jeglichen Verstand.

"Sie ist gegangen!" sagt er nach einer Weile.

„Ja", sage ich; „Soweit ich es mir vorstellen kann, hat sie die ganze Nacht darüber nachgedacht und ist zu dem Schluss gekommen, dass es das Beste für sie wäre, Tom nicht zu heiraten, da sie sich genauso gefühlt hat wie bei diesem anderen Mann. Sie hat uns erschüttert, Colonel. Aber glauben Sie mir, sie war es nicht. „Ich habe nie Freude daran gehabt. Es muss für sie wie der Tod gewesen sein ."

„Warum hat sie das getan, Curly?" er flüsterte. „Wie konnte sie? Warum?"

„Ich habe es Ihnen gesagt, Colonel", sage ich. „Das lag daran, dass sie herausgefunden hat, dass sie eine Frau ist. Das hatte sie vorher nicht gewusst – und wir auch nicht."

Schließlich stand er auf, konnte aber nicht aufrecht stehen.

„Wie können wir das geheim halten?" sagt er.

Wir konnten es überhaupt nicht ruhig halten. Es war im Moment überall im Haus. Dieses Annette-Mädchen hatte alle Peanut-Briefe gelesen, bevor William sie überhaupt bekam . Wahrscheinlich hatte er sie auch gelesen. Sie hatten Angst, als wir ihren Teil des Hauses betraten.

„Wo ist dieser Hund?" sagt Old Man Wright.

William, er wurde blass.

„Sehr gut, Sir", sagt er und tut so, als würde er Peanut verfolgen, von dem er weiß, dass er nicht da ist.

„Hallo, ich nehme an, sie hat mich mitgenommen, Sir", sagt William nach einer Weile.

Annette, sie fügt hinzu:

„ *Oui* , *oui* – ja, ja; sie hat ihn mitgenommen."

„Haben ihn mitgenommen? Was meinst du? Was weißt du darüber? Schweigt, Leute !" sagt Old Man Wright. „Geh in diesen Raum!" Er hat sie eingesperrt.

„Jetzt, Curly –" sagt er.

Ich wusste, dass er sich inzwischen darüber im Klaren war, dass das Mädchen mit dem Gärtner durchgebrannt war. Er würde vielleicht dorthin gehen.

„Nein, Colonel", sage ich; „Du hältst dich da raus."

"Wie meinst du das?" sagt er. „ Bist du überhaupt nicht mein Freund? Habe ich nicht auf der ganzen Welt einen Freund?"

„ Sie sind hier Stadtrat", sage ich, „und das ist das Gleiche, als wäre man Sheriff. Als Sie es waren ." Sher'f , du könntest nicht tun, was das Gesetz vorschreibt – oder? Als Stadtrat oder Sheriff muss man sich an die Gesetze halten . Bei mir ist das anders. Außerdem ist das meine Aufgabe, nicht deine."

„Curly", sagt er, und ich konnte sehen, wie sein Kiefer entlang der gesamten Kante hart wurde . „Curly, gibt es nicht keinen Platz auf der Welt für einen uralten Mann mit gebrochenem Herzen?"

„Macht nichts, Colonel", sage ich. „Sie sind nicht an der Reihe", sage ich – „das ist alles. Manchmal", sage ich zu ihm, „ist es am besten, zunächst etwas langsam vorzugehen und kein Nein zu sagen." dumme Pausen. Lassen wir es einfach ruhig angehen, bis wir sehen, in welche Richtung die Katze gesprungen ist – wir wissen noch nicht viel."

„Sie – sie würde sich nicht umbringen?" sagt er plötzlich; und er wurde noch weißer.

„Das glaube ich nicht", sage ich; „Und ich werde Ihnen sagen, warum. Ich glaube nicht, dass sie so viel ans Sterben gedacht hat, als sie sagte: ‚Ich bin eine Frau.' Es war das Leben!"

Er sah mich ruhig an.

"Sie sagte, dass?"

„Uh- huh! – mehrmals . Und es war schließlich so, wie Sie es gesagt haben, Colonel. Es gibt keinen Zaun, der hoch genug ist, um einen jungen Mann und eine junge Frau voneinander zu trennen. Es musste passieren, und wir wusste es nicht – das ist alles.“

„Wir geben ihr jede Chance. Da war Tom.“

„Ja“, sage ich; „Und da war der Mann von nebenan. Diese Dinge gehen auf Vermutungen und Gawd zurück. Zum Beispiel“, sage ich, „was in aller Welt könnte Bonnie Bells Mutter jemals in Ihnen sehen, Colonel?“

Das traf ihn hart, obwohl ich es nicht so gemeint hatte. Er wandte sein Gesicht ab, als sähe er etwas Schreckliches vor sich.

„Mein Gott!“ sagt er. „Das habe ich selbst getan! Ich habe ihre Mutter gestohlen. Sie liebte mich und ich liebte sie. Gibt es denn niemanden, der einem alten, hilflosen Mann zeigen kann, was er tun soll?“

„Es ist das Leben, und sie hat uns den Weg gezeigt“, sage ich. „Als du Bonnie Bells Mutter gestohlen hast, warst du bereit, ihre Leute kennenzulernen, schätze ich, wenn sie kommen, um sie dir wegzunehmen. Du hast deine Chance genutzt , als du sie geheiratet hast.“ Das Gleiche gilt für den Mann, der mit Bonnie Bell durchgebrannt ist. Lassen Sie ihn ruhig sein , Colonel. Er liebt sie vielleicht – und er scheint ein Händchen für Frauen zu haben.“

„Er hat sie ruiniert!“ sagt Old Man Wright. „Er wollte natürlich heiraten, aber sehen Sie sich den Unterschied an. Ich habe nie einen Cent vom Geld ihrer Mutter angerührt „Mein Mädchen für ihr Geld! Erkennst du den Unterschied nicht? Wie ist dieses Stinktier?“ sagt er nach einer Weile zu mir.

„Er sieht nicht so schlecht aus“, sage ich, „wenn er schick gekleidet wäre. Er ist eine Art aufrechter Kerl. Seine Kleidung war immer so schmutzig, dass er nicht nach viel aussah. Er redete gut.“ Kerl genug.
„Das sind sie alle – diese verdammten Glücksjäger! Das kann ich glauben.“
„Ich war zu feige, es Ihnen zu sagen, Colonel“, sage ich. „Ich liebe dieses Mädchen sehr . Ich würde alles tun, was ich konnte, um dem Kind zu helfen, selbst jetzt, wo es ihr so schlecht geht.“
„Ja“, sagt er.
„Sie hatte es in ihrem natürlichen Zustand“, sage ich. „Ihr Vater und ihre Mutter sind weggelaufen. Sie war sanftmütig, bis sie durchgebrannt ist – und dann konnte sie die Hölle nicht mehr zurückhalten. Ist das nicht wie ihr Vater ? “
„Ja“, sagt er bescheiden; „Es ist wie ihr Vater.“
„Und sie ist gutaussehend und sanft und freundlich und sanft – also kann jeder Mann nicht anders, als sie zu lieben. Ist sie nicht so wie ihre Mutter ? War sie nicht auch so?“
„Ja“, sagt er und verschluckt sich. „Sie ist wie ihre Mutter.“

"Na dann?" sagt ich. „Na denn?"

Also schob ich ihn aus dem Zimmer und ging den Gang hinunter.

Als ich hinausging, schaute ich mich in unserem Haus um. Es war groß und fein, aber irgendwie kamen mir die Vorhänge langweilig und schmutzig vor. Irgendwie sah alles schäbig aus . An diesem Ort hatten wir versagt. Und dann schien ich mich selbst so zu sehen, wie ich war – Curly, ein krummbeiniger Cowpuncher auf der Schießbahn, der für ihn nichts zu gebrauchen hatte, außer nur, um die Dinge durcheinander zu bringen, so wie ich es getan hatte. Und Old Man Wright – das war früher unser Sheriff und der Kapitän der Razzia und der beste Kuhhirte in Wyoming – was war hier an diesem Ort zu ihm gekommen?

Ich drehte mich um, um zurückzublicken. In diesem Moment kam er aus dem Raum, in den ich ihn gestoßen hatte.

Er war ein großer Mann, aber jetzt stand er wie gebückt da. Sein roter Schnurrbart war zerzaust, da er in der letzten halben Stunde an den Enden herumgekaut hatte. Sein Gesicht schien eine andere Farbe zu haben und war nicht rot wie gewöhnlich. Er schien auf einmal schlanker geworden zu sein. Seine Knie schienen nicht gut zu halten und sein Rücken war gebeugt. Er hatte sich in weniger als einer Stunde sehr verändert . Er schien an das zu denken, woran ich dachte, und er sah sich auch im Haus um.

„Ich habe es geschafft, Curly", sagt er und seine Stimme war irgendwie locker und zitternd, als wäre er alt. „Ich habe es für sie gemacht. Ich habe viel Geld für sie verdient. Ich habe versucht, sie glauben zu lassen, dass ich hier glücklich bin, aber das war ich nie. Ich bin hier nicht glücklich, nicht eine Stunde, seit wir hier sind. Das ist alles so." ein Fehler."

Er schlägt mit der Faust an die Wand neben der Tür, an der er stand.

mir völlig egal. Es war alles ein Bluff; wir haben uns gegenseitig geblufft und Wir haben uns alle geirrt. Es war ein Misserfolg. Alles, was wir versucht haben, für sie zu tun, war nutzlos. Sie hat uns im Stich gelassen. Curly, ich zähle nicht mehr für nichts."

Es stimmte alles, was er gesagt hatte. Wir hatten unser kleines Spiel gespielt und es verloren. Ich habe mich noch nie in meinem Leben so krummbeinig oder so rothaarig gefühlt wie damals, als ich mich umdrehte, um von unserem Haus zu Wisner zu gehen. Ich habe nur einmal zurückgeschaut. In der Tür stand der alte Mann Wright, groß und vornübergebeugt, eine Hand auf beiden Seiten des Türrahmens.

Ich ließ ihn dort zurück und hielt mich am Rahmen der Haustür dessen fest, was er unser Zuhause nannte, für das er so hart gearbeitet hatte – für das wir uns beide so sehr bemüht hatten, sie darin glücklich zu machen. Er hatte ein Spiel gefunden zuletzt, wo er nicht gewinnen konnte.

Und sie schüttelte uns jetzt – unser Mädchen – schüttelte uns für einen Mann, der noch nie an unsere Haustür geklopft hatte!

XXV – Ich und sie

Ich war fast an unserem Eingangstor angelangt und wollte schon fast hingehen und mit den Wisner-Leuten reden, als ich hörte, wie unser William mich rief; Er war aus dem Zimmer, in dem wir ihn eingesperrt hatten, herausgekommen und um die Rückseite des Hauses herumgerannt.

„Oh, Herr Wilson! Herr Wilson!" sagt er. „Hallo, bitte, tu es nicht!" sagt er; und er kam hinter mir her gerannt.

"Was ist los mit dir?" Ich frage ihn.

„Hallo, bitte um Verzeihung, Sir", sagt er; „Aber er ist zutiefst besorgt darüber", sagt er.

„Was meinst du mit, du Garnelen?" sagt ich. „Sind Sie hier in irgendetwas verwickelt?"

„Hit war der Mide auf der anderen Seite des Weges, Sir – das heißt auf der anderen Seite der Wand. Na ja, vielleicht war er vom Fenster im Hochgeschoss aus zu aufmerksam auf seine Hemmy , Sir ; aber sie war so hübsch und so lieb von mir! Hi' ope Hi hat nichts Unrechtes getan, Sir; aber sehen Sie, manchmal, wenn alles ganz still war, Sir, hat Hi auf der anderen Seite meines Fensters ein Licht aufblitzen lassen , und wir hatten eine tolle Zeit, Sir , kam Mitternacht – ganz still, Herr, und ziemlich weit voneinander entfernt; ganz respektabel, ich versichere Ihnen, Herr – nichts weiter – alles über der Mauer; denn sonst hätte er ihn überhaupt nicht gesehen .

„Waren Sie heute Morgen gegen ein oder zwei Uhr mit so etwas beschäftigt?" Ich frage ihn. „Ich möchte wissen, was du getan hast – was passiert ist?"

geschah eine Menge , Sir. Ganz ohne Plan sah ich einen Mann am Fenster dieses Hauses auf der anderen Seite der Wand erscheinen; er stand direkt am Fenster und blickte hinüber. Zuerst dachte er, er würde mich ansehen und Hi trat zurück, da er eine Dame wie Hemmy nicht gefährden wollte – das ist der Name der Ousemide auf der anderen Seite der Wand, Sir."

„Was hat dieser Mann gemacht?"

„Hallo , ich kann es kaum sagen , Sir . " „Ich bin und was ist mit mir. Kurze Zeit später ging ein Auto aus."

Ich bog in Richtung Tor ab.

„Oh, Hi , ich bitte Sie", sagt er, „da drüben nichts zu sagen. Ich weiß wie Hi, dass Sie und Mr. Wright sehr gewalttätige Männer sind, und kümmert sich wie Hi um Hemmy , den Ousemiden , Sir, Hi." Ich fühle mich sehr unwohl – Hallo, in der Tat.

„Nun, wenn es dir so geht, William“, sage ich, „gehst du zurück ins Haus.“

„Sie meinen keine Gewalt, Hallo , Sir ?“

„Ich weiß noch nicht, was ich meine; aber geh wieder rein.“

Er dreht sich gerade noch rechtzeitig um, denn jetzt sah ich zwei oder drei Leute durch unser Eingangstor kommen. Ich kannte keinen von ihnen. Es waren junge Leute. Einer von ihnen fragte mich, ob ich etwas über die angebliche Flucht wüsste. Dann habe ich gesehen, dass sich die Nachricht irgendwie herumgesprochen hatte – zum Beispiel von unserer Annette oder ihrem Emmy, und das waren vielleicht Zeitungsreporter, die vorbeikamen, um nachzusehen.

„Ich habe noch nie von einem Durchbrennen gehört“, sagt ich. „Ich habe gerade unseren Butler angerufen, weil er dort drüben mit einem ihrer angeheuerten Mädchen geflirtet hat.“

„Dürfen wir mit Ihrem Butler sprechen?“ ast einer von ihnen.

„Nein, das kannst du nicht“, sage ich, „weil er reingegangen ist, um sich um das Frühstück zu kümmern.“

Einer der jungen Burschen blickte auf und kratzte sich mit einem Bleistift am Kopf.

„Ich sage“, sagt er, „sind wir gerade in einer großen Liebesgeschichte oder in einem der Dienstbotenquartiere? Sagen Sie uns, Freund“, sagt er zu mir, „können Sie uns dabei nicht helfen?“

„Das ist nicht mein Fachgebiet“, sage ich; „Aber es scheint klar, wenn ihr Söldner mit unserem Dienstmädchen oder unser Butler mit ihrem durchgebrannt ist, ist das nicht genug Geschichte, um einen Stadtrat oder seinen Vorarbeiter vor dem Frühstück zu belästigen.“

„Na ja, lass mich trotzdem ein Foto von der Wand machen“, sagt er; und das hat er getan, bevor ich es verhindern konnte.

„Haben Sie einen Ihrer Butler ?“ er fragt .

„Nein, sind wir nicht ; und Sie können keine bekommen. Wir kümmern uns nicht um die unteren Klassen“, sage ich.

Also lachten sie und Bimeby ging weiter. Ich gebe ihnen ein paar Zigaretten – alles, was ich hatte; und sie sagten, ich sei ein guter Pfadfinder, völlig ausreichend.

Nun ja, von allen Zeitungen, die an diesem Morgen versuchten, einen Artikel zu veröffentlichen, druckte keine einzige ein einziges Wort außer einem. Es kam heraus, dass in der Zeitung etwas über ein mysteriöses Verschwinden in der Millionaire Row zu lesen war. Es erlaubte, dass niemand sagen konnte, wer verschwunden war, aber einige sagten, dass Old Man Wisner mit einem von Alderman Wrights angeheuerten Mädchen durchgebrannt sei, und andere sagten, Old Man Wright sei mit Mrs. Wisner durchgebrannt, während andere erklärten, dass es sich um den Butler der Wrights handelte war mit dem Dienstmädchen im zweiten Stock des Wisner-Haushalts durchgebrannt; Andere hingegen behaupteten, der Wisner-Gärtner sei mit der Erbin von Alderman Wright verschwunden, dem bekannten Bürger, dessen Wiederwahl in der kommenden Amtszeit praktisch gesichert sei.

Die Zeitung druckte auch einige Bilder ab – eines von Old Man Wisner und eines von Bonnie Bell, was darauf hindeutet, dass er unser Butler war, und das von Bonnie Bell war das Bild des Dienstmädchens im zweiten Stock des Wisner-Haushalts. Ich schätze, sie hatten die Bilder bereits in ihrem Zeitungsbüro. Aber sie haben ein neues Bild der Wisner-Mauer gedruckt und noch ein paar lustigere Dinge darüber gesagt, wie schon zuvor.

Das war keine lustige Zeit für uns. Am nächsten Tag gab es ein großes Feuer oder so etwas, und all diese Leute begannen, über etwas anderes zu schreiben; und sie ließen uns in Ruhe.

Nachdem sie an diesem Morgen weggegangen waren, fragte mich der alte Mann Wright, ob ich etwas gelernt hätte. Dann erzählte ich ihm, wie William an diesem Morgen den Menschen in diesem Haus Zeichen an der Wand hinterlassen hatte.

„Jetzt kommt es mir so vor, Colonel", sage ich: „Ich bin in dieser Nacht nie schlafen gegangen, und Bonnie Bell auch nicht. Als sie die Lichter an den Fenstern sah, ging sie vielleicht zu ihrem eigenen Fenster. Er war vielleicht." stand da und sah sie. Vielleicht hat sie ihn gesehen. Vielleicht wurde ihr plötzlich klar, dass sie – sie musste – – Nun, Sie wissen, was ich meine.

Dann nickte er.

„Sehen Sie, es muss auf einmal über das Porenmädchen gekommen sein", sage ich; Denn um mein Leben zu retten, musste ich versuchen, sie auf jede erdenkliche Weise zu entschuldigen. „Sie hatte ihm nichts gesagt, und er hatte, soweit ich wusste, wochenlang kein Wort zu ihr geschickt. Es musste ihnen beiden in dieser einen Minute einfallen. Es war wie Pulver und Puder – Dann kannst du die Explosion nicht verhindern. Ich schätze, vielleicht ist sie irgendwo – bei ihm."

„Ja; mit ihm!" bricht Old Man Wright aus. „Es war ein Kopf-an-Kopf-Rennen – ich und Wisner. Ich habe ihn schlagen lassen; ich hätte ihn auf die Knie gehen lassen. Und jetzt hat er uns die größte Schande zugefügt, die sich ein Mann vorstellen konnte , egal wie sehr er es versuchte – seine." „Der angeheuerte Mann ist mit meiner Tochter durchgebrannt! Ich hätte Wisner einmal auslachen können. Kann ich ihn jetzt auslachen? "

„Das ist nicht das Schlimmste", sage ich.

„Nein", sagt er; „Es ist nicht das Schlimmste. Das Schlimmste ist, dass sie einen niederträchtigen Kerl geheiratet hat, der die ganze Zeit hinter ihrem Geld her war. Die ganze Zeit, Curly – und ich wusste es nicht. Und du hast ihn so gehen lassen – richtig Hier; du hast die Räder gehört, die sie weggetragen haben!"

„Ja, Colonel", sage ich; „Das stimmt. Jetzt ist es etwas spät, aber ich werde diesen Job von nun an so gut ich kann angehen. Das bedeutet, dass ich die Stadt für eine Weile verlassen muss, Colonel. Ich will." Setzen Sie sich hier hin und überlassen Sie diese Sache mir. Bitte sagen Sie nicht „Nein" dazu. Vielleicht brauche ich Sie nach einer Weile – für den Fall, dass ich sie finde. Da sich die Zeitungen von dieser Sache täuschen ließen, haben wir sie heute Morgen durchgezogen , vielleicht ist das Beste, was ich tun kann, wegzugehen, solange die Dinge ruhig sind.

„Dann bleiben Sie hier, Colonel", sage ich. „Trinken Sie nicht mehr und nicht weniger als bisher. Wenn jemand kommt, sagen Sie ihm, dass Bonnie Bell krank ist. Warten Sie, bis Sie von mir hören."

XXVI – Wie ich zurückkam

Ich argumentierte, dass man, wenn man nach einem Mann sucht, der ein Verbrechen begangen hat, herausfinden muss, was er zuletzt gesagt und getan hat, um eine Vorstellung davon zu bekommen, was er als nächstes tun wird; und als ich zum Studieren kam, hatte mir dieser Angestellte meistens gesagt, ich erinnere mich, dass es um Wyoming und Seile und Kühe ginge – solche Dinge. Ich wusste , dass er, wie so viele Menschen, in Bezug auf westliche Dinge verrückt war – nicht, dass westliche Männer sich von allen anderen unterscheiden würden, obwohl viele Leute denken, dass sie es sind.

Jetzt dachte ich mir, dass der Ort, zu dem er einen Durchbruch machen würde, wohl die Range sein würde. Er hatte mir erzählt, dass er den Circle Arrow auch kenne , da sein Chef großes Interesse am Circle Arrow habe.

Ich füge eins mit dem anderen zusammen; und ohne Old Man Wright etwas davon zu sagen, kaufte ich ein Ticket für das Yellow-Bull-Land und machte mich so schnell ich konnte auf den Weg dorthin.

Es war eine gute Wette. Als ich am Bahnhof unserer alten Ranch ankam, unterhalb von Cody, vierzig Meilen von dem Ort entfernt, an dem sich unsere Ranch befand, als wir dort lebten, gab es nicht sehr viele Leute in der Nähe des Bahnhofs, die ich kannte. Es waren viele neue Männer da, mit weiten Hüten, Leggings an den Beinen und Hosen mit Knöpfen an der Seite – Leute, die aus dem Westen gekommen waren, um richtig westlich zu sein. Ich schätze , die meisten von ihnen kommen raus, um Bananen auf dem Yellow Bull anzubauen und Gentlemen-Farmer zu sein.

Ich schaue mich eine ganze Weile unter diesen Leuten um. Keiner von ihnen schenkte mir große Aufmerksamkeit. Endlich sah ich ihn . Ja; es war dieser angeheuerte Mann. Er bereitete sich darauf vor, mit einem Paar Maultieren, die an einem Buckboard befestigt waren, aus der Stadt zu fahren. Er reparierte einige Kisten und andere Dinge. Ich kannte ihn sofort.

Aber wo war sie? Ich wartete ab, ob Bonnie Bell irgendwo herauskommen würde; aber sie tat es nicht.

Ich ging zu ihm hinüber; und er sah mich da stehen und ihn anschauen, gerade als er aussteigen wollte. Ich ging rüber und setzte mich zu ihm.

„Fahren Sie geradeaus aus der Stadt heraus", sage ich leise. „Sag nichts. Tu einfach so, als wäre nichts passiert", sage ich.

Unter meinem Mantel drückte ich ihm die Mündung meiner Waffe in die Rippen. Er schaute geradeaus und tat, was ich ihm gesagt hatte. Wenn er große Angst hatte , ließ er es sich nicht anmerken.

„Ich habe keine Waffe", sagt er nach einer Weile. „Ich packe keins ein."

„Ich habe selbst schon seit Jahren keinen mehr eingepackt", sagt ich. „Manchmal muss ein Mann einen für Kojoten und dergleichen einpacken", sage ich.

Er wurde etwas rot im Gesicht, aber er sagte nichts.

„Ich bin einfach so ein Mann – wenn es zum Showdown kommt, ist es mir egal, was passiert", sage ich. „Und ich denke, Sie sehen jetzt, dass es ein Showdown ist. Sagen Sie mir, wo sie ist." "

„Sie ist draußen bei uns", sagt er; „Vierzig Meilen oder so – Sie wissen, wo es ist. Ich habe das Gehöft Arrow Head Spring; ich habe es vor einiger Zeit gekauft. Ich habe ein paar Kühe – nicht viele. Sehen Sie", sagt er, „ich" Wir haben ein wenig Geld gespart – nicht viel. Unser Grundstück ist noch nicht abbezahlt. Wir haben einen Viertelabschnitt, aber wie Sie wissen, liegt dahinter der Bereich. Wir glauben, dass wir einen Anfang machen können. "

„Mit ihr? Mit ihr, die so viel gewohnt war?" sagt ich. „Bist du verheiratet? Aber natürlich war es das, was du wolltest – ihr Geld, nicht sie."

Dann wurde er knallrot und schluckte mehrmals.

„Du hältst viel von mir und ihr, nicht wahr, Curly?" sagt er.

Ich sah, dass ich schließlich zu spät war; und meine Waffe fiel auf den Boden des Wagenbretts, und keiner von uns bemerkte es.

„Du hast sie geheiratet – unser Mädchen", sage ich, „für das wir so sehr versucht hatten, einen Platz zu bekommen? Ihr hätte die ganze Ranch gehören können – und du gibst ihr vierzig Acres, einen Teil davon bezahlt! Das ist in Ordnung – dafür Mädchen, das wir so sehr geliebt haben!"

„Du liebst sie nicht mehr als ich", sagt er. „Du hast dich nie mehr für sie bemüht, als ich es für sie tun werde. Liebe – warum, was weißt du darüber? Wenn sie mich nicht geliebt hätte, glaubst du, sie hätte getan, was sie getan hat, und wäre mit mir weggelaufen? Glaubst du, sie hätte ihrem Vater das Herz gebrochen und alles vergessen, was für sie getan worden wäre, wenn es nicht die Liebe gegeben hätte? Wenn wir nicht an diese Dinge gedacht hätten, wären wir die glücklichsten zwei jungen Narren überhaupt auf der ganzen Welt. Das sind wir jetzt! Sie ist trotzdem einigermaßen glücklich. Aber es bricht mir das Herz, wenn ich daran denke, dass sie nicht glücklicher ist."

Nach einer Weile fährt er fort:

„Was könnte ich tun, Curly? Es ist eine schreckliche Sache, eine Frau auf diese Weise zu lieben; es ist eine schreckliche Sache. Es hat überhaupt keinen

Sinn und keine Vernunft", sagt er. „Aber wenn ich jetzt nur eine vernünftige Chance gehabt hätte –"

„Nimm deine Waffe", sagt er nach einer Weile; „Es könnte herausfallen."

Wir fuhren noch eine ganze Weile weiter. Er tat so, als würde er in seine Tasche greifen, um etwas zu holen, und ich deckte ihn schnell ab, aber er zog nur ein Stück Pfeilspitzenstecker heraus. Geistesabwesend bot er mir einen Happen an.

„Nein", sage ich; „Mit jemandem wie dir kann ich keinen Bissen Tabak vertragen."

Dann steckte er es wieder in die Tasche und nahm selbst keins mit. Sein Gesicht war jetzt richtig rot und besorgt.

„Curly", sagt er, „was soll ich tun? Was ist richtig zu tun ? „Wenn ich alles hätte, würde ich ihr die ganze Welt schenken. Das ist es, was sie mir bedeutet", sagt er. „Wir liegen einander so sehr am Herzen, dass ich keine Zeit habe, vor dir Angst zu haben. Dazu sind wir noch nicht gekommen – nicht, dass ich so geizig wäre zu glauben, dass du bluffst; ich kenne dich." Bist du nicht.

„Nein, das bin ich nicht ", sage ich. „Diese Sache muss in Ordnung gebracht werden, und ich komme hierher, um sie in Ordnung zu bringen. Ich kenne Ihre Vergangenheit – ich habe gehört, wie Sie mit mehr als einer Frau gesprochen haben . Das haben Sie." „Ich habe einen eisernen Nerv", sage ich; „Aber es wird dir nichts nützen. Fahr jetzt weiter, bis ich dir sage, dass du anhalten sollst."

„Wenn du sie auch töten willst", sagt er, „dann erschieß mich. Dann reite weiter und erkläre ihr, was du getan hast. Schau dir ihr Gesicht an, wie es dann sein wird. Vielleicht kannst du das." Sage dann, ob ihr etwas an mir liegt oder nicht. Willst du sehen, wie das Gesicht einer Frau so wegschaut – siehst du es dein ganzes Leben lang? Und denkst du, dass du die Dinge in Ordnung bringen oder beenden kannst, indem du mich oder sie oder uns beide tötest? Vielleicht würdest du noch mehr morden – wer weiß? Wir sind ein Mann und eine Frau. Würde das alles in Ordnung bringen , Curly? Ich weiß selbst nicht viel, aber ich glaube nicht, dass das so wäre."

Es war merkwürdig, aber es schien, als wäre es wahr – er schien noch nicht dazu gekommen zu sein, darüber nachzudenken, ob er in Gefahr war oder nicht. Und ich wusste, dass er keinen billigen Bluff machte, genauso wenig wie ich. Er schaute direkt nach vorn und achtete nicht auf meine Waffe.

„Curly", sagt er, „du hast das nicht gemacht und du kannst es nicht beenden. Das ist ein Fall von Mann und Frau, so wie Gott sie gemacht hat. ‚Männlich und weiblich hat er sie gemacht.' Wenn ich heute sterben würde – wenn sie auch sterben würde –, würde ich Gott danken, dass wir es trotzdem gemeinsam so weit geschafft haben.

sich selbst reden , „ich habe an nichts Großes geglaubt – ich war Atheist und Sozialist –, bis ich sie sah. Ich konnte darin nichts wirklich Wertvolles sehen." die Welt – bis ich sie sah. Ich wollte nicht viel tun oder sein – bis ich sie sah. Und jetzt sehe ich alles – alles! Ich sehe, wie wertvoll die Welt ist und wie wertvoll sie ist Sie ist es und ich bin es, und wie wertvoll andere Menschen auch sind. Ich wusste es nur vorher nicht – bis ich sie sah. Dann wusste ich, worum es im Leben geht. Glaubst du, du kannst das jetzt klären oder helfen? es, Curly? Nein, es ist zu spät.

Wir fuhren noch ein ganzes Stück weiter.

„Curly", sagt er schließlich, „ich habe meine Rede gehalten. Wenn irgendein Mann sagt, ich hätte Bonnie Bell aus etwas anderem als der Liebe – der besten und reinsten Liebe – geheiratet, dann begeht er den grausamsten Fehler der Welt; und er ist verdammt Lügner auch. Du fragst sie, Curly.

"Was ist das?" Sagte ich. „Darf ich sie fragen? Ich bin nicht deswegen gekommen.

„Aber früher hätte man bei so einer Vorführung keinen Kuhdieb auf dem Schießplatz gelyncht."

"Dieb?" sagt ich zu ihm. „Sie sagte, sie sei eine Diebin – sie hätte das Leben und das Glück ihres Vaters und anderer gestohlen –"

„Das stimmt", sagt er ruhig. „Wenn man darüber nachdenkt, ist alles Leben in jeder Hinsicht nur ein Diebstahl. Jeder Mensch bestiehlt alle anderen. So geht die Welt weiter. Die kommende Generation bestiehlt immer die, die vergangen ist. Sagen Sie mir, ist das so? falsch? Und sagen Sie mir, können Sie und ich beurteilen, ob es so ist?"

Ich habe eine ganze Weile nachgedacht und versucht, die Dinge herauszufinden. Ich konnte nicht. Schließlich griff ich nach oben und warf meine Waffe in den Salbei.

XXVII – Wie ich Old Man Wright verlasse

Sobald ein Wagen vorbeikam, der mich mitnehmen wollte, ging ich zum Bahnhof zurück, etwa eine halbe Stunde nachdem ich den Söldner im Wagen zurückgelassen hatte. Dann ging ich weiter zu Cody. Als ich dort ankam , tat ich, was jeder, der sich mit Cowpunchern auskennt, weiß, dass ich es unter diesen Umständen tun würde. Ich bin auf jeden Fall meinem Plan treu geblieben.

Zuerst ging ich zum Telegrafenamt und schickte ein Telegramm an Old Man Wright: „Tu nichts, bis du von mir hörst." Als nächstes bewies ich, dass ich ein guter Geschäftsmann bin, indem ich eine Bahnfahrkarte zurück nach Chicago kaufte; und ich hinterließ es und zehn Dollar beim Angestellten im Hotel.

Es kann sieben oder acht Tage her sein , dass ich damit beschäftigt war, meinen Jobverlust zu feiern, wie es ein Cowboy fast immer tut. Da ich so viel Geld hatte, brauchte ich eine ganze Weile, um Cody so zu dekorieren, wie es mir am besten gefiel. Doch nach einer Weile, da ich nur noch zehn Dollar und das Bahnticket hatte, beschloss ich, nach Hause zurückzukehren.

Chicago zurückkam, saß Old Man Wright genau dort, wo ich ihn zurückgelassen hatte, und er sah aus, als hätte er seitdem wirklich nichts mehr getan. Sein Haar war richtig lang und sein Gesicht voller Schnurrhaare.

„Nun, ich habe sie gefunden ", sage ich.

„Was hast du gemacht, Curly?" sagt er.

„Ich habe ihn nicht erschossen", sage ich. „ Er hat mir sozusagen meine Waffe weggenommen."

„Huh! Wo ist sie? Wie geht es ihr?"

Ich musste ihm sagen, dass ich überhaupt keine Nachricht von Bonnie Bell mitgebracht und sie noch nicht einmal gesehen hatte.

„Ich konnte es nicht ertragen, Colonel", sage ich. „Er hat eine furchtbar starke Rede zu mir gehalten, Colonel", sage ich.

Er sagte lange nichts. Dann beginnt er ganz langsam zu reden.

„Ich dachte, ich hätte einen einzigen Freund auf der Welt", sagt er, „einen Mann, auf den ich mich verlassen könnte. Aber selbst du hast mich im Stich gelassen – sogar du hast mich im Stich gelassen, Curly."

„Ja, Colonel", sage ich. „Ich habe viel Schlimmeres getan. Ich weiß, wie Sie sich fühlen, und mir geht es genauso. Das tue ich nicht. " Ich bin bereit , Ihr Vorarbeiter zu sein. Du hast mich nur hierher gebracht, weil du so verdammt weichherzig warst , dass du mich nicht feuern konntest. Du hast kein Urteilsvermögen an den Tag gelegt, sonst hättest du mich damals gefeuert, und seitdem hundert Mal. Das ganze Durcheinander war darauf zurückzuführen, dass ich keinen Verstand hatte – ich konnte keine Ladung Heu sehen; Dennoch war ich es, der alles sah – du hast dich nie daran beteiligt. Shore, ich bin hingefallen! Du feuerst mich jetzt nicht ; Ich feuere mich. Ich bin zurückgekommen, um Ihnen das zu sagen, Colonel. Ich habe mir in Cody etwa eine Woche Zeit genommen , um alles noch einmal durchzudenken – mit Hilfe.“

Er setzte sich nur hin und sah mich an, und es fiel mir schwer, zu reden. Ich erzählte ihm, wo die beiden lebten.

Dann schien ihm plötzlich das ganze Bild der alten Zeit vor Augen zu stehen, als er und ich noch jung waren. Er flammte auf, als hätte nur ein Teil von ihm innerlich gebrannt . Er stand auf und ging mit fest geballten Händen auf und ab.

"Ich verfluche euch alle!" sagt er, und seine Augen waren jetzt wie Kohlen. „Was habe ich irgendjemandem von euch angetan? Was habe ich irgendjemandem angetan, dass ich das verdienen sollte? Kannst du dich nicht erinnern, als du ein Mann warst , Curly? Kannst du dich nicht erinnern, als du und ich vor dem Tor standen?“ Wir waren auf der großen Weide, mit unseren Gewehren auf unseren Knien, und warteten darauf, dass die Schafzüchter heraufkamen und versuchten, ihnen die Schafe durch uns hindurchzujagen? Sind sie durchgekommen? Nein, niemand hatte uns auf die Schippe genommen. Das war, als du und ich noch Männer waren, Lockig.

„Was haben wir jetzt getan? Wir ließen zu, dass dieser verdammte Heuchler, Dave Wisner, auf der ganzen Linie das Beste aus uns herausholt. Er hat seinen angeheuerten Mann mit meiner Freundin verheiratet und diesen angeheuerten Mann auf der alten Heimatranch untergebracht , wo ihre Mutter und ich zum ersten Mal angefangen haben. Könnte es für mich etwas schwerer zu ertragen geben? Du warst am Tor, Curly, und du hast sie durchgelassen.“

„Er sagte, sie seien rundum glücklich – sie beide, Colonel“, sage ich. „Was zum Teufel sollte ich tun, Colonel? Es überkam mich alles. Ich konnte die Sonne scheinen sehen; ich konnte fühlen, wie der Wind wieder wehte, so war früher.“

"Glücklich!" sagt er. Er flüsterte jetzt halb und seine Stimme war wie die eines richtigen alten Mannes. „Glücklich! So war ich – auch ihre Mutter – da draußen in dem alten Blockhaus, mit den Bergen, und die Sonne schien und der Wind wehte. Curly“, sagt er, „was hat sie dazu gebracht, ihr Leben wegzuwerfen? Was.“ hat uns überhaupt hierher gebracht?“

„Ich wünschte, Sie würden mich an etwas Schinken und Aigs binden , Colonel", sage ich, „bevor ich gehe. Ich habe vor einiger Zeit einen Kerl getroffen, der pleite war; also habe ich nicht viel getan."

„Geh essen, Mann", sagt er, „und rede mir nicht davon, wegzugehen."

"Was ist das?" sagt ich.

„Du bist ein verdammter, wertloser, unbedeutender Kuhhirte und du wirst nie etwas anderes sein. Ich hätte dich feuern sollen – hätte es schon vor langer Zeit tun sollen; aber ich feuere meine eigenen Männer – sie feuern sich nicht selbst . Geh essen ."

„Können Sie jetzt nicht auch nichts essen, Colonel?" Ich frage ihn.

„Noch nicht", sagt er. „Vielleicht nach einer Weile."

Ich ging hinaus und bekam die erste ordentliche Mahlzeit, die ich seit zwei Tagen gegessen hatte. Als ich gerade nichts mehr essen konnte, machte ich einen kleinen Spaziergang durch das Haus, das inzwischen höllisch aussah. Als ich zurückkam, sah ich draußen vor unserem Vorgarten einen elektrischen Brougham. Tom Kimberly kam gerade herein. Draußen im Brougham sah ich zwei Mädchen. Die eine war Katherine und die andere schien Sally Henderson zu sein.

„Ich werde nicht versuchen, etwas zu sagen, Mr. Wright", sagt Tom Kimberly nach einer Weile zu dem alten Mann – „nur, was auch immer Bonnie Bell getan hat, sie hat es getan, weil sie es für das Beste hielt. Sie hat versucht, das zu tun, was ehrlich war." und fair. Wenn sie mich nicht liebte, wäre es nicht fair gewesen, mich zu heiraten. Sie hat nie gesagt, dass sie mich heiraten würde; sie sagte, sie würde es mir irgendwann sagen. Es war ihr Recht, selbst zu entscheiden. Das wünschte ich ihr gut, so schwer es für mich ist, das zu sagen.

„Ja, ich weiß", sagt der alte Mann. „Sie war ein nettes Mädchen, Tom. Aber sie ist nicht die Einzige auf der Welt; und sie hatte Sommersprossen, manche – die werden schlimmer, wenn man älter wird. Es gibt viele Mädchen auf der Welt, die schöner sind als sie – immer ist genug. Wenn ich nicht zufällig ihre Mutter, Tom, geheiratet hätte, hätte ich ein anderes von einem halben Dutzend weiterer Mädchen geheiratet, so wie sie kommen. Sie sind sowieso alle gleich, wissen Sie; also Nimm es nicht zu schwer.

Er war ein verdammt alter Lügner! Er hätte niemals eine andere Frau auf der Welt geheiratet als die, die er geheiratet hatte, und das wusste er; aber er versuchte, dass Tom sich wohler fühlte. Also setzte sich Tom hin und zündete sich eine Zigarette an. Seine Hose war ziemlich kurz, und als er sie hochzog, sah ich, dass er Strumpfbänder trug – blaue. Da war ich versöhnt.

Nach einer Weile stand er auf und verabschiedete sich von uns. Dann ging er zu der Stelle, wo der Brougham auf der Straße stand. Eines der Mädchen drinnen öffnete ihm die Tür – vielleicht Sally Henderson.

XXVIII – Das Loch in der Wand

Es erschien ein Papier mit einem Bild des Wisner-Zauns, auf dem die Stelle zu sehen war, an der das Loch durchbrochen worden war . Es war mit einem Stern markiert, um zu zeigen, wo es sich befand. Der Mann, der die Geschichte schrieb, war ein moderner Fall von Pyramus und Thisbe. Wer sie waren, weiß ich nicht; aber sie lebten eher auf der Südseite. Diesmal gab es Bilder von unserem William und seiner Emmy. Ich habe nichts weiter darüber gelesen, denn ich war über die ganze Angelegenheit verärgert und machte mir große Sorgen um den alten Mann Wright und das, was er tun würde. Aber an einem Teil des Stücks stand etwas, was ich zufällig gesehen habe.

Obwohl es für einen jungen Mann möglicherweise schwierig sein mag, ein Mädchen durch eine vier Fuß hohe Wand zu küssen, war diese Öffnung oder Öffnung ohne Zweifel oder Frage ursprünglich als Zugang für Herrn Pyramus gedacht, um gelegentlich Zugang zu erhalten , wenn nicht für die Lippen, so doch für die Ohren der kleinen Miss Thisbe. Bleibt also nur die Frage, wer Mr. Pyramus und wer Miss Thisbe war. Diesbezüglich hat Alderman Wright sich gegenüber der Presse stets dementiert, während auch Mrs. Wisner, das einzige Familienmitglied, das auf der Nordseite der Mauer zu Hause ist, sich weigert, zu sprechen. Es ist bekannt, dass Herr Wisner wegen wichtiger Geschäfte im Zusammenhang mit der Kriegsanleihe in Europa abwesend war –

Ich habe Old Man Wright bis hierher vorgelesen, und dann brach er aus.

„Kriegsanleihe!" sagt er. „Es ist ein Kredit für sich selbst, den er sucht. Er hat vier Millionen Dollar durch sein Bewässerungsprogramm verloren, als er unsere Ranch kaufte. Jetzt werde ich die Zwangsvollstreckung vornehmen und er weiß es. Er hat sein Geld in Ladungen gebunden." von Fleisch und Getreide, die nicht eingelöst werden. Er ist knapp, und zwar verdammt knapp! Und ich weiß es; und dies sind Zeiten, in denen die Banken nicht viel lockern. Krieg – ja; ich werde ihm Krieg zeigen! Das geht nicht Niemand bekommt Anspruch auf einen Fuß Fuß dieses Landes, bis Old Man Wisner seinen Titel von mir bekommt – und er wird ihn nie bekommen. Wenn es meine letzte Tat ist, werde ich ihn ruinieren. Ich habe dir vertraut, und du hast mich abgewiesen Ich vertraute ihr und sie warf mich nieder. Ich werde niemandem mehr vertrauen, außer mir selbst.

„Was ist daraus geworden?" sagt er nach einer Weile zu sich selbst und schaut sich in den großen Räumen um. „Was ist daraus geworden, was ich für sie getan habe? Und ich gebe die Ranch für sie auf und gebe das Leben auf, das ich liebte!"

„Die Sonne schien auf den Hügeln, als ich da draußen war, Colonel", sage ich plötzlich zu ihm, weil mir zufällig etwas einfällt, „und der Himmel war blau wie immer; und der Wind trug nur den Geruch der …" Salbei, wie früher; und der Fluss floss weiß auf den Rillen, genau wie zuvor. Und die Kühe –"

„Nicht, Curly!" sagt er. "Nicht!"

„Das werde ich nicht mehr tun, Colonel", sage ich. „Ich werde nicht mehr lange auf Ihrer Gehaltsliste stehen; aber die alten Zeiten –"

"Nicht!" sagt er. „Ich kann nicht mehr an die alten Zeiten denken. Ich schließe jetzt die Bücher, Curly."

„ Ich auch ", sage ich.

"Wie meinst du das?" sagt er. „Ich bin mir über einige Dinge nicht ganz im Klaren."

„Nein, das bist du nicht ", sage ich. „Solange es ein fairer Krieg ist, bin ich mit dir dabei; aber wenn es darum geht, Krieg gegen Frauen und Kinder zu führen, bin ich nicht dabei."

„Kinder! Curly, was meinst du?"

„Kinder", sage ich, „das ist alles. Spielen Sie das Spiel so, wie Sie es wollen, Colonel", sage ich; „Aber wenn man sich dem Kinderspiel widersetzt, widersetzt man sich Gott, dem Allmächtigen, seinem eigenen Ich. Er hat es sich so ausgedacht, dass Er nicht verlieren kann. Die beiden konnten nicht anders . Ich muss eines Tages fertig werden , genauso wie du. " . Also gut, ich mache damit Schluss."

Dann schüttelte ich ihm die Hand und er tat es auch mit mir. Er schaut mir scharf in die Augen und ich schaue ihn scharf an. Wir haben keinen von uns geschwächt. Das war das Schwierigste, was wir je zusammen durchgemacht hatten, aber keiner von uns ließ zucken. Wir hatten beide entschieden, was wir für richtig hielten.

„Sohn", sagt er nach einer Weile, „du bist doch ein Mann." Und er legt seine Hand auf meine Schulter; wie früher.

„Sie hat keine Mutter", sage ich als letztes zu ihm. „Ich bin die Hälfte ihres Vaters, die einzige Hälfte, die ihr noch bleibt; und ich bleibe dabei, wenn ihr Vater es nicht tut . Aber sie hat keine Mutter. Deshalb tut mir das Kind so leid", sagt ich.

Er sieht mich mit weit aufgerissenen Augen an, aber er redet nicht .

„Ich habe gesehen , wie sie genau dort saß, Colonel", sage ich, „in diesem Raum, auf unserem alten Aufenthaltsraum – wie sie ihre Hände rang, als wollte sie sie auseinanderreißen. Damals kämpfte sie gegen ein hartes Spiel und tat ihr Bestes." Um es fair zu sagen: Sie war noch ein Kind, ohne besondere Chance, so sehr weise zu sein, und ohne Mutter. Sie hatte keine Seele, zu der sie gehen konnte, und das Einzige, was sie beunruhigte, war, auf welcher Seite des Spiels sie stand war wirklich angesagt. Denn sie wusste , auch wenn wir es nicht wussten, wie ich Ihnen gerade gesagt habe – sie muss es irgendwie gewusst haben –, dass es ein bestimmtes Spiel gibt, das Gott, der Allmächtige, spielt, damit er nicht verlieren kann."

Er stöhnte, als würde ich es hassen, es zu hören. Aber er wurde nicht schwächer. Ich wusste, dass er nicht aufgeben konnte.

XXIX – Wie das Spiel scheiterte

Heute war der Tag, an dem Old Man Wisner nach Hause kommen sollte; und an diesem Abend machten ich und Old Man Wright uns auf den Weg, dorthin zu gehen und mit ihm zu reden. An diesem Tag musste also einiges erledigt werden.

im Haus beschäftigt, das er als Büro nutzte . seit Bonnie Bell weggelaufen war, war er kaum noch in die Innenstadt gegangen. Er hatte hier einen Schreibtisch voller Papiere, und jetzt ließ er seinen Anwalt und seinen Friseur früh am Tag vorbeikommen.

„Warum, Alderman", sagt der Anwalt, „Sie tun so, als würden Sie Ihren letzten Willen aufsetzen und sich darauf vorbereiten, das Geschäft abzuschließen."

Dann lacht er; aber Old Man Wright lacht nicht.

„Das bin ich", sagt er. „Es ist Zeit; ich bin jetzt schon mehr als eine Woche tot."

Sie erstellten einige Papiere über Häuser, Grundstücke, Vorräte und Dinge und wie sie im Falle des Ablebens des besagten John William Wright verteilt werden sollten . Dann kommen sie nach einer Weile zu den Unterlagen in dem großen Fall , den wir gegen Old Man Wisner hatten, wegen der letzten aufgeschobenen Zahlung für den Circle Arrow-Handel, die noch nicht bezahlt worden war und auch nicht bezahlt werden würde. Der alte Mann Wright lehnt sich zurück und wirft einen Blick auf die Papiere .

„Ich weiß, wofür Old Man Wisner im Osten war", sagt er. „Er konnte in Wyoming nicht so viel Geld – annähernd eine Million Dollar – für etwas so Wildes wie Erdbeeren und Sahne aufbringen, nicht in diesen Zeiten. Sogar die Banken sind sich dessen jetzt im Klaren. Stenographen und Angestellte sowie Minister und Ärzte wissen das nicht . " Beißen wie früher; es ist schwieriger, Leute zu finden, die bereit sind, so viel im Monat für einen Bungalow in Florida oder Wyoming zu bezahlen, während sie nach Hause gehen und eine leichte und vornehme Beschäftigung ausüben. Von Zeit zu Zeit wird das amerikanische Volk gefangen genommen mit einem Anflug von Pferdesinn. Es gibt Plätze für Pfirsiche und Sahne, und es gibt Plätze für Kühe, aber Sie möchten nicht, dass Ihre Drähte durcheinander geraten.

„Also", sagt er, „ich weiß, dass ich Old Man Wisner gerade pleite habe. Er ist nach Holland gereist, um zu sehen, ob er nicht ein niederländisches Syndikat gründen könnte, um seine Schulden abzuladen. Die Holländer sind der letzte Ausweg." Amerikanischer Landboomer . Wenn man einen Haufen Greatwood-Land für eine Ananaskolonie nicht an niemand anderen verkaufen kann, geht man rüber und verkauft es an die Holländer; die sind einfach. Ich habe einmal einen Mann gesehen, der fast das gesamte Nordende verkaufte von New Mexico an ein niederländisches Syndikat für eine Kaffeeplantage. Es war gut für Kühe; aber er hatte Bilder von Dampfschiffen und Kanälen und anderen Dingen da draußen im Beifuß – man muss einen Kanal auf seiner Blaupause haben, wenn man etwas verkaufen will Das sind die Holländer. Der alte Wisner hatte wie viele andere Bilder von Kanälen. Aber er konnte dieses Grundstück nicht verkaufen, weil dort drüben Krieg herrschte; sie sind mit anderen Dingen beschäftigt.

„Das Ergebnis ist, dass er pleite hierher zurückgekehrt ist. Er weiß, dass die Banken klug geworden sind und ihn nicht weiter unterstützen werden, als sie es getan haben. Sie sind zu sehr damit beschäftigt, den Leuten in Europa etwa eine Milliarde Dollar zu leihen." Helfen Sie uns, ein paar Dampfschiffe in die Luft zu jagen.

„Deshalb", sagt er und lässt den Briefbeschwerer auf dem Tisch rütteln, während er seine Faust senkt, „wenn die Zeiten noch schwieriger werden, was auch immer der Fall sein wird, muss Dave Wisner diese Immobilie für das, was sie will, auf den Markt bringen." Ich weiß, was das bedeutet; es würde bedeuten, dass ich noch ein paar tausend Hektar Land hätte, das ich unter meinen Erben und Bevollmächtigten, meinen Testamentsvollstreckern, Freunden, treuen Dienern, Dorfbewohnern und anderen verteilen kann – jedoch Das hast du in den Papieren herausgefunden.

„Lass mich die Papiere sehen", sagt er nach einer Weile. „Sind Sie sicher, dass der Name meines Mädchens Katherine geschrieben wurde? Und dass sie hier diesen Stadtwohnsitz bekommt?"

Dann gingen sie es noch einmal durch. Aber nach einer Weile war der Anwalt fertig, und der Friseur auch, und beide gingen weg; und der alte Mann dreht sich zu mir um.

Fanstead , Maclay & Horn, meinen Anwälten hier, anfing, es herauszufinden. Ich schätze, ich nehme Bei fairen Werten bin ich zehn oder zwölf Millionen Dollar wert – vielleicht zwanzig oder vierzig –, das meiste davon habe ich in ein paar Jahren oder so in dieser Stadt hier verdient, und alles von dem Wisner-Geld, das wir für die Ranch bekommen haben, die wir Ich werde so gut wie ohne Kosten zurückkommen, könnte man sagen. Das hatte ich nicht vor, aber ich bin reich – furchtbar reich!

„Und da ich keine Erben meines eigenen Blutes und meiner Verwandten habe, habe ich mich nach ein paar anderen umgesehen. Da ist diese Katherine; sie ist ein gutes Mädchen. Sie hat mich genau hier einmal geküsst." Und der alte Mann legte seine Hand auf seinen Kopf. „Ich werde ihr nach meinem Tod eine Kleinigkeit schenken, zum Beispiel dieses Haus und die Dinge hier – vielleicht eine halbe Million Dollar. Ebenso habe ich ein paar Dinge für meinen oben genannten treuen Diener Henry vorbereitet „Absalom Wilson – das bist du, Curly. Ich gebe dir nur genug für Zigarettengeld", sagt er; „Egal wie viel. Und was die beiden betrifft", sagt er – „sie und der angeheuerte Mann der Wisners – kein Cent! Kein verdammter Cent! Ich werde es ihm zeigen!"

„Die alte Ranch", sagt er, „wird irgendwann renoviert – einige meiner Erben und Testamentsvollstrecker werden sich das sichern. Es ist leicht, viele Erben zu bekommen, wenn man zwölf oder fünfzig Millionen Dollar hat. Ich" Ich habe Anweisungen hinterlassen, um dort draußen Verbesserungen vorzunehmen. Es wird sozusagen die beste Entschuldigung sein, die ich der Frau geben kann, die da draußen begraben liegt – Gott segne sie! – eine so gute Frau, wie sie je auf der Erde gelebt hat. Ich kann mir nicht vorstellen, wie Sie könnte so ein Mädchen haben, wie sie es getan hat. Nun ja", beendet er und seufzt irgendwie. „Ich habe mein Bestes gegeben. Ich werde vielleicht nicht länger als dreißig oder vierzig Jahre leben."

„Also, Curly", sagt er nach einer Weile, „da wir unsere ganze Tagesarbeit erledigt haben und noch ein wenig Zeit übrig haben, können wir uns jetzt einem einfachen Zeitvertreib widmen, zum Beispiel Murmeln oder vielleicht Murmeln." , bis später am Abend. Ich habe es satt, sie abzuschneiden, Curly, und ich bin glücklich. Ich habe es so sauber hinterlassen, wie ich nur kann. Jetzt wette ich tausend Dollar, dass ich dich in drei Spielen schlagen kann von fünf bei mumblety-peg. „Mein Testamentsvollstrecker ohne Bürgschaft", sagt er und fährt gleich fort, „ist der alte Mann Kimberly."

„Sie sind dran, Colonel", sage ich; „Obwohl ich nicht weiß, wo ich die tausend herbekomme, bis Ihr Testament geprüft ist."

Also gingen wir ins Freie, setzten uns ins Gras und spielten Mumblety-Peg – ich verlor natürlich den Tausender. Dann tummelten wir uns irgendwie draußen im Freien, bis es dunkel wurde. Er verließ mich nach einer Weile und ging allein ins Haus.

Als ich hineinging, sah ich ihn allein in unserem Ranchzimmer stehen und sich einige Dinge ansehen, die er mitgenommen hatte. Es handelte sich um einen weißen Seidenschal und ein Paar lange weiße Handschuhe – er hätte sie am liebsten hinter dem Sofa gefunden , wo Bonnie Bell sie wahrscheinlich in der Nacht fallen ließ, als ich sie dort händeringend sitzen sah, weil sie es nicht tat wissen was zu tun ist. Wir lassen niemals zu, dass jemand den Ranchraum aufräumt. Er legte sie weich auf das Sofa, strich den Schal glatt und faltete die Handschuhe zusammen; Es war, als würde er sie in einer Schublade weglegen.

Wir haben nicht viel gegessen, nicht einmal Schinken und Aigs . Kurz darauf begann es zu dunkeln und ich schlenderte auf den Vorderweg hinaus, um mich umzusehen. Old Man Wright war allein im Haus .

In diesem Moment sah ich, wie ein Auto mit hoher Geschwindigkeit herankam und etwa auf halber Strecke zwischen unserem Haus und dem Haus der Wisners auf dem Bürgersteig anhielt . Jemand stieg aus dem Auto und kam auf unseren Weg gerannt. Ich konnte sehen, dass es eine Frau war. Da ich nicht wollte, dass niemand belästigt würde, ging ich ihr entgegen.

Es war Bonnie Bell! Dann wäre sie nach Hause gekommen.

Ich rannte den Weg entlang, um sie zu treffen, und stieß sie weg. Ich wusste, dass es nicht genügen würde, wenn die beiden sich jetzt treffen würden. Aber sie rannte auf mich zu und legte ihre Arme um meinen Hals. Sie war allein, obwohl sich jemand im Auto befand, der nicht ausgestiegen war.

"Lockig!" sagt sie: „Curly! Ich habe dich dort stehen sehen und bin reingekommen. Wo ist er, Curly?"

Ich nicke hinter mir.

„Da drin", sage ich. „Geh nicht hinein, das darfst du nicht."

„Irgendwann muss ich. Lass mich jetzt gehen."

„ Nein , tust du nicht", sage ich. „Das kannst du nicht. Es ist zu spät."

„Zu spät? Zu spät? Warum, was meinst du, Curly? Ich bin – ich bin zurückgekommen! Ich möchte meinen Vater sehen! Ich muss meinen Vater sehen. Ich muss ihm viel sagen. Er Ich weiß es nicht – ich wusste es nicht.

„Du kannst deinen Vater nicht mehr sehen, Junge", sage ich. „Die Zeit ist vergangen . Ich bin hier bis heute Mitternacht Vorarbeiter, und während ich dort bin, wird ihn niemand stören. Er hat es getan Ärger genug schon."

Sie stand irgendwie zitternd da. Ich hatte jetzt ihre Handgelenke in meinen Händen.

„Wenn alles vorbei ist", sage ich – „und damit meine ich ein paar Dinge, die wir heute Abend regeln werden –, werde ich zu Ihnen nach Wyoming kommen. Ich werde hier nicht mehr Vorarbeiter sein. Ich werde gehen und Wirf mit dir, auch gegen den alten Mann.

Sie begann jetzt zu weinen.

„Wovon redest du? Ich will ihn!" sagt sie. „Ich möchte meinen Vater sehen. Ich brauche ihn – und er braucht mich!"

„Ja, er braucht dich", sage ich. „Er braucht dich schon lange. Aber du möchtest ihn jetzt nicht mehr sehen; er hat sich völlig verändert. Er hat keinen Freund mehr auf Erden außer mir , und das endet um Mitternacht. Er hat es ganz schön schwer gehabt, wenn man alles genau bedenkt", sagt ich.

„Ich muss rein, Curly", sagt sie.

„Nein, das geht nicht", sage ich. „Ich bin Vorarbeiter und ich lasse dich nicht. Er würde es nicht wollen; er hat dich aus seinen Büchern gestrichen – das haben wir heute erst gemacht, mit einem Anwalt und …" ein Friseur."

„Aber Curly, er weiß es nicht –"

„Huh!" sagt ich. „Nun, er glaubt es. Er geht davon aus, dass du genauso bist, als ob du tot wärst ."

"Lockig!" Sie weint jetzt heftig. „Curly, das darf nicht sein! Es ist alles ein Fehler; es war alles ein Fehler. Ich bin zurückgekommen –"

„Ja", sage ich; „Es war ein Fehler. Es war auf der ganzen Linie nichts weiter als ein Fehler. Aber soweit es sich rechtfertigen lässt, haben wir, der alte Mann und ich, uns vorgenommen, es heute Abend wieder in Ordnung zu bringen. Er und ich gehen." „Ich werde Old Man Wisner heute Abend besuchen", sage ich. „Wir gehen rüber, sobald Old Man Wisner nach Hause kommt. Ich gehe mit deinem Vater, Bonnie. Du kennst mich und ich denke, du kennst ihn auch. Ich Ich schätze, es könnte ein einfaches Gespräch geben.

„Ich muss ihn sehen!" sagt sie immer und immer wieder.

„Nun, wenn du ihn sehen willst", sage ich, „geh da rüber und wahrscheinlich wirst du ihn bald sehen. Du gehörst jetzt auf die Seite der Mauer. Heute Abend ist der Zeitpunkt, an dem Old Man Wright und ich uns verabreden Old Man Wisner, und lässt sich dauerhaft nieder. Wir leben auf dieser Seite.

Sie dreht sich jetzt um und rennt so schnell weg, dass ich sie nicht einholen konnte.

Ich sah jetzt, wie jemand aus dem Auto stieg – ein Mann; und sie nahm seinen Arm und sie verschwanden beide am Ende der Mauer außer Sichtweite. Ich gab zu, dass sie zur Tür gegangen waren. Schon bald sah ich ein Licht in ihren höheren Fenstern über der Wand – so viel konnte man von meinem Standpunkt aus gerade noch sehen. Hätte ich nach oben gehen wollen, hätte ich von unseren Fenstern aus vielleicht mehr sehen können ; aber das würde ich jetzt nicht tun.

Ich ging zurück ins Haus, blieb neben unserer Tür stehen und beobachtete die Straße. Nach etwa einer halben oder dreiviertel Stunde sah ich das Auto des alten Mannes Wisner heranfahren; Es gab Lichter im Auto und ich konnte ihn deutlich sehen. Er saß mit gesenktem Kopf da. Ich nehme an, dass ihm unsere Papiere bereits in der Stadt zugestellt worden waren. Er war am frühen Morgen in die Stadt gekommen und hatte den ganzen Tag in seinem Büro beschäftigt. Er kam gerade nach Hause. Er muss gewusst haben, dass er kaputt war.

Ich wartete noch eine halbe Stunde, damit sich dort drüben etwas regeln konnte, und dann ging ich hinein und fand Old Man Wright. Er lag wie ein toter Mann da und blickte in den Kamin in unserem Ranchzimmer, obwohl kein Feuer brannte. Er war ganz in seine Abendgarderobe gekleidet; und jetzt verstand ich, warum er den Friseur kommen ließ. Es gab in der ganzen Stadt keinen schöneren Herrn als damals Old Man Wright – obwohl er blass und traurig war. Herr, wie traurig war er! Aber nicht Can-nye – gar nichts, er, selbst wenn Old Lady Wisner uns alle so genannt hätte.

„Er ist gekommen, Colonel", sage ich leise und wende mich von einem traurigen alten Mann zum anderen traurigen alten Mann.

Ich sagte ihm nichts darüber, wen ich sonst noch in unserem Vorgarten gesehen hatte; Ich wollte ihn nicht aufregen, denn ich wusste , dass er Bonnie Bell aus seinen Büchern gestrichen und die Bücher für immer geschlossen hatte. Als ich mit ihm sprach , drehte er sich um und stand schweigend auf.

„Sehr gut", sagt er; „Wir machen jetzt weiter."

Also gehen wir beide gemeinsam aus unserer Haustür. Dann schließt er die Tür hinter sich und wir gehen gemeinsam den Weg hinunter. Er dreht sich nur einmal um und blickt zurück zum Haus.

Die ganze Straße lag vor uns, als wir unseren Garten verließen, um in ihren zu gehen. Die Lichter waren jetzt alle angezündet, kilometerweit entfernt ; und unter uns waren Hunderttausende weiterer Lichter der Großstadt – der Stadt, die uns nicht so glücklich gemacht hatte, wie wir dachten. Irgendwo draußen auf dem See hörte ich ein Boot pfeifen – es ließ meinen Magen zittern.

Im Westen, jenseits unseres Teils der Stadt, konnte man ein leises Geräusch hören, das vielleicht an Straßenbahnen erinnerte; aber auf unserer Seite gab es nichts außer Autos – Tausende von ihnen – , die so schnell und sanft wie Vögel dahinzogen. Die meisten von ihnen waren immer noch auf dem Weg nach Norden; Aber auf der anderen Straßenseite war einiges los, vielleicht weil die Leute ins Theater gingen. Es war ungefähr zu der Zeit, als die Menschen in der Stadt das aßen, was sie Abendessen nannten. Der Mond ging hinter unserem Haus auf, das ganz schwarz dalag – jetzt war kein Licht mehr darin. Ich konnte die Blumenbeete in unserem Garten sehen und die weißen, nackten Statuen, die dort standen. Es sah wirklich hübsch aus, aber kalt wie ein Friedhof.

Die Haustür war geschlossen und da der Mond im Osten stand, war der Teil des Hauses, der uns zugewandt war, schwarz. Ich erinnerte mich daran, was der Anwalt über die Unterzeichnung, Versiegelung und Zustellung der Dinge gesagt hatte. Nun, wir hatten die Bücher geschlossen. Es war zum Teufel mit den Better Things!

Ich habe Old Man Wright nicht erzählt, dass Bonnie Bell dort gewesen war, denn er hatte es so schon schwer genug und ich arbeitete noch eine Weile für ihn. Er war jetzt wie ein Sommertag.

Ich war ein- oder zweimal sein Stellvertreter gewesen, als wir einen bösen Mann verhaften mussten. Er war jetzt genauso wie damals. Er geht, die Daumen auf beiden Seiten, gerade auf dem Hosenbund ruhend. Ich weiß nicht, was er im Kopf hatte; Aber man konnte nicht das Zeichen einer Waffe an ihm erkennen und ich hatte meine Waffe weggeworfen. Seine Rockschöße hingen steil nach unten. Draußen war er absolut zivilisiert. Sein Gesicht war weiß und er sah sehr sanft aus – einfach sanft. Das war er nicht. Was den Austausch betrifft, wäre es genauso einfach gewesen, eine dieser Marmorstatuen in unserem Garten auszutauschen.

Ihnen Wisners beobachteten ihr eigenes Tor nicht so, wie sie es hätten tun sollen. Wir gingen die Treppe hinauf, und der alte Mann klingelte und stand da, sein Gesicht war jetzt ausdruckslos.

Wir hörten dort drinnen einige Geräusche – ihr Hund begann zu bellen und es schien, als würden die Leute reden. Ihr William öffnete die Tür und wir standen alle da.

Der alte Mann Wright streckt seinen Arm aus und schiebt ihn zur Seite, und er und ich gehen weiter hinein und gehen schnell auf die Mitte des Hauses zu.

XXX – Wie es doch herauskommt

Vor der Tür zwischen der Halle und dem Raum dahinter hing ein Vorhang. Old Man Wright machte einen Schwung und riss den ganzen Raum vor uns auf. Wir standen in der Tür und keiner von uns rührte sich. Dann hörte alles auf. Da redete niemand mehr. Was wir vor uns sahen, war etwas, das man sich kaum vorstellen konnte .

Sie saßen alle am Esstisch und waren alle schick gekleidet. Da waren Old Man Wisner und die alte Dame und Bonnie Bell – sie saß neben der alten Dame. Gleich dahinter, uns gegenüber, uns gegenüber auf dem Tisch, stand der angeheuerte Mann – der Mann, auf dessen Rechnung wir jetzt die Dinge in Ordnung bringen und sie unterschrieben, versiegelt und übergeben ließen.

Ich fand es richtig lustig, dass ihr angeheuerter Mann mit ihnen aß, und er war genauso gekleidet wie sie. Dann erinnerte ich mich daran, wie frisch er immer gewesen war und wie er mit der Anziehungskraft geprahlt hatte, die er auf diese Leute ausübte. Und ich erinnerte mich auch an das Gespräch, das ich zwischen ihm und der alten Dame Wisner gehört hatte. Wie auch immer, da saß er, groß wie das Leben; Und wenn sie wegen irgendetwas Ärger hatten, konnte man es nicht sehen . Niemand vergoss keine Tränen und es schien kein Krieg zu herrschen.

Ich hatte das Gefühl, in der Luft zu sein. Ich hatte das Gefühl, als hätte ich von etwas geträumt und wäre nicht aufgewacht . Ich konnte nicht herausfinden, was ich gesehen habe. Niemand sprach ein Wort.

Sie müssen bedenken, dass Old Man Wright noch nicht wusste, dass Bonnie Bell sich im Umkreis von dreitausend Meilen von ihm befand. Und als er den Vorhang beiseite zog, saß sie direkt an ihrem Tisch! Und rechts daneben saß auch ein junger Mann – ein junger Mann, den er nicht kannte.

Sehen Sie, er hatte diesen angeheuerten Mann überhaupt nie gesehen, so dass er ihn nicht kannte. Ich hatte dem alten Mann nichts von der Anwesenheit von Bonnie Bell erzählt, weil ich davon ausgegangen war , dass er es sowieso herausfinden würde. Jetzt hatte er es.

Es war Bonnie Bell, die sich als Erste bewegte – denn sie wusste, was passieren würde. Sie machte einen Satz für ihren Vater und warf ihre Arme um ihn – nicht um seinen Hals, sondern um seine Arme. Sie versuchte nicht, ihn zu küssen – sie sagte kein Wort; Sie hatte angst. Sie wusste , wo er seine Waffe trug – unter seiner Schulter. Ich wusste nie , ob sie es gefunden hat oder nicht.

"NEIN!" sagt sie schnell; und sie verschränkte ihre Hände hinter seinem Rücken, damit er seine Arme nicht loslassen konnte. „Nein! Nein, das kannst du nicht – das sollst du nicht! Nein, nein!" Sie sagt. „Papa! Papa!"

Normalerweise wäre sie für ihn nur ein Strohhalm gewesen, so stark war er. Aber wissen Sie, er hatte nicht damit gerechnet, sie zu sehen – und viele Dinge kommen ihm gleichzeitig in den Sinn. Hier war sie, die Arme um ihn geschlungen, egal wofür.

Diesmal hat Old Man Wright es vergessen. Seine Hand reichte nur sozusagen zu ihrer, wo sie waren , und er sagt zitternd:

„Bonnie, Mädchen! Ich wusste nicht, dass du hier bist!"

Zu diesem Zeitpunkt waren alle auf den Beinen. Der angeheuerte Mann startet für uns, aber ich habe ihn aufgehalten.

„Noch nicht", sage ich. „Ich arbeite bis heute Nacht um Mitternacht für den alten Chef. Du bleibst, wo du bist."

Als ich das sagte, der alte Wisner und die alte Dame Wisner, erstarrten sie einfach dort, wo sie waren . Aber Bonnie Bell tat es nicht. Sie dreht sich jetzt zu mir um und ich spürte ihre Hand auf meinem Arm.

„Was meint ihr, ihr Männer? Seid ihr verrückt?" sagt sie. „Das lasse ich nicht! Setz dich hin! Du, Curly – wenn du hier eine Pause machst, schlage ich dir ins Gesicht", sagt sie. „Hören Sie mich? Fangen Sie hier doch nichts an!"

auf Anhieb von einem Mädchen getrennt wurden , oder? Aber sie hat uns auf die Flucht geschickt, bevor wir angefangen haben. Das lag vor allem daran, dass das alles so unerwartet war. Ich hatte nicht damit gerechnet, den angeheuerten Mann an ihrem Tisch zu sehen, und Old Man Wright hatte überhaupt nicht damit gerechnet, Bonnie Bell zu sehen; Also begann die ganze Herde herumzulaufen.

Sie drückte ihren Vater auf einen Sitz und mich auch.

„So benimmst du dich also, wenn ich nicht da bin!" sagt sie. „Man sollte sich schämen", sagt sie. „Ich werde nichts mehr davon haben."

Ihr angeheuerter Mann setzte sich jetzt nieder, ganz ernst. Er lachte nicht und versuchte auch nicht, es so darzustellen. Wir alle wussten, dass es ein Showdown war, dass es eine Einigung war und dass es durchgehen musste.

Der alte Mann Wright schien niemanden außer Bonnie Bell anzusehen. Wenn man sagen kann, dass ein Mann mit seinen Augen hungrig aussehen kann, dann hat er damals so ausgesehen. Mittlerweile weinte sie und legt jetzt ihre Arme um seinen Hals .

"Papa!" sagt sie. „Vater alter Vater! Alter dummer, unglücklicher Vater!" Jetzt
fängt sie an, ihn etwas zu küssen; aber er kann nicht reden – klopft ihr nur
auf die Schultern.

„Ich bin das elendeste, böseste Mädchen auf Erden", sagt sie zu ihm und
streicht ihm die Haare zurück, „und ich bin auch das glücklichste! Papa, hör
mir zu. Du darfst nicht urteilen. Übernimm nicht Die Dinge sind so schwer.
Warte – versuch es zu sehen. Versuche zu sehen, ob es vielleicht nicht noch
ein anderes Testament auf der Welt außer deinem eigenen gibt, Papa –
vielleicht ein Testament, das größer ist als unser aller. Ich konnte nicht
anders, Papa – ich „konnte nicht! Ich bin so glücklich", sagt sie, „so töricht
glücklich jetzt!"

"Glücklich?" sagt er schließlich; und er stößt sie von sich weg. „Mit ihm da?"
Er nickt nun dem angeheuerten Mann zu, nachdem er ihn platziert hat. „Was
macht er hier?" sagt er.

„Warum sollte er nicht hier sein?" sagt Old Man Wisner in diesem Moment
und spricht zum ersten Mal. „ Er ist mein Sohn!"

„ *Was ist das?* " sagt Old Man Wright. "Dein *Sohn* !"

"Ufer!" sagt er. „Für wen hast du ihn gehalten? Er kann an meinem Tisch
essen. Er hat es gut gemacht; er hat das beste Mädchen geheiratet, das ich je
gesehen habe!" sagt er. Dann wird er so, dass er auch keinen Cent mehr reden
kann.

Mist! Ich wünschte, ich wäre fast woanders. Sein Sohn! Wie konnte sein Sohn
sein Söldner sein, und wo war der Söldner, wenn er es nicht war? Ich spürte,
wie ich im Gesicht und am ganzen Körper zu schwitzen begann. Ich war ein
schrecklicher Idiot gewesen.

„Dave Wisner", sagt der alte Mann Wright, „ich komme herbei, um die
Dinge mit Ihnen zu regeln. Unser Konto ist ziemlich lang. Sie haben es mir
schwer gemacht – furchtbar schwer! –, als Sie Ihren angeheuerten Mann dazu
gebracht haben, mit meiner Freundin durchzubrennen . Dein Sohn! Was ist
das für ein Gerede? Was meinst du?"

„Aber er *ist* unser Sohn!" sagt Old Lady Wisner gerade, als sie zum ersten
Mal spricht. „Um Himmels willen, für wen hielten Sie *ihn* ? Lohnarbeiter!
Was meinst du?"

„Das habe ich euch und Curly zu sagen versucht", sagt Bonnie Bell jetzt,
während sie mit einer Hand den Mantel ihres Vaters festhält und ihm mit der
anderen kräftig auf die Schulter klopft. „Ich habe dir gesagt, dass alles ein
Fehler war – alles war durcheinander. Wenn Gawd mich nicht gerade jetzt
hierher geschickt hätte, wäre vielleicht jemand getötet worden, soweit ich

weiß", sagt sie. „Ihr Männer habt nicht mehr Verstand als ein Kaninchen. Es ist Zeit, dass ich komme!"

"Dein *Sohn* !" sagt Old Man Wright. „ *Sohn!* Und Curly sagte, er sei dein angeheuerter Mann!"

Der alte Mann Wisner lacht darüber laut.

„Angestellter Mann! Oh, ich verstehe, wie du das gedacht hast! Vielleicht hast du ihn gesehen, wie er in den Blumen herumgewerkelt ist – er war in diesen Dingen immer schlau –, aber kein angeheuerter Mann; er war kaum ein Gehalt wert."

"Und was denkst du?" Dann lacht Bonnie Bell über Old Lady Wisner. „Seine Mutter dachte einst, ich wäre ein angeheuertes Mädchen!"

Die alte Dame Wisner spielte schon seit einer ganzen Weile eine Art Begleitung und redete mit sich selbst. Zuerst fängt sie an und sagt: „Oh, meine Gesetze! Oh, meine Gesetze! Oh , meine Gesetze!" – immer und immer wieder hatte sie solche Angst. Und nun begann sie zu sagen: „Gott segne meine Seele! Gott segne meine Seele! Oh, Gott segne meine Seele!" Und das sagt sie auch immer und immer wieder.

„Ich habe dir gesagt, Curly", sagt Bonnie Bell jetzt, „dass da ein Fehler passiert ist. Warum hast du meinem Vater nicht gesagt, dass ich hier bin?"

„Nun", sage ich, „ich habe doch zugegeben, dass er es nach einer Weile herausfindet. Nicht wahr ?"

Ich schwitzte jetzt furchtbar und spürte, wie rot meine Haare waren. Ich habe so schlecht hineingeschraubt, dass meine Beine gekreuzt waren .

„Ich habe eine Menge Dinge herausgefunden", sagt Old Man Wright jetzt ganz plötzlich und schnell. „Ich habe selbst einige Fehler gemacht; aber du" – und er steht jetzt ihrem angeheuerten Mann gegenüber – „du hast dich für einen Diener ausgegeben."

„Das stimmt, Sir", sagt er. „Ich war lange Zeit unter falscher Flagge und hasste es mehr als jeder andere. Aber was sollte ich tun? Ich konnte keinen Weg finden, sie kennenzulernen. Ich wollte ihr Geld nicht und ich wollte es auch nicht." Sie soll meins wollen. Nun, so ist es passiert. Ich habe euch alle getäuscht, das stimmt. Ich habe sie auch getäuscht – sie wusste bis vor weniger als einer Woche nicht wirklich, wer ich war. Dann kam sie nach Hause."

„Warum bist du nicht gleich zu mir gekommen und hast es mir gesagt?" sagt Old Man Wright.

"Wie könnte ich?" sagt er. „Aus allem, was Curly sagte, wusste ich, was das bedeuten würde. Außerdem wollte ich sie einfach für das gewinnen, was ich war – einfach für das, was sie war. Ich wollte sicher sein, dass sie mich so lieben würde, wie ich es wollte, genau dafür." Das war ich. Jetzt bin ich mir sicher.

„Aber ich wollte kommen und es dir sagen; wir sind jetzt aus genau diesem Grund zusammengekommen – wir beide, wie du siehst. Es war für mich kein Vergnügen, dich oder sie zu täuschen – das gefiel mir nie mehr." als du es getan hast.

Der alte Mann Wright starrte ihn einfach an und konnte nicht sprechen. Der junge Kerl fuhr fort.

„Ich habe sie geliebt, als ich sie das erste Mal sah, Sir", sagt er. „Als ich sie zum ersten Mal sah, beschloss ich, sie eines Tages zu heiraten. Das habe ich getan. Und wir sind glücklich – wir sind glücklicher, als ich jemals gedacht hätte, dass irgendjemand sein könnte. Wie kann man einem Mädchen gegenüber Groll hegen?" so – dein eigenes Mädchen? Sie hat nur getan, was sie für richtig hielt. Und es war auch richtig! Und es geht!"

„ Du bist also der Sohn dieser Familie!" sagt Old Man Wright langsam. „Daran lässt sich auch nichts ändern. Ich – nun ja, ich wusste es nicht. Ich – ich dachte, du wolltest sie wegen ihres Geldes. Ich gehe sogar so weit, das zu sagen."

„Es hätte keinen Unterschied gemacht", sagt Bonnie Bell damals. „Ich hätte ihn sowieso geheiratet. Es ist genau so, wie er sagt – er hat mir erst vor Kurzem davon erzählt. Ich dachte, er wäre eine Art entfernter Verwandter der Familie Wisner. Wenn Sie darüber nachdenken, können Sie das Sehen Sie, wie all diese Dinge ganz einfach passierten. Vor allem, wenn Sie innehalten und bedenken, dass Curly zu Fuß und zu Pferd dazu neigt, dummere Dinge zu tun als ein Käfig voller weißer Ratten – Gott segne ihn! Denn niemand außer ihm hätte genau das tun können, was er getan hat!"

„Nun, mir kommt es tatsächlich so vor", sage ich dann, „dass das meiste davon meinetwegen passiert ist. Ich schätze, ich habe so viele dumme Fehler begangen, wie irgendein Kerl nur konnte", sage ich. „Wie ich deinem Vater gesagt habe, ich." „Ich konnte nicht viel Heu sehen. Aber hier habe ich aufgegeben. Es sieht nicht so aus, als ob du mich nicht mehr brauchst, denn die Dinge sind jetzt so schlimm durcheinander, wie es nur sein kann", sage ich.

„Halt still, Curly", sagt Bonnie Bell zu mir. „Setz dich hin!"

sah ich die beiden alten Männer, die einander ansahen. Ohne ein Wort zu sagen, standen beide auf und gingen gemeinsam in den Salon hinaus. Wir konnten nicht hören, was sie sagten. Außerdem konnten wir selbst nicht hören, was wir sagten , weil da drinnen etwas passierte.

Ihr Collie-Hund Cæsar bellte uns an, als wir hereinkamen. Er war sozusagen unter den Tisch geraten. Aber jetzt hörten wir einen anderen Hund, der völlig verrückt bellte. Und jetzt kommt von irgendwoher, draußen in der Garage oder vielleicht im Auto, dieser Bostoner Hund Peanut von Bonnie Bell!

Auch er suchte nach einer Einigung. Er zögert nicht , aber er greift direkt zu diesem Collie unter dem Tisch, und dann und dort mischen sie ihn reichlich, bis die meisten von uns froh genug sind, auf die Stühle zu steigen. Ich versuchte, sie aufzuhalten, und die alte Dame und Bonnie Bell schrien sie beide an; aber der Lohnarbeiter erhob seine Hand.

„Lass sie in Ruhe!" sagt er. „Sie haben irgendwie fast menschliche Intelligenz ", sagt er. „Lasst sie in Ruhe, damit sie es rauskriegen."

So saßen sie eine ganze Weile draußen im Esszimmer, unter dem Tisch und zwischen den Stühlen und unter dem Sofa und so ziemlich überall, und beide hatten viel Spaß . Ihr Hund, Cæsar , war inzwischen älter geworden und Peanut hatte alle Hände voll zu tun; aber er war fleißig und aufrichtig.

Nach und nach, nach einer ganzen Weile, lösten sie sich voneinander und blickten einander an, ihre Zungen hingen heraus, glücklich und lächelnd. Peanut, er geht zu seiner Herrin und schüttelt ein Ohr, das locker ist. Cæsar geht hinkend und mit erhobenem Fuß auf die alte Dame zu, er sieht rund und zufrieden aus.

„Sie werden jetzt gut miteinander auskommen", sagt der angeheuerte Mann – James oder Jimmie oder Jim, wie auch immer man ihn nennen sollte.

Ich konnte nicht glauben, dass er der junge Mr. James Wisner war. Manchmal weiß ich es kaum noch.

„Sie sollten sich schämen", sagt Bonnie Bell. „Ich erkläre, Männer sind sowieso Rohlinge!"

„Ich weiß es, Bonnie Bell", sage ich. „Ich habe viel Ärger gemacht, aber nicht mehr. Ich fahre mit dem Morgenzug nach Westen", sage ich.

"Wohin?" sie fragte mich; Und ich kann nicht antworten – für mich stand die ganze Welt auf dem Kopf, genauso wie dieser Raum hier.

Ungefähr zu diesem Zeitpunkt kommen die beiden alten Männer wieder ins Zimmer, beide ernst; aber man konnte leicht erkennen, dass sie keinen Krieg geführt hatten – nur eine Art Ausgleich und Einigung; Ich schätze, wegen Bonnie Bell und diesem James oder Jimmie oder Jim, der schließlich kein Angestellter war, keiner, der vielleicht ein Erdbeermal auf seinem Arm hatte – ich weiß nicht, wie sie das bewiesen haben.

Der alte Mann Wright stand auf, die Hand auf einem Stuhl; und er hielt nach dem Abendessen ein kleines Gespräch, das ihn vielleicht mehrere Millionen Dollar gekostet hätte – nicht, dass es ihn interessiert hätte!

„Ich komme heute Abend hierher", sagt er, „um vielleicht das Gesetz selbst in die Hand zu nehmen – ich glaube jedenfalls, dass ich hierher gekommen bin, um ein Urteil zu fällen; aber ich war kein guter Richter, weil ich den Fall verhandelt habe, ohne alles zu haben." der Fakten. Aber ich bin so ein Mann", sagt er, „der, wenn ich einen Fehler gemacht habe und es weiß, bereit bin, aufzustehen und es zu sagen. Das ist es, was ich jetzt tue." Ich glaube, ich habe mich geirrt. Bei manchen Dingen kann man nicht helfen. Ich werde nicht mehr versuchen, hier zu helfen.

„Tatsache ist, denke ich, dass es vielleicht das Beste ist, was passieren konnte . Es ist nicht durch mich geschehen. Ich habe mein Bestes getan, um zu verhindern, dass es passiert. Da habe ich mich geirrt. Ich bin jetzt über all das froh." Und ich nehme zurück, was ich gesagt habe. Ich war ein zweiundzwanzigkarätiger, rotäugiger, schwarzgestreifter Wildesel der Wüste, wenn auch kein halb so großer Dummkopf wie Curly. Er war es, der uns alle in die Irre geführt hat ."

Alter Wisner, er steht auch auf; und er legt sein Geständnis ab, das gut für seine Seele ist. Sein Adamsapfel wanderte irgendwie an seinem Hals auf und ab, aber er kam durch.

„Sagen Sie nicht mehr, Colonel", sagt er. „An all dem bin ich selbst schuld. Ich war der größte Idiot, den es je gab. Dieser Zaun – nun ja, dieser Zaun – "

James oder Jimmie oder Jim und Bonnie Bell schauen sich dann an und lachen schallend.

„Du hast es nicht hoch genug gebaut", sagt er; „Das konntest du nicht!"

„Ich bin froh, dass ich es nicht konnte", sagt Old Man Wisner. „Die Dinge werden sich gut entwickeln, so wie sie kommen sollten. Ich habe heute Abend viel gelernt – viel darüber, Nachbarn zu sein. Mein Sohn, wir hatten einen Nachbarn und wussten es nicht. Vielleicht ist es so genug." Mal. Wir hatten einen Nachbarn, der Ihren Vater davor bewahrt hat, vor aller Welt pleite zu sein und in Ungnade zu fallen – vor morgen Abend. Das ist die Art von Nachbarn, die wir die ganze Zeit hatten", sagt er; „Und wir haben versucht, einen Zaun zu bauen und sie von uns fernzuhalten! Ja, Gawd sei Dank, ich konnte den Zaun nicht hoch genug bauen", sagt er.

„Ich wusste etwas darüber, Papa", sagt dann James oder Jimmie oder Jim. „Ich hätte Ihnen schon vor langer Zeit sagen können, dass der Ranch-Deal keinen Erfolg haben wird. Wenn Sie ihn verkleinern, sich auf das eigentliche Geschäft und die menschlichen Werte konzentrieren, sollte er sich durchsetzen – und zwar im großen Stil!"

Old Man Wisner, er ist immer ein ziemlicher Organisationstalent. Er schaut zu Old Man Wright hinüber und beide schauen diesen jungen Mann an; und beide nicken.

„Das ist eine gute Idee", sagt Old Man Wright – „eine verdammt gute Idee! Nun fangen wir an zu reden. Warum können wir nicht die beiden Geschäfte zusammenwerfen und eine Hand dazu bringen, die andere zu waschen und das zuzulassen? " „Junger Herr kümmert sich vor Ort um die Sanierung?"

"Das ist die Idee!" Da bricht Bonnie Bell ein. „Es gibt kein besseres Kuhland im Freien als das Yellow Bull Valley. Das weiß ich. Geben Sie uns eine Chance und wir ziehen das ganze Geschäft aus der Klemme", sagt sie.

„James", sagt der alte Mann Wright, und er geht umher, streckt seine Hand aus und spielt das Spiel weit offen, wie er es immer getan hat – „James", sagt er, „wollen Sie dem schlimmsten alten Idioten, den es gibt, die Hand geben?" die ganze Welt – außer Curly?"

Nun, James, er hat sich bisher ziemlich gut geschlagen, aber das macht ihn fast fertig. Er steht auf, irgendwie rot und erschrocken, und schüttelt dem alten Mann die Hand; aber er konnte nichts sagen und schien nicht zu wissen, was er mit seinen Händen anfangen sollte. Also steckt er seine Hand in die Tasche, wie es ein Mann tun würde, und es scheint, als würde er dort etwas spüren; Und plötzlich, da ihm nichts anderes einfällt, holt er heraus, was er gefunden hat, und hält es Old Man Wright hin.

„Colonel", sagt er, „möchten Sie etwas kauen? Es ist Arrow Head – derselbe Name wie unsere Heimatquelle da draußen", sagt er. „Seitdem habe ich kein anderes mehr verwendet. Ich habe gerade gehört, dass Sie die meisten Aktien der Arrow Head Tobacco Company besitzen; aber ich bin nicht überrascht. Sie werden nicht viel übersehen!"

Ich schätze, das war der glücklichste Unfall, der ihm je passiert ist – als er dieses Stück Stecker gefunden hat. Der alte Mann Wright nahm einen Bissen davon und sagte:

„Sohn, trägst du Strumpfbänder?"

Da fingen alle an zu lachen, außer mir und Old Man Wright. Es war ernst für uns. Wir rechneten jetzt mit Kuhmännern. Bonnie Bell, sie geht noch einmal zu ihrem Vater, umarmt ihn und sieht den angeheuerten Mann an.

„Kümmere dich nicht um ihn, Jim", sagt sie. „Er ist manchmal schrecklich, aber er meint es gut und hat seine eigene Denkweise. Ich habe den besten Vater der Welt!" sagt sie.

„Du hattest die beste Mutter der Welt", sagt Old Man Wright. „Manchmal kommt es mir so vor, als würdest du deine Mutter bevorzugen", sagt er.

Dann küssten sie sich; Tatsache ist, dass fast jeder dort geküsst wurde, außer mir. Doch wenn man es sich genauer überlegt, war ich für viele dieser Dinge und die Art und Weise, wie sie herauskamen, verantwortlich, und dafür bekam ich keine Anerkennung. Kein Vorarbeiter tut das jemals.

Die alte Dame Wisner saß, wie ich schon sagte, da und sagte meistens: „Gott segne mich!" und „Gawd segne meine Seele!" – niemand schenkte ihr große Aufmerksamkeit. Aber jetzt schleicht sich Bonnie Bell an sie heran und streckt ihr schüchtern die Hand entgegen . Sie legt einen Arm um die alte Dame und fängt ebenfalls an zu weinen. Sie waren beide richtig glücklich. Hunde müssen kämpfen und Frauen müssen weinen; dann sind sie glücklich. Ich schätze, die beiden hatten ein gewisses Verständnis.

„Sohn", sagt Old Man Wright nach einer Weile zu James oder Jimmie oder Jim, „wo habe ich dich schon einmal gesehen?" Er hatte ihn schon seit einiger Zeit angeschaut.

„Das erste Mal, dass Sie mich gesehen haben, Colonel", sagt er, „war, als ich mich in Ihre Tochter verliebte, Sir", sagt er. „Da habe ich dich am Heiligabend nach Hause gefahren."

„Du bist gefahren – als du uns nach Hause gefahren hast!" sagt Old Man Wright. „Was meinst du damit? Wir hatten unser eigenes Auto, und ich gebe dem Fahrer an diesem Abend ein Goldstück im Wert von zehn Dollar, weil es Heiligabend war . "

„Das tue ich auch", sagt James lachend. „Das Geld habe ich jetzt. Aber es war Ihr richtiger Fahrer, der angeklagt wurde, nicht ich. Wissen Sie, als Bonnie Bell in dieser Nacht im Sturm herauskam, bemerkte sie nicht, dass es nicht ihr Auto war. Ihr sah ziemlich ähnlich aus – beide von der gleichen Marke und völlig neu. Vielleicht war sie mit ihrem neuen Chauffore noch nicht sehr gut vertraut ; deshalb sagte sie zu mir, ich solle sie nach Hause bringen. Also musste ich das tun."

„Woher wussten Sie, wohin Sie gehen sollten?" fragte dann Bonnie Bell und lachte.

„Ich wusste alles über dich!" sagt er. „Ich war über eine Stunde lang mit Henderson im Speisesaal des Hotels beschäftigt, und das war lange genug, um alles zu erfahren, was ich schon immer wissen wollte. Ich wusste, wie reich du warst. Deshalb habe ich dich nach Hause gefahren und bin es auch getan." Ich habe dich nicht wissen lassen, wer ich war; deshalb habe ich nie versucht anzurufen; deshalb ist vieles so gelaufen, wie es gelaufen ist. Ich hatte vielleicht selbst ein paar dumme Theorien; vielleicht habe ich es ja auch verstanden Sozialismus oder so etwas in der Art, als ich auf dem College war.

„Aber trotzdem, Colonel Wright", fährt er fort, „ich möchte Ihnen sagen, Sir, dass ich Sie viel mehr gekannt und bewundert habe, als Sie jemals wussten. Ich habe für Sie als Stadtrat gestimmt – obwohl mein eigener Vater." „Ich bin gegen dich angetreten. Ich dachte, du stehst für das, was ich für richtig halte. Die ganze Welt besteht wirklich aus Nachbarn", sagt er, „und die menschliche Demokratie ist gut genug für mich. Ich habe damals für dich gestimmt – und das tue ich auch heute. Meine Güte." Papa muss noch viel lernen.

Dann dreht er sich zu seinem Vater um, und der alte Mann ist fast in die Luft geflogen, er war so wütend; Aber am Ende haben wir alle auch darüber gelacht.

„Junge", sagt Old Man Wright, „hast du mir gesagt, dass du eines dieser altmodischen Rasiermesser benutzt hast? Ich bin so ein Mann, von dem man manchmal sagt, er habe Vorurteile. Jetzt feile ich immer an meinen eigenen Rasiermessern . "

„Das tue ich auch", sagt James oder Jimmie oder Jim.

Der alte Mann zögert eine Weile und sieht ihn richtig traurig an; und er sagt, als würde er mit sich selbst reden :

„Na ja, na ja! Ich frage mich schon, wie ich die ganze Zeit so ein handgemalter Idiot sein konnte! Ich glaube, wir können aus dir noch einen Kuhhirten machen", sagt er.

„Es ist in Sixes und Sevens", sagt James oder Jimmie oder Jim, „aber da auf dieser Ranch gibt es eine Chance. Vielleicht kann ich es lernen. Und es ist so schön da draußen – mit den Bergen, dem Himmel und dem Wind." in den Salbei blasen, und der –"

„Still, Mann!" sagt Old Man Wright zu ihm. „Du machst mir so Heimweh, dass ich es nicht ertragen kann. Wir werden alle da rausgehen, um zu leben. Ich werde dir sagen, was wir tun werden", sagt er in seiner eiligen Art und übernimmt sozusagen die Führung Dinge. „Wir behalten diese beiden Häuser hier für uns beide als unsere Stadthäuser und wir werden alle die alte Ranch als unsere Landhäuser behalten", sagt er. „Und wir werden alle das Geschäft vernünftig und nach guten Geschäftsbereichen führen", sagt er, „ohne Pfirsiche und Sahne und komplett mit Rippchen, Schweinefleisch und Tellern. Na ja, wir werden –"

„Oh, Papa!" sagt Bonnie Bell, und sie geht auf den alten Mann zu und weint, weil sie glücklich ist. Sie hatte gesehen, wie er sich direkt vor ihr veränderte – er war in den letzten zehn Minuten vierzig Jahre jünger geworden. „Papa", sagt sie, „Papa, das werden wir – wann?"

„Tochter", sagt er, „wir fangen jetzt damit an, die besseren Dinge zu erreichen, die wir uns vorgenommen haben. Du wirst den Platz im Leben einnehmen, den deine Mutter dir gesagt hat. Du und Katherine." „, sagt er, „muss die Sache mit dem Haus, das ich in meinem letzten Testament verlassen wollte, regeln. Aber wie gesagt, ich werde Katherine eine halbe Million geben, wenn sie heiratet – wenn sie heiratet." „Ein so guter Mann wie du. Weißt du, Katherine hat mich geküsst – genau hier an einer weichen Stelle – auf meinen alten kahlen Kopf."

Dann reibt er die Stelle. Bonnie Bell küsst ihn dort auch – vielleicht für mehrere Millionen.

Nach einer Weile bewegte ich mich irgendwie zur Tür hinüber, es schien, als wäre dort kein Platz mehr für mich.

"Wo gehst du hin?" sagt Old Man Wright zu mir; und Old Man Wisner sagt auch etwas darüber, dass ich es nicht eilig habe.

„Ich weiß es nicht, aber ich schätze, ich werde jetzt weitermachen. Sieht aus, als wäre ich irgendein Vorarbeiter gewesen. Ich habe das alles getan. Aber welchen Dank bekomme ich dafür?"

Ich fange an, sozusagen aus dieser Kusszone herauszukommen. Ich wusste es nicht, aber Old Lady Wisner würde versuchen, mich zu küssen. Ich wollte nicht, dass das passiert.

„Ho, ho!" sagt Old Man Wright und lacht wie vor Jahren. „Hör dir mal an, wie dieser dumme Junge redet, nicht wahr, Dave? Du kannst nicht aufgeben, Curly", sagt er; „Es gibt zu viel für dich da draußen auf der alten Ranch. Glaubst du, du könntest diesem Kind das Seilmachen beibringen?" sagt er.

„Ich habe schon angefangen", sagt ich. „Er und ich haben ein bisschen geübt."

Nun, das war der Grund, warum wir beide Seiten miteinander in Einklang gebracht haben und zu einer Einigung gelangt sind, die noch vor Kurzem noch nicht für möglich gehalten hätte. So sind wir zumindest für einen Teil des Jahres in das alte Yellow-Bull-Land zurückgekehrt. So konnte ein richtig schlimmer Run-In gerettet werden. Auf diese Weise wurde verhindert, dass Old Man Wisner am nächsten Tag völlig aus dem Ruder läuft, und, wie schon erwähnt, eine Bank oder so mit ihm. Ebenso war es, wie die beiden Vermögen, zusammen vielleicht fünfzig oder neunzig Millionen oder mehr, wenn sie die Dinge bereinigt hatten, vereint wurden, bis der Tod sie scheidet. Als es den beiden alten Kerlen gelang, sich zusammenzureißen, musste etwas knacken. Wir haben jetzt ein Geschäft – mehrere davon .

Ich habe Jimmie – so nennen wir ihn auf der Ranch –, damit er in seinem ersten Jahr ein paar Seile machen konnte, obwohl ich ihm zeigen musste, wie er seine Schlaufe ein wenig weit spreizen konnte und sich nicht darauf verlassen konnte, sein Hondoo einzuseifen .

Es war wie in alten Zeiten, wenn man sah, wie ein Kind auf dem Schießplatz das Ein-Mann-Spiel begann, das sich auf Erden lohnt – Kühe in einem guten

Kuhland zu züchten. Ich war froh, dass ich nicht auf Jimmie geschossen hatte oder mein Chef nicht auf seinen Vater geschossen hatte – das hätte mir bei der alten Lady Wisner nichts ausgemacht, denn ich konnte nicht umhin, mich daran zu erinnern, wie sie den Ärger von Anfang an absichtlich herbeigeführt hatte . Natürlich hatte ich auch Ärger gemacht, aber ich hatte es nicht getan.

Was ist aus der alten Mauer zwischen den beiden Häusern geworden? Nicht viel; Wir ließen es stehen, denn irgendwie schien es nicht mehr so hoch zu sein, als Bonnie Bells Efeu und die anderen Pflanzen anfingen, daran herunterzuhängen. Aber natürlich musste ich das Loch nach einer Weile etwas größer machen, damit die Zwillinge und auch Peanut problemlos durchkommen konnten. Einer hieß David Abraham und der andere John William; aber sie konnten nichts dagegen tun.

Der beste Zeitpunkt war, als wir alle einen Frühling draußen am Bahnhof einsammelten, um zum Frühjahrssammeln auf die Ranch zu gehen und die Dinge für das Jahr in Gang zu bringen. Der alte Mann Wisner und die alte Dame waren da, und der alte Mann Wright und Jimmie und Bonnie Bell und ich – ich, der jetzt Vorarbeiter war und es irgendwie verdiente, so wie die Dinge in die Brüche gegangen waren.

Wir waren von Cody zu der Station gekommen, wo ich Jimmie gefunden hatte – als ich auf der Suche nach ihm war. Wir waren eine ganze Weile damit beschäftigt, unsere Sachen zu packen und uns auf den Weg zur Ranch zu machen. Wir hatten zwei Wagen, einen voller Lebensmittel und anderen Dingen. Sie hatten inzwischen sogar Fliegengitter angebracht und hatten Schaukelstühle, in denen sie herumsitzen konnten. Old Man Wright war so beschäftigt wie ein Geiger, die Dinge zusammenzustellen. Seine Ärmel waren hochgekrempelt, und plötzlich schaut Jimmie ihn an und sagt:

„Oberst, wenn ich mich nicht irre, kommen Ihre Sommersprossen wieder zurück.“

Der alte Mann brüllt darüber und lacht.

„Ja“, sagt er; „Ich bin fast bereit, für She'f zu kandidieren noch einmal . Ist das nicht alles wie in den alten Zeiten, Curly?“ sagt er.

„ Es ist Ufer, Colonel“, sage ich; „Und es gibt keine besseren Zeiten als sie.“

Der alte Mann setzt sich seitlich auf das Rollbrett und nimmt die beiden Zwillinge auf die Knie. Auf seiner Rückenlehne saßen Pa und Ma Wisner – ich fuhr mit Old Man Wright in der Mitte. Sie war ein Dreisitzer-Buckboard, und die Maultiere waren voller Hafer und stürzten etwas hinein; aber Jimmie machte das nichts aus – er fuhr, mit Bonnie Bell auf dem Vordersitz.

"Alles bereit?" sagt er und dreht den Kopf herum; und Old Man Wright nickt.

„ Giddap !" sagt Jimmie und lässt sie los.

Bonnie Bell, sie dreht sich halb um, schaut halb ihn und halb die Zwillinge an und sagt:

„Nach Hause, James!"